W0229895

Meer-Deiche-Land

Robert Stadelmann

Meer - Deiche - Land

Küstenschutz und
Landgewinnung an der
deutschen
Nordseeküste

WACHHOLTZ VERLAG

Fotos vom Autor aufgenommen (AGFACHROME CT 18),
ausgenommen die folgenden Aufnahmen:
W. Denckmann, Husum, Foto 96.2
G. Lauritzen, Sylt, Foto 115.1
W. Lüthje, Hohenlockstedt, Foto 121.1
U. Muuss, Kiel, Foto 44.1, 45.1
Orenstein und Koppel, Lübeck, Foto 91.2
U. Sönnichsen, Niebüll, Foto 37.3, 50.2, 82.1, 94.3, 95.1, 97.1,
113.2, 116.1,119.2, 120.1
J. Stadelmann, Luzern, Foto 8.1
F. Taureg, Itzehoe, Foto 16.1, 75.1, 90.1, 94.2
O. Trebing, Niederaula, Foto 46.2
P. Wieland, Büsum, Foto 81.3, 119.1
ALW Heide, Foto 81.1, 81.2
ALW Husum, Foto 125.1
ESRIN, Rom, Foto 11.1

Gestaltung und Layout: Gert Köppe

ISBN 3 529 06173 5

Reproduktionen: Albert Bauer KG, Hamburg
Einband: Verlagsbuchbinderei Ladstetter GmbH,
Hamburg-Wandsbek
Satz und Druck: Wachholtz-Druck, Neumünster

Inhalt

Vorwort

„Warum schreiben Sie nicht ein Buch über Gletscher, Lawinen und Wildbachverbauungen?" Diese Frage eines Fachmannes im damaligen Marschenbauamt Husum (heute Abteilung Wasserwirtschaft im Amt für Land- und Wasserwirtschaft) traf den Laien aus dem Gebirgsland keineswegs überraschend, denn schon bei Goethe steht zu lesen: „Willst Du immer weiter schweifen? Sieh, das Gute liegt so nah . . ." Offensichtlich entspricht es nun einmal menschlicher Neigung oder Schwäche, sich lieber dem Ferneren, Fremderen, Unbekannteren zuzuwenden.

Im vorliegenden Buch wird versucht, mit Wort und Bild eine Reihe grundlegender Fragen über Küstenschutz und Landgewinnung zu beantworten. Es sind damit all jene angesprochen, die Genaueres wissen möchten über die faszinierende Landschaft im Grenzbereich von Meer und Land und über den harten Kampf ihrer Bewohner gegen den „blanken Hans".

6.1, 6.2, 7.1 Immer wieder, unberechenbar greift das Meer nach dem Land. Der Ausbau und die zunehmende Sicherung der Hauptdeichlinie erfordern dauernden, hohen Einsatz. Er ist der Preis für ein gesichertes Leben und die Nutzung des Landes hinter den Deichen.

Wenn der Versuch gelingt, ist es jenen Fachleuten zu verdanken, die keine Fragen stellten, sondern die bereit waren, unermüdlich Fragen zu beantworten. Mein Dank gilt vorab den Wasserbauern der Abteilung Wasserwirtschaft im ALW Husum, so in erster Linie deren Leiter, Herrn F. H. Andresen, Leitender Regierungsbaudirektor, der mir in entgegenkommender Weise den direkten Kontakt zu seinen Mitarbeitern ermöglicht hat. Es gab in den vergangenen zehn Jahren wohl Zeiten, in denen das vor dem ALW Husum auftauchende Auto mit Luzerner Kontrollschild im einen und andern Büro einen gelinden Schrecken zu verursachen vermochte: Wer ist denn nun wieder das Opfer, das dem ahnungslosen Anfänger aus der Schweiz unmögliche, ausgefallene Fragen zu beantworten hat? Ich darf dankbar anerkennen, daß sie die Probe alle bestens und stets mit viel Takt bestanden haben, so die Herren R. Zühlsdorff, Dezernent des Koordinierungsdezernats, A. Taubert, Leiter des Fachdezernats Gewässerkunde, W. Denckmann, Mitarbeiter und Filmarchivar, und eine Reihe weiterer Spezialisten, die ich hier nicht alle namentlich aufführen kann.

Besonders freundschaftlichen Dank schulde ich Herrn J. Dethlefsen, Strandvogt der Hattstedter Marsch, bis 1978 Leiter des Bauabschnitts II des ALW Husum. Mit ihm streifte ich unzählige Male über die Deiche, durch das Vorland und durch das küstennahe Watt, um „vor Ort" die Probleme des Küstenschutzes, der Landgewinnung und des Deichbaus kennenzulernen. Unermüdlich hat er Auskunft gegeben und dabei stets besten Humor bewahrt, womit er jene Eigenschaften bewiesen hat, die einem Wasserbauer wohl eigen sein müssen: Beharrlichkeit, Geduld und Optimismus, auch wenn der Fall im Augenblick recht hoffnungslos erscheint!

Besonders danken möchte ich auch Herrn P. Wieland, Leiter des Dezernats Gewässerkunde im ALW Heide/Büsum, für seine Beratung vor allem bei der Überprüfung des Manuskripts auf die sachliche Richtigkeit. Herrn Baudirektor H. F. Erchinger, Leiter des Bauamtes für Küstenschutz Norden, und seinen Mitarbeitern verdanke ich eine Reihe wesentlicher Informationen aus dem Raum der niedersächsischen Nordseeküste, wodurch sich die Möglichkeit eröffnete, da und dort die Querverbindung zwischen Nord- und Ostfriesland herzustellen. Im Deutschen Hydrographischen Institut Hamburg stand mir dankenswerterweise der Leiter des Windstau- und Sturmflutwarndienstes, Herr R. Annutsch, mit Informationen und Unterlagen zur Seite. Danken möchte ich weiter den Herren E. A. Dethleffsen, Nordstrand, und U. Sönnichsen, Niebüll, die mir ermöglicht haben, Land und Leute in Nordfriesland näher kennenzulernen. Ich danke den Ministerien und all jenen Amtsstellen der vier Bundesländer Bremen, Hamburg, Niedersachsen und Schleswig-Holstein, die mir in großzügiger Art und Weise Informationen und Dokumentationsmaterial zur Verfügung stellten, aber auch dem Oberdeichgrafen des Deich- und Hauptsielverbandes Sönke-Nissen-Koog-Schleuse, dem Bauern auf dem Feld im Cecilienkoog, dem Werkmeister des Arlau-Schöpfwerks, dem Fahrer und dem Ankermann des Grüppenbaggers im Watt vor Nordstrandischmoor, dem Spülfeldmeister bei Faulehörn, den Grüppenarbeitern vor dem Ockholmer Deich und vielen andern.

Dank ihrer Mithilfe liegt nun ein Buch vor, das dem interessierten Laien erschöpfend Auskunft gibt über Probleme des Küstenschutzes und der Landgewinnung an der deutschen Nordseeküste, dargestellt mit Schwergewicht am Beispiel Nordfriesland. Themen und Stoff wurden nach Möglichkeit so ausgewählt, daß an Hand repräsentativer Beispiele das Prinzip erklärt werden kann. In diesem Sinne sind viele der angegebenen Zahlen als Richtwerte anzusehen, die wohl einem bestimmten Küstenabschnitt oder Werk entsprechen, die andernorts jedoch, bedingt durch besondere Verhältnisse und oft auch durch unterschiedliche Auffassungen der Fachleute, gewisse Modifikationen erfahren.

Januar 1981 *R. Stadelmann*

Watten: Meer? Land?

Wogende, brodelnde, brandende See. Meterhohe Wellen schlagen an den Deichfuß, spritzen hoch auf. Zwei-, dreihundert Meter vor dem Deich kämpft sich das Dienstboot des ALW (Amt für Land- und Wasserwirtschaft) mühsam durch die aufgebrachten Wasser, taucht ein, wird hochgehoben. Eine frische Brise streicht über die Deichkrone.

In kleinen Gruppen liegen die Sommergäste auf ihren bunten Tüchern und Decken an der Deichböschung in der Sonne. Eine endlose Fläche, gewellt, gerippelt, glitzernd, matt schimmernd, in Blau-, Grau-, Gelb-, Brauntönen, breitet sich vor dem Deich in die Weite. Am Ende der kurzen Steinbuhne ruft eine Frau aufgeregt nach ihren beiden Kindern. Sie hören sie nicht. Zwei-, dreihundert Meter im Watt draußen sind sie auf kleine Abenteuer aus. Eine leichte Brise streicht über die Deichkrone (Abb. 8.1, 9.1).

Der Unterschied? Sechs Stunden! Sechs Stunden im uralten Spiel der Gezeiten, das die Fluten der Ozeane in stetiger, rhythmischer Bewegung hält. Welche Enttäuschung für den unkundigen Neuling, wenn er, die Badehose schon angezogen, über den Deich steigt, in froher Erwartung eines erfrischenden Wellenbades. Sand, Schlick, einige Wasserpfützen, soweit sein Auge blickt. Darüber kreischende Möwen und Seeschwalben, aufgeregt schnatternde Austernfischer. Um ans offene Wasser zu kommen, müßte er zwei, drei, zehn Kilometer seewärts wandern. Das Meer ist fort. Weit draußen holt es Anlauf zur nächsten Flut.

Im Grenzbereich von Land und Meer, geprägt durch Gezeiten, Strömungen und Brandung, hat sich eine eigenartige, faszinierende Landschaft entwickelt: das Wattenmeer. Über rund 450 km zieht es sich entlang der südöstlichen Nordseeküste von Den Helder in den Niederlanden bis nach Esbjerg in Dänemark, hier ein Streifen von einigen hundert Metern, dort ein Landschaftsraum von 5, 10, 20 oder 30 Kilometern Tiefe. Zur Hochwasserzeit ist es Meer, zur Niedrigwasserzeit . . .? Land? Der Fachmann drückt sich vorsichtiger aus: Das Watt ist Übergangsgebiet vom festen Land zum Meer, das im Verlaufe der Tiden bei Flut überströmt wird und bei Ebbe trockenfällt (Abb. 9.2). Zur See hin wird es durch die *Wattlinie* begrenzt (Linie des mittleren Tideniedrigwassers), zum Land hin durch die *Uferlinie* (Linie des mittleren Tidehochwassers). Beide Grenzen sind keine festen Größen, sondern Werte, die im Laufe der Jahre mehr oder weniger großen Veränderungen und Schwankungen unterworfen sind. Im Unterschied dazu haben sich die Menschen, die hier an der Wasserkante wohnen und das Land bewirtschaften, eine feste Grenze geschaffen: die Deiche (Abb. 9.3). Durch sie entziehen sie sich dem Einfluß der Nordsee, mit ihnen trotzen sie dem „blanken Hans".

Zur Zeit der Katastrophenflut 1962 betrug die Länge der Hauptdeiche entlang der deutschen Nordseeküste rund 1700 km. Durch Vordeichungen und durch die Abdämmung von Fluß- und Strommündungen ist die Hauptdeichlinie inzwischen um etwa 30 Prozent verkürzt worden. Nach Abschluß aller zur Zeit in Ausführung begriffener oder geplanter Küstenschutzprojekte wird sie noch eine Länge von 1082 km aufweisen (Stand 1980):

8.1 Wattenmeer, Grenzraum zwischen Land und Meer. Bei Niedrigwasser zeigt sich das Watt in einer faszinierenden Vielfalt an Formen und Farben.

9.1 Strandkrabben, mit Seepocken bewachsen. Das Strandkrabbenmännchen hält ein Weibchen fest und wartet auf dessen Häutung, denn erst dann ist die Geschlechtsöffnung vorhanden, so daß eine Begattung stattfinden kann. Die Wartezeit kann mehrere Tage dauern.

9.3 Seedeich. Schier endlos zieht sich die Linie der Hauptdeiche entlang der Meeresküste und den Ufern der Ströme von der niederländischen bis zur dänischen Grenze. Mit ihr und mit einer Reihe von Sturmflutsperrwerken haben die Menschen an der Wasserkante dem „blanken Hans“ eine feste Grenze gesetzt.

9.2 Übergangszone vom Festland zum Meer.

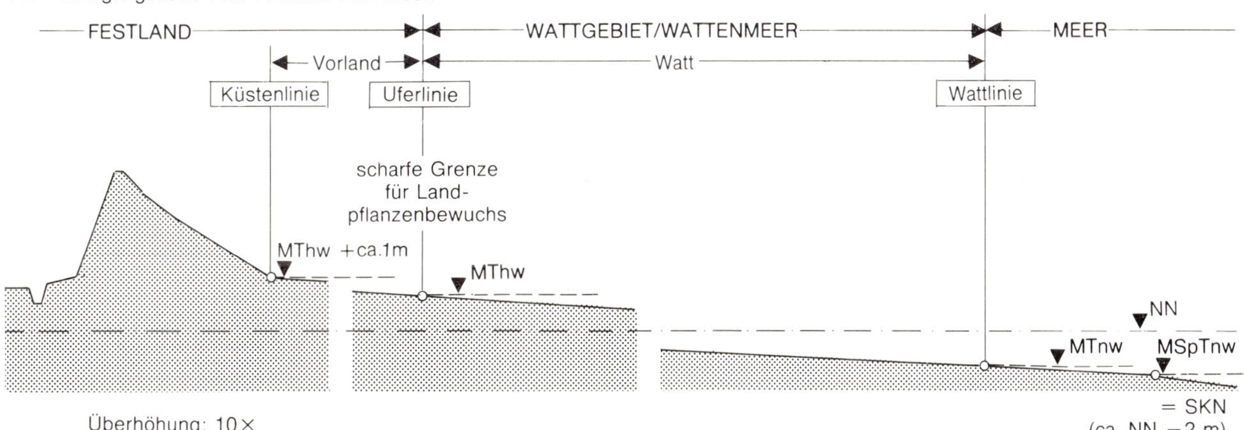

Niedersachsen:	605 km (dazu die Inseldeiche)
Bremen:	88 km
Hamburg:	97 km
Schleswig-Holstein:	292 km (dazu 62 km Deiche auf den Inseln Sylt, Föhr und Pellworm)

Deutschlands Nordseeküste reicht vom Dollart bis zur Insel Sylt, von den Ostfriesischen Inseln über die Elbmündung bis zu den Nordfriesischen Inseln (Abb. 11.1). Die gesamte Küstenlänge beträgt gemäß Lexikon 1155 km, aufgeteilt wie folgt*:

	Festlandküste	Inselküsten	Total
Schleswig-Holstein	295	302	597
Niedersachsen	341	217	558
	636	519	1155

* Kleines Küstenlexikon, Lüders/Luck, 1976, Hildesheim, Lax.

Diese Zahlen stellen keine absoluten Größen dar. Einerseits sind Land und Meer in dieser Landschaftszone zu sehr verzahnt und die Übergänge da und dort zu fließend, als daß sich der Grenzverlauf in allen Fällen eindeutig feststellen ließe, und andererseits ändert sich die effektive Küstenlänge laufend mehr oder weniger, bedingt u. a. durch die natürlichen Aufbau- und Zerstörungsprozesse des Meeres, durch längerfristige Wasserstandsveränderungen und durch bauliche Maßnahmen im Rahmen von Küstenschutzprogrammen (Verkürzung der Küstenlinie durch den Bau von Sperrwerken und durch Vordeichungen) (Abb. 16.1).

Strenggenommen ist die Küste jene Linie, bei der das Land endet und das Meer beginnt, d. h. die Begrenzungslinie des Festlandes und der Inseln, wie sie auf den Landkarten eingetragen ist. Sie wird durch die Wasserstandslinie des mittleren Tidehochwassers (MThw) bestimmt. In den flachen Übergangsgebieten

der Marsch- und Sandküsten entlang der Nordsee bildet sie die Grenze zwischen begrüntem Vorland und Watt bzw. zwischen trockenem und nassem Strand. Sie wird als *Uferlinie* bezeichnet.
Als *Küstenlinie* ist die durch einen Deichfuß, den Fuß einer Düne oder eines Kliffs u. ä. gebildete Grenze zwischen Land und Meer definiert. Das Land zwischen Küstenlinie und Uferlinie heißt *Vorland* (Heller, Groden) bzw. *trockener Strand.*
Der direkte Einfluß der Nordsee bleibt nicht auf den Küstenraum beschränkt. Die täglichen Tiden wie auch die gelegentlichen Sturmfluten werden strom- und flußaufwärts weit ins Binnenland hinein wirksam. Hamburg, knapp 100 km von der offenen See entfernt, mußte in der Februarsturmflut 1962 schwerste Verluste hinnehmen, und in Bremen schrieb Oberbaurat Günter Traeger: „Was vielen Binnenlandbewohnern, die in den letzten Jahren nach Bremen zugezogen sind, kaum begreiflich zu machen war, und was auch so mancher alte Anwohner am Deich im stadtbremischen Raum nicht wahrhaben wollte, die Sturmflut vom 16./17. Februar 1962 hat es nur allzudeutlich gezeigt: Bremen, rund 65 km landeinwärts von Bremerhaven gelegen, ist durch die Unterweser dem Meere so nahe verbunden, daß hier die Sturmfluten der Nordsee gleiche, ja auch höhere Wasserstände verursachen als im meernahen Bremerhaven." (Die Küste, 1962, Heft 1)
Das Leben an der deutschen Nordseeküste erfordert ununterbrochenen Einsatz und Kampf, allein um die bestehende Linie zwischen Land und Meer, eine bis auf einige wenige kurze Abschnitte künstlich geschaffene Grenze, zu halten und zunehmend zu sichern. Alle Maßnahmen, die Küste vor den zerstörenden Kräften von Wasser und Eis zu bewahren, werden unter dem Begriff Küstenschutz zusammengefaßt.
Die Organisation des Küstenschutzes ist in den einzelnen Bundesländern unterschiedlich geregelt.

Schleswig-Holstein

Oberste Wasserbehörde, der auch die Verantwortung für Fragen des Küstenschutzes obliegt, ist der Minister für Ernährung, Landwirtschaft und Forsten in Kiel (Abb. 12.1). Ihm unmittelbar unterstellt ist das Landesamt für Wasserhaushalt und Küsten mit Sitz in Kiel, das für die Erarbeitung technischer und wissenschaftlicher Grundlagen für die Ordnung des Wasserhaushalts und für den Küstenschutz zuständig ist.
Das Schwergewicht der Arbeiten im Küsteningenieurwesen liegt bei den sechs Ämtern für Land- und Wasserwirtschaft (ÄLW) (Abb. 12.2). Für die Westküste sind dies die ÄLW Husum, Heide und Itzehoe. Sie haben u. a. folgende Aufgaben wahrzunehmen:

- Bau und Unterhaltung der Landesschutzdeiche, Deichaufsicht
- Küstensicherung, Sicherung des Vorlandes und der Halligen, Gewinnung von Vorland, Betrieb der Bauhöfe sowie der Material- und Gerätelager (auch der Katastrophenschutzlager)
- Vorflutausbau
- Gewässerkunde, Gewässerschutz
- Wasserversorgung, Abwasserbeseitigung

Der Dienstbezirk des ALW Husum beispielsweise umfaßt den Küstenraum des Landkreises Nordfriesland: die Festlandküste von der dänischen Grenze bis zum Eidersperrwerk, die Nordfriesischen Inseln und Halligen sowie das nordfriesische Wattenmeer. Rund 1300 km² Land, davon der überwiegende Teil Marschflächen im Höhenbereich bis zu NN +2,5 m, mit etwa 100 000 Einwohnern müssen gegen Sturmfluten geschützt werden. (Abb. 13.1).

Stand 1979	Küstenlänge	Landesschutzdeiche	Überlaufdeiche (Sommerdeiche) Halligen
Festland	136 km	131 km	
Inseln und Halligen	284 km	102 km	37 km
Total	420 km	233 km	37 km

Landkreis Nordfriesland, Stand 1. 8. 1979

Eine der wesentlichen Aufgaben des ALW Husum im Rahmen des aktiven Küstenschutzes besteht in der Erhaltung und Gewinnung von Vorlandflächen (Abb. 15.1, 15.2, 15.3). Hierzu sowie zur Regulierung der Vorflut im küstennahen Watt dient ein umfangreiches System von Lahnungen, Landgewinnungsfeldern und Gräben. Diese Werke erfordern dauernde arbeitsintensive und kostspielige Unterhaltung wie auch eine sorgfältige Planung des weiteren Ausbaus auf Grund der Entwicklung von Strömen, Prielen, Wattflächen und Auflandungszonen, die ständigen Veränderungen unterworfen sind, bewirkt vor allem durch die Einwirkungen der Nordsee. Der Umfang der jährlichen Arbeiten (Bau neuer und Instandsetzung beschädigter Lahnungen, Nachpacken bestehender Lahnungen und Sichern durch neuen Anwurf, Aushub von Hauptentwässerungsgräben, Ableitern und Grüppen) hängt einerseits von den anstehenden Bedürfnissen und den zur Verfügung stehenden Geldmitteln, aber auch vom Ausmaß der Zerstörungen ab, die Sturmfluten und Eis (vor allem Eisschub) während der Wintermonate verursacht haben. In der Regel sind jährlich einige Kilometer zerstörter Lahnungen zu ersetzen. Doch ist auch mit Überraschungen zu rechnen: Im Winter 1955/56, als durch starken Sturm plötzlich die gewaltigen Eismassen des

11.1 Satellitenfoto von der deutschen Nordseeküste (Insel Baltrum bis Insel Sylt), aufgenommen von einem Landsatelliten aus rund 900 km Höhe. Es handelt sich um eine Falschfarbaufnahme. Das Bild gibt nicht die natürlichen Farben wieder, sondern Farben, die sich aus der Kombination von Aufnahmen mit drei verschiedenen Fotobändern ergeben, von denen das eine besonders auf Wasser, das zweite auf Vegetation und das dritte auf die Oberflächenstruktur von Landgebieten anspricht.

Abb. 12.1 Organisation der Wasserwirtschaft in Schleswig-Holstein

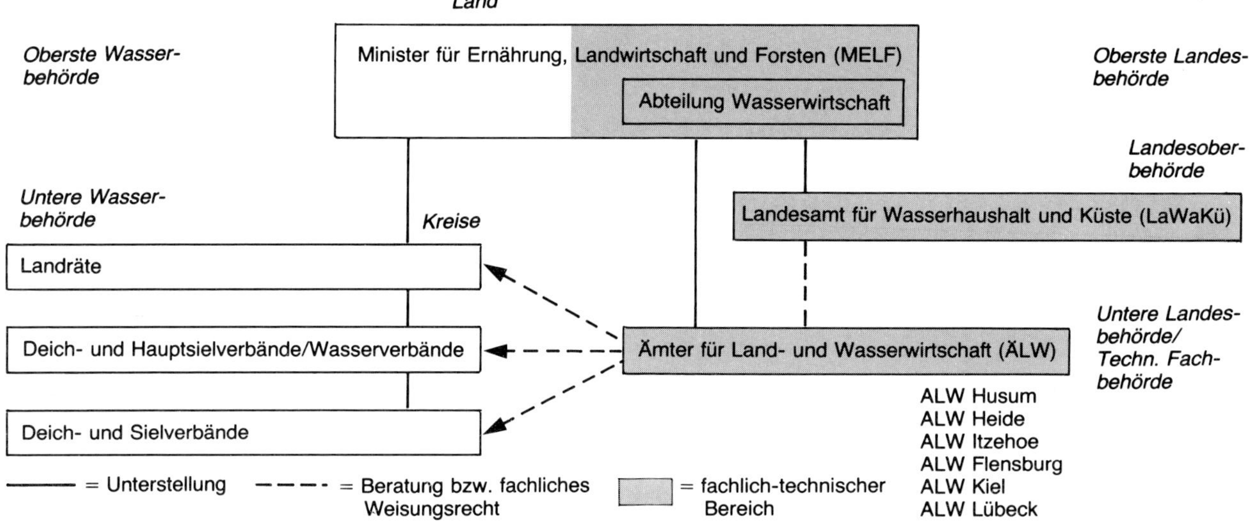

Abb. 12.2 Organisation der ALW Husum

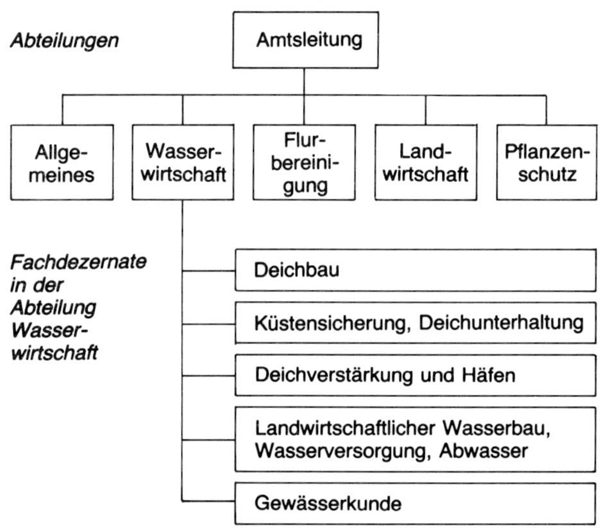

Wattenmeeres in Bewegung gerieten, ist innerhalb weniger Stunden knapp die Hälfte der rund 500 km Lahnungen zerstört worden.

Lahnungen im Bereich des Marschenbauamtes * bzw. des ALW ** Husum

Stand		
Stand	1948	16 km
	1950	137 km
	1960	452 km
	1970	437 km
	1980	490 km

* Deutsch-dänische Grenze bis St. Peter-Ording, 115 km Festlandküste.

** Deutsch-dänische Grenze bis Eider-Sperrwerk, 136 km Festlandküste, ab 1973.

Niedersachsen

Wie in Schleswig-Holstein ist auch in Niedersachsen der Minister für Ernährung, Landwirtschaft und Forsten in Hannover oberste Wasserbehörde. Ihm direkt unterstellt ist die Niedersächsische Wasserwirtschaftsverwaltung. Zu ihr gehören das Bauamt für Küstenschutz in Norden, Ostfriesland, dem besondere Aufgaben des Küstenschutzes wie Vorlandgewinnung und -sicherung und der Inselschutz übertragen sind, sowie die Forschungsstelle für Insel- und Küstenschutz in Norderney, die praxisbezogene wissenschaftliche Grundlagen erarbeitet.

Die Belange des Deichrechts sind in einem eigenen Deichgesetz geregelt. Im Unterschied zu Schleswig-Holstein, wo mit der Änderung des Landeswassergesetzes von 1971 das Eigentum an den Landesschutzdeichen, soweit sie den Wasser- und Bodenverbänden gehörten, und damit auch die Pflicht zur Unterhaltung und Wiederherstellung an das Land übergegangen sind, gehören die Hauptdeiche entlang der niedersächsischen Nordseeküste von wenigen Ausnahmen abgesehen nach wie vor den Deichverbänden (Deichachten). Die Eigentümer der im Schutz der Deiche und Sperrwerke gelegenen Grundstücke sind zur gemeinschaftlichen Deicherhaltung verpflichtet, nach dem alten Grundsatz „De nich will diken, mutt wiken!", wobei die notwendigen Beiträge der Anlieger nach der Größe oder nach dem Wert der geschützten Flächen erhoben werden. Beitragspflichtig sind Grundstücke, die tiefer als NN +5 m liegen. Das Land leistet auf Antrag der Deichverbände Zuschüsse an die Deicherhaltung, und

Abb. 13.1 Dienstbereiche der Baubezirke des ALW Husum, Stand 1980

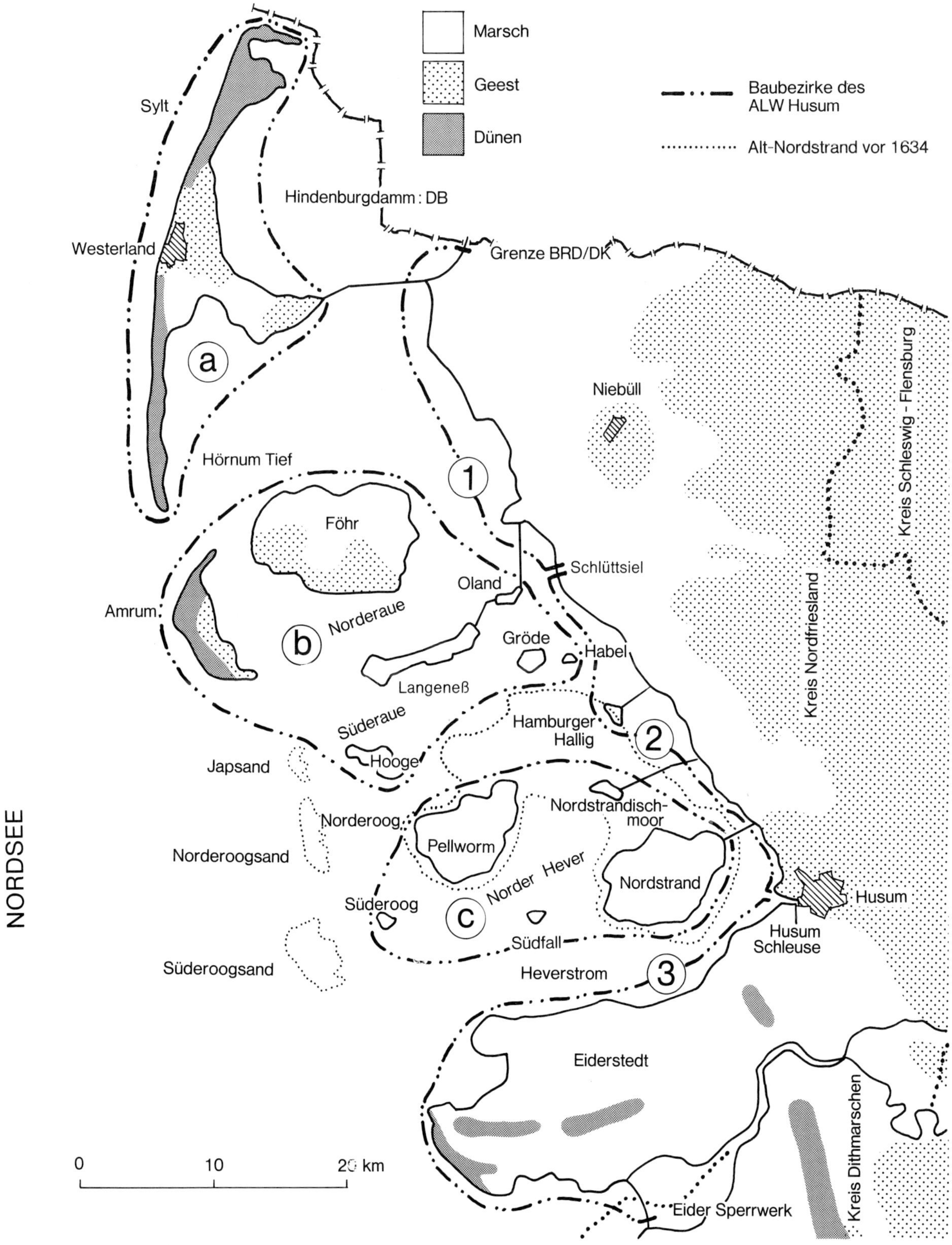

Marsch
Geest
Dünen
Baubezirke des ALW Husum
Alt-Nordstrand vor 1634

Sylt
Westerland
Hindenburgdamm: DB
Grenze BRD/DK
a
Niebüll
Hörnum Tief
1
Föhr
Schlüttsiel
Oland
Amrum
b
Norderaue
Gröde
Habel
Langeneß
Süderaue
Hamburger Hallig
2
Japsand
Hooge
Norderoog
Nordstrandischmoor
Pellworm
Norderoogsand
Norder Hever
Nordstrand
Husum
Süderoog
c
Südfall
Husum Schleuse
Süderoogsand
Heverstrom
3
Eiderstedt
Eider Sperrwerk
NORDSEE
Kreis Schleswig - Flensburg
Kreis Nordfriesland
Kreis Dithmarschen
0 10 20 km

es trägt die Kosten für den Bau neuer und die Verstärkung bzw. die Erhöhung bestehender Deiche sowie für den Bau, den Betrieb und die Unterhaltung der Sturmflutsperrwerke. Es hat auch die Instandsetzung schwer beschädigter Küstenschutzanlagen nach Sturmflutkatastrophen bezahlt. Dem Ausbau der Küstenschutzanlagen liegt z. Z. der „Generalplan Küstenschutz Niedersachsen" vom September 1973 zugrunde.
Obere Aufsichtsbehörde über die Deichverbände sind die Bezirksregierungen Weser-Ems und Lüneburg. Ihnen untergeordnet sind die Wasserwirtschaftsämter u. a. in Aurich, Brake, Stade und Wilhelmshaven, denen die Mehrzahl der Deichverbände die Planung und die Bauleitung der Küstenschutzmaßnahmen übertragen haben.

Bremen

Deiche und sonstige Hochwasserschutzanlagen werden im Land Bremen durch die jeweils zuständigen Verbände, in den verbandsfreien Gebieten der Stadt Bremen durch das Wasserwirtschaftsamt Bremen und in den verbandsfreien Gebieten der Stadtgemeinde Bremerhaven durch das Hansestadt Bremische Amt Bremerhaven erstellt, wie auch die Verantwortlichkeit für die Unterhaltung und Wiederherstellung der Anlagen bei den Verbänden bzw. den genannten Ämtern liegt. Die erforderlichen Mittel werden durch die Verbandsmitglieder bzw. durch das Land oder die Stadtgemeinden aufgebracht, wobei die Deichverbände z. T. erhebliche staatliche Zuschüsse erhalten, so vor allem auch an die Aufwendungen für notwendige Deicherhöhungen und Deichverstärkungen. Die Einzelheiten über den Bau und die Unterhaltung von Hochwasserschutzanlagen sind rechtlich durch das Bremische Wassergesetz geregelt. Zuständig für die Wasserwirtschaft und den Wasserbau – und damit auch für Küsten- und Hochwasserschutzmaßnahmen – ist der Senator für das Bauwesen, dem als obere Wasserbehörde auch der Vollzug des Wassergesetzes obliegt. Das Wasserwirtschaftsamt Bremen ist ihm als Fachbehörde unterstellt. Für die Deichverteidigung im Katastrophenfall ist der Senator für Inneres zuständig. Das Wasserwirtschaftsamt steht ihm dabei für die technische Beratung zur Verfügung. In den Verbandsgebieten liegt die örtliche Einsatzleitung bei den Deichverbänden, womit sich u. a. die trationsgemäße Verbundenheit der Anwohner mit ihren Deichen ausdrückt.
Wie in den drei anderen Küstenländern der Bundesrepublik sind auch in Bremen auf Grund von Küstenschutzprogrammen, die vor allem unter dem Eindruck der Sturmflutkatastrophen von 1953 (Hollandsturmflut) und 1962 aufgestellt wurden, in den vergangenen zwanzig Jahren beeindruckende Leistungen zur Sicherung der menschlichen Lebens- und Wirtschaftsräume erbracht worden (1962 wurden im Stadtbereich Bremen rund 60 km^2 Fläche überflutet). Bereits 1960 wurde in Bremerhaven das Sturmflutsperrwerk in der Geeste fertiggestellt, das dann in der Februarsturmflut 1962 seine Bewährungsprobe bestand. Die geeignetste und wirtschaftlich günstigste Lösung, im Raume der unteren Weser und im Stadtbereich Bremen den notwendigen Sturmflutschutz innerhalb nützlicher Frist sicherzustellen, bestand in der Errichtung von Sturmflutsperrwerken in den Einmündungen der Hunte, der Lesum und der Ochtum. Sie verhindern, daß die Sturmfluten der Nordsee durch die Tideströme ins Binnenland eindringen. Mit den drei Sperrwerken, die am 1. Oktober 1979 in Betrieb genommen wurden, konnte die Hauptdeichlinie im Raume der Stadt Bremen auf etwa die Hälfte reduziert werden. Die jetzt noch in der Hauptlinie stehenden Deiche und Hochwasserschutzanlagen sind im Rahmen des Gesamtprogramms im Zusammenhang mit dem Bau der Sturmflutsperrwerke erhöht und verstärkt worden.

Hamburg

Die Belange des öffentlichen Hochwasserschutzes werden durch das Land Hamburg wahrgenommen, das auch die Kosten für den Neubau und die Unterhaltung von Hochwasserschutzanlagen im Rahmen der Hauptdeichlinie trägt (97 km Deiche und Mauern, einschließlich Schleusen, Sperrwerke, Schöpfwerke und Deichsiele). Diese Linie ist identisch mit der Deichverteidigungslinie bei Sturmfluten und bei Hochwässern der Elbe. Zuständige zentrale Behörde für die Hochwasserschutzanlagen ist die Baubehörde der Freien und Hansestadt Hamburg, Amt für Ingenieurwesen I, Hauptabteilung Wasserwirtschaft.
Um die Bevölkerung vermehrt direkt in die Bemühungen und die Entscheidungsabläufe im Zusammenhang mit der Bewältigung der Hochwasserschutzprobleme einzubeziehen, ist 1978 ein Verwaltungsausschuß für den Hochwasserschutz bei der Baubehörde eingesetzt worden, mit der Aufgabe, wichtige fachliche Angelegenheiten aus dem Bereich des Hochwasserschutzes zu beraten. Ihm gehören u. a. Einwohner aus den gefährdeten Stadtgebieten wie auch Mitglieder von Deich-, Schleusen- und Entwässerungsverbänden an.
Der Großteil des Hafengebietes Hamburgs liegt außerhalb der Hauptdeichlinie. Auf Grund der Überschwemmungen von 1976, die gewaltige Schäden an Anlagen und Gütern (Lagerhäuser!) verursacht haben, sind in

den folgenden Jahren rund zwei Drittel der außendeichs liegenden Hafenflächen durch Hochwasserschutzwerke gesichert worden*.

Die Finanzierung erfolgte durch die privaten Interessierten (privater Hochwasserschutz im Unterschied zum öffentlichen), mit staatlichen Zuschüssen. Zuständig für diesen Bereich ist die Baubehörde für Wirtschaft, Verkehr und Landwirtschaft, Amt Strom- und Hafenbau.

Zum Amt Strom- und Hafenbau gehört auch der nach 1976 eingerichtete speziell für die flutgefährdeten Hamburger Hafen- und Stadtgebiete geltende Sturmflutwarndienst (WADI), der in Ergänzung zu den Wasserstandsvorhersagen des Deutschen Hydrographischen Instituts (DHI, Hamburg) örtliche Einzelangaben liefert und Sturmflutwarnungen verbreitet. So werden beispielsweise an verschiedenen Stellen im Hafengebiet zwei Böllerschüsse schnell hintereinander abgefeuert, wenn durch das DHI eine Erhöhung des Wasserstandes auf 1,5 m oder mehr über das mittlere Hochwasser vorausgesagt wird. Diese Warnung erfolgt etwa acht

* Die Ereignisse anläßlich der Sturmfluten 1976 haben neue Dimensionen aufgezeigt. In der 1964 vom Amt für Ingenieurwesen verfaßten Schrift „Hochwasserschutz in Hamburg" steht noch: „Der Hafen mit seinen Umschlags-, Speicher- und Industrieanlagen wird in den erhöhten Hochwasserschutz nicht einbezogen, da das Gelände fast ausnahmslos so hoch liegt, daß auch bei möglichen höchsten Wasserständen eine Überflutung keine nennenswerten Schäden verursachen kann und nach menschlichem Ermessen auch künftig hier Menschenleben nicht gefährdet sind."

15.1 Spezialschiff mit Schienenbagger. Für den Transport von Baumaterialien wie Schüttsteinen, Kies, Geröll und Sand zu den verschiedenen Baustellen an der Küste und im Watt sind vom ALW Husum Spezialschiffe in Auftrag gegeben worden, bei denen Antrieb, Transport und Umschlag in einer einzigen Einheit zusammengefaßt sind. Durch einen Hydraulikbagger, auf einem Schienenwagen installiert, kann der Einbau des Materials in vielen Fällen direkt vom Schiff aus erfolgen. Der Ausleger des Baggers hat dazu ein verlängertes Oberteil.

15.2 Granitsteinlager im Bauhof des ALW Husum. Die für den Bau von Deckwerken, Buhnen und Dämmen benötigten Granitblöcke werden z. T. aus dem Ausland, so vor allem von Bornholm, eingeführt.

15.3 Fichtenpfahl einer Buhne mit Seepocken bewachsen. Die Witterung und die Gezeiten setzen den Pfählen hart zu.

Stunden vor Eintritt des Hochwassers und wird nach Ablauf einer Stunde einmal wiederholt.
Die Aufgaben des Küstenschutzes, d. h. die Sicherung der Küsten des Festlandes und der Inseln gegen die Angriffe des Meeres, liegen im Kompetenzbereich der vier Küstenländer Niedersachsen, Bremen, Hamburg und Schleswig-Holstein. Zu den Aufwendungen für den Küstenschutz leistet der Bund z. T. erhebliche Zuschüsse (Bundesministerium für Ernährung, Landwirtschaft und Forsten, BML). Dazu unterhält und betreibt der Bund die in Bundeswasserstraßen gebauten Sturmflutsperrwerke (z. B. Eidersperrwerk).

16.1 Abendstimmung im Mündungsgebiet der Eider, 1967, noch vor dem Bau des Sperrwerks (siehe Abb. 75.1, 77.1). Über Ströme und Flüsse, Verbindung zwischen Binnenland und Meer, können Sturmfluten bis weit ins Landesinnere wirksam werden.

17.1 Hamburger Hallig. Die Hallighäuser stehen auf einem künstlich aufgeschütteten Erdhügel, der Warf. Auf ihr finden Menschen und Tiere Zuflucht vor der Flut.

17.2 Windschutz durch Bäume. Baumgruppen schützen die Höfe vor dem Weststurm, wie er vor allem im Herbst und im Winter über die Küstenlandschaft fegt. Die parabelförmig bis zum Boden sich neigende Wipfelfläche der Bäume, die Windschur, verrät deutlich die Hauptwindrichtung.

Trutz, blanke Hans!

Der Wattenmeersaum entlang der deutschen Nordseeküste ist nach der letzten Eiszeit* entstanden, die vor rund 10 000 Jahren zu Ende ging. Auf dem Höhepunkt dieser Eiszeit waren in den Eiskappen der Erde derartige Mengen an Wasser gebunden, daß der Wasserspiegel der Weltmeere rund 100 m tiefer lag als heute**.

Mit der in der Folge einsetzenden klimatisch bedingten Erwärmung begannen die Festlandeismassen abzu-

* Die letzte der vier Eiszeiten des Quartär (= jüngster Abschnitt der geologischen Erdgeschichte, Beginn vor rund 1 Mio. Jahren, setzt sich aus dem Eiszeitalter, in welchem sich Eiszeiten und Zwischeneiszeiten folgen, und der Nacheiszeit zusammen) wird in Norddeutschland Weichsel-Eiszeit, in den Alpen Würm-Eiszeit genannt. Sie dauerte etwa 100 000 Jahre.

** Auf Grund der Flächengröße der Vereisung der Weichseleiszeit kann die Menge des Inlandeises auf 70 Mio. km^3 geschätzt werden. Das Volumen der heutigen Eiskappen und Gletscher beträgt etwa 30 Mio. km^3. Die Differenz von 40 Mio. km^3 Eis entspricht einer Wassermenge von 36 Mio. km^3. Eine Zunahme der Wassermenge um 36 Mio. km^3 hat bei einer Gesamtfläche der Ozeane von 360 Mio. km^2 einen Meeresspiegelanstieg von 100 m zur Folge.

schmelzen. Parallel zur Abnahme des Eises erfolgte ein erdweiter allmählicher Anstieg des Meeresspiegels, der als *eustatischer Meeresspiegelanstieg* bezeichnet wird. Vor rund 10 000 Jahren lag der Meeresspiegel bei etwa NN – 60 m. Die Doggerbank bildete die südliche Begrenzung der damaligen Nordsee (Abb. 18.1). Auf Grund von Funden geht hervor, daß das Gebiet von Menschen bewohnt war (Jäger der Steinzeit).
Die Kurve des Meeresspiegelanstiegs, die anfänglich recht steil verlief (1 bis 2 m/Jh.), begann sich vor etwa 6000 Jahren abzuflachen (Abb. 19.2). Ab etwa 1500 vor Christi Geburt weist sie einen wellenförmigen Verlauf in einem Bereich von ungefähr NN ±1 m auf. Diese, im Vergleich zu den eustatischen Dimensionen geringen Wasserstandsveränderungen werden durch ein Zusammenwirken verschiedener Effekte hervorgerufen, so u. a. durch Schwankungen der Tidekurven, Klimaveränderungen, isostatische Ausgleichsbewegungen der Erdkruste, beispielsweise als Folge der Entlastung durch das abgeschmolzene Eis, Sackungen der Sedimente (Torf z. B. kann bis zu 50 Prozent sacken) wie auch durch Einflüsse, die durch den Menschen verursacht sind. Da bei diesen verhältnismäßig kurzfristig verlaufenden Veränderungen vielfach nicht eindeutig festzustellen ist, ob das Land gesunken oder der Wasserspiegel gestiegen ist, wird von *relativen Meeresspiegelschwankungen* gesprochen. Sie sind den eustatischen Veränderungen überlagert. Im Bereich der nordfriesischen Küste wird gegenwärtig mit einem Anstieg des Meeresspiegels von rund 25±5 cm in hundert Jahren gerechnet (säkularer Wasserstandsanstieg), wobei die Entwicklung wellenförmigen Verlauf zeigt, mit z. T. erheblichen lokalen Unterschieden (gegenwärtige Maßzahl des säkularen Wasserstandsanstiegs auf Grund von Untersuchungen für die vergangenen rund 50 Jahre: Cuxhaven 12 cm, Büsum 7 cm, Husum 20 cm, Dagebüll 31 cm).
Jeder Küstenstrich an der deutschen Wattenküste hat seine eigene, lokale Geschichte der Entstehung, des Deichbaus, der Landgewinnung, des Kampfes seiner Bewohner gegen die Fluten der Nordsee. In Nordfriesland (Raum zwischen Eiderstedt und der deutsch-dänischen Grenze) beginnt diese Geschichte vor 5000 Jahren.
Der nordfriesische Raum wird vom ansteigenden Meeresspiegel etwa um 3000 v. Chr. erreicht (Abb. 21.1). Durch Brandung und Strömung beginnt der Abbau der im Westen vorgelagerten Altmoränen, deren Reste heute die Geestkerne der Inseln Sylt, Amrum und Föhr bilden. Auf den tieferliegenden Sanderflächen* zwischen Moränenhöhen und Geest kann der Wasseranstieg vorerst durch die laufende Ablagerung von Sedimenten weitgehend ausgeglichen werden. In den folgenden vier Jahrtausenden bildet sich im Gebiet des heutigen nordfriesischen Wattenmeeres eine ausgedehnte Marsch-Moorlandschaft. Durch das tägliche Tidehochwasser und durch Sturmfluten werden gewaltige Mengen an Sedimentstoffen umgesetzt, die sich in den weiten, flachen Überflutungsgebieten absetzen. Über den nacheiszeitlichen Sandern und Mooren wächst Marschboden, die „Alte Marsch". In den für die Sedimentation begünstigten ufernahen Bereichen der Küste und Priele bilden sich Uferwälle, die das weiter landwärts liegende Gebiet bald um Dezimeter und Meter überragen. Hier beginnen sich in den ersten Jahrhunderten nach Christus erste Siedler niederzulassen. Sie bauen ihre Hütten und Häuser auf Warfen, um sie vor der Einwirkung gelegentlicher Sturmfluten zu schützen (Abb. 17.1, 17.2). Mit dem Ansteigen der Sturmflutwasserstände müssen die Warfen in den folgenden Jahrhunderten mehr und mehr aufgehöht werden. In den Niederungen zwischen den höher gelegenen Uferzonen und der Geest bilden sich ausgedehnte Brackwassersümpfe, über denen nach und nach Niederungsmoore und schließlich Hochmoore aufwachsen. Die westliche Begrenzung dieser Marsch-Moorlandschaft dürfte sich um 900 etwa auf der Linie Sylt–Amrum–Süderoog–Eiderstedt befunden haben (Abb. 21.1).
Mit dem 11. Jahrhundert setzt die planmäßige Besied-

Abb. 18.1 Vorstoß der Nordsee nach der letzten Eiszeit

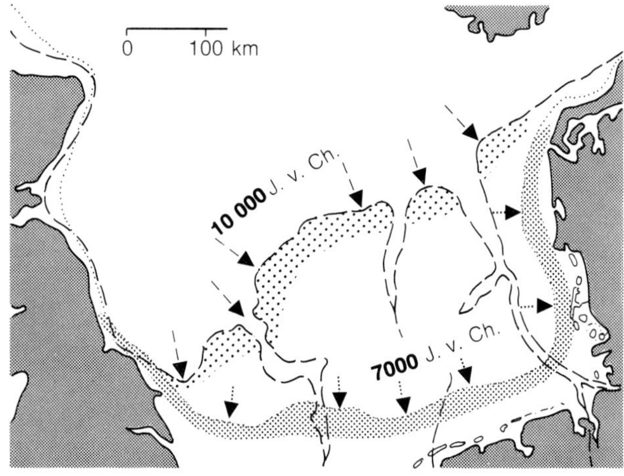

* Diese Sanderflächen der letzten Eiszeit liegen heute zwischen rund NN –10 bis –20 m. Sander: Von Schmelzwässern abgelagerte und verebnete Sandflächen, an Endmoränen nach außen hin anschließend.

19.1 „Die erschreckliche Wasser-Fluth", Stich aus dem Buch von G. Happel (Happelius, Happelii) „Größte Denkwürdigkeiten der Welt", 1. Teil, Hamburg 1683. Eine Stadt wird infolge eines Deichbruchs überflutet. Viele, die sich fürs erste auf Dächer und Bäume retten können, werden durch Kälte und Erschöpfung umkommen.

Abb. 19.2 Wasserstandsganglinie an der Nordseeküste

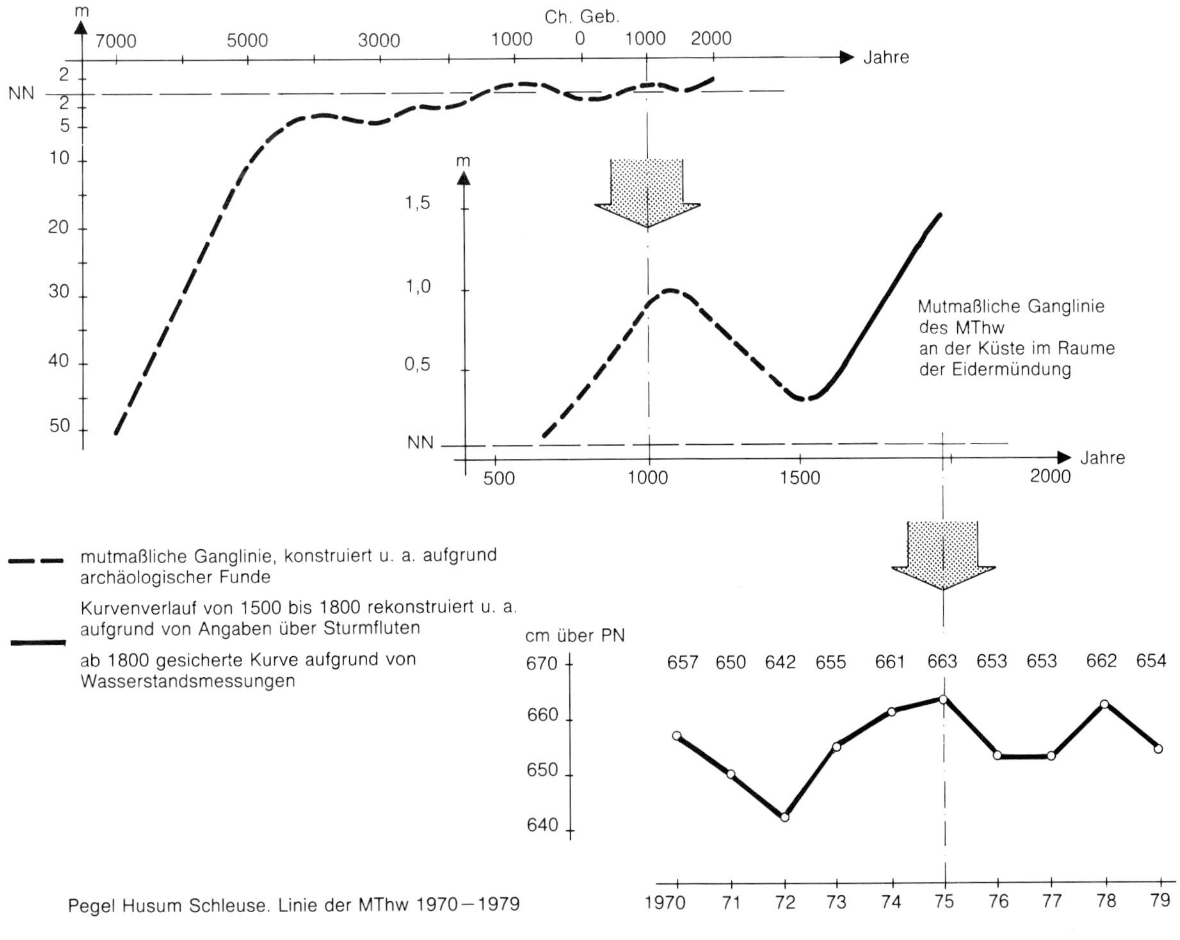

m

Ch. Geb.

7000 5000 3000 1000 0 1000 2000 ▶ Jahre

2, NN, 2, 5, 10, 20, 30, 40, 50

m

1,5

1,0

0,5

NN

500 1000 1500 2000 ▶ Jahre

Mutmaßliche Ganglinie des MThw an der Küste im Raume der Eidermündung

– – mutmaßliche Ganglinie, konstruiert u. a. aufgrund archäologischer Funde

Kurvenverlauf von 1500 bis 1800 rekonstruiert u. a. aufgrund von Angaben über Sturmfluten

— ab 1800 gesicherte Kurve aufgrund von Wasserstandsmessungen

cm über PN

670, 660, 650, 640

1970	71	72	73	74	75	76	77	78	79
657	650	642	655	661	663	653	653	662	654

Pegel Husum Schleuse. Linie der MThw 1970–1979

Abb. 20.1 Deichprofile Strucklahnungshörn/Nordstrand

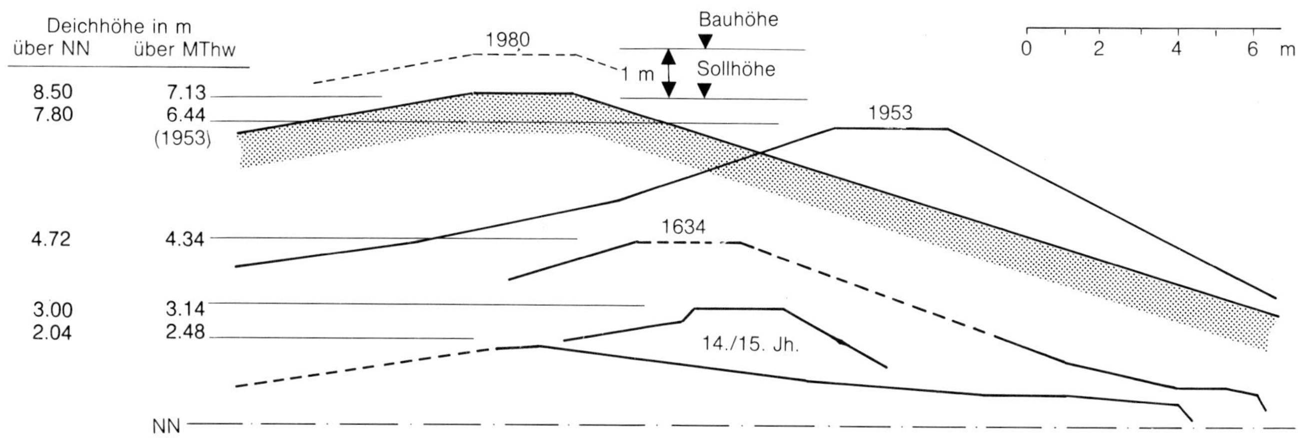

lung und Bewirtschaftung der weiten Marsch- und Moorflächen im Westen der Geest ein. Der Mensch beginnt aktiv in die Gestaltung einer Landschaft einzugreifen, die sich im Wechselspiel naturgegebener Prozesse über einen Zeitraum von rund 4000 Jahren entwickelt hat. Er leitet damit eine neue Epoche der Landschaftsgeschichte des heutigen nordfriesischen Watts ein, die nach kaum vier Jahrhunderten zum vorläufigen Untergang führen wird.

Die riesigen Moore werden in den kommenden Jahrhunderten systematisch abgebaut und die dabei freigelegte Alte Marsch in Kultur genommen. Dieser Vorgang wird als Verfehnung bezeichnet (das Fehn, niederl., das Fenn, niederd., Sumpf-, Moorlandschaft). Der dabei anfallende Torf dient zum Teil der Salzgewinnung und in einem geringen Ausmaß auch zum Hausbau, zur Hauptsache aber wird er als Brennstoff verwendet.

Eine lohnende landwirtschaftliche Nutzung des durch die Verfehnung gewonnenen Bodens setzt den Bau von Deichen und eine entsprechende Regelung des Wasserhaushalts durch Siele und Schleusen voraus. Um das Jahr 1000 werden in Nordfriesland die ersten Deiche gebaut.

Die Nutzung durch den Menschen (Torfabbau) wie auch natürliche Setzungsvorgänge, die durch die Entwässerung des in Kultur genommenen Landes noch verstärkt werden, führen dazu, daß weite Gebiete der einstigen alten Marschlandschaft unter das mittlere Tidehochwasser zu liegen kommen. Das Land kann nur dank der Deiche gehalten werden. Im 14. Jahrhundert bricht die zu erwartende Katastrophe herein. Eine Reihe schwerer Sturmfluten (in der Chronik der Tönninger Organisten ist von 15 Fluten die Rede), darunter vor allem die gewaltige Flut vom 16. Januar 1362, zerschlagen die Deichlinie und zerstören Dörfer und Kulturen. Unzählige Menschen ertrinken. Nach einem Bericht des damals amtierenden Bischofs von Schleswig sind 34 Kirchen und Kapellen verlorengegangen. Die Nordsee dringt erstmals bis an den Geestrand vor. Das mittelalterliche Kulturland zwischen Sylt und Eiderstedt geht mit *einem* Schlag unter. Es wird zum Wattenmeer. Die Nordfriesen jedoch sind nicht gewillt, sich der Nordsee zu beugen. 1362 wird nicht zum Jahr des Untergangs, sondern symbolisch zum „Geburtsjahr der Landgewinnung". Durch natürliche Sedimentations- und Verlandungsvorgänge setzt nach der Katastrophe von 1362 auf dem alten Wattsockel die Bildung der „Jungen Marsch" ein. Die natürlichen Wiederverlandungsvorgänge werden durch die Küstenbewohner ausgenützt und gefördert. Es beginnt die Zeit der systematischen Rückgewinnung des verlorengegangenen Lebensraumes, ein Werk, das bis in unser Jahrhundert hineinführt und auch heute noch nicht abgeschlossen ist. Die Küstenlinie, wie sie vor 1000 Jahren bestanden haben dürfte, konnte allerdings nie auch nur annähernd wieder erreicht werden.

Im Zusammenhang mit dem Schleusen- und Hafenbau von Strucklahnungshörn auf Nordstrand sind Profile älterer Deichböschungen freigelegt worden, welche die Entschlossenheit, dem blanken Hans zu trotzen, in eindrucksvoller Weise dokumentieren (Abb. 20.1). Mit dem Wiederanstieg des MThw seit dem 16. Jahrhundert und dem zunehmenden Bedürfnis nach vermehrter Sicherheit ist der ursprünglich bescheidene Deich, der nur etwa 2,5 m über das damalige MThw ragte, auf NN +8,5 m angewachsen, das sind mehr als 7 m über dem gegenwärtigen MThw. Der Deich gilt heute als sturmflutsicher.

Groß ist die Zahl hoher und oft schrecklicher Fluten, die in den vergangenen Jahrhunderten über die Niederun-

Abb. 21.1 Entwicklung der nordfriesischen Küstenlandschaft

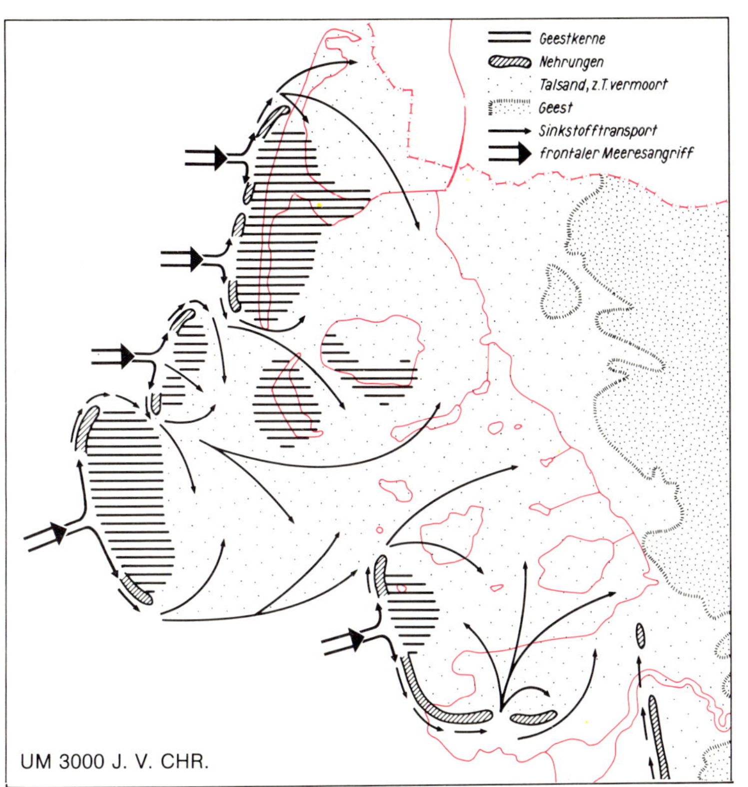

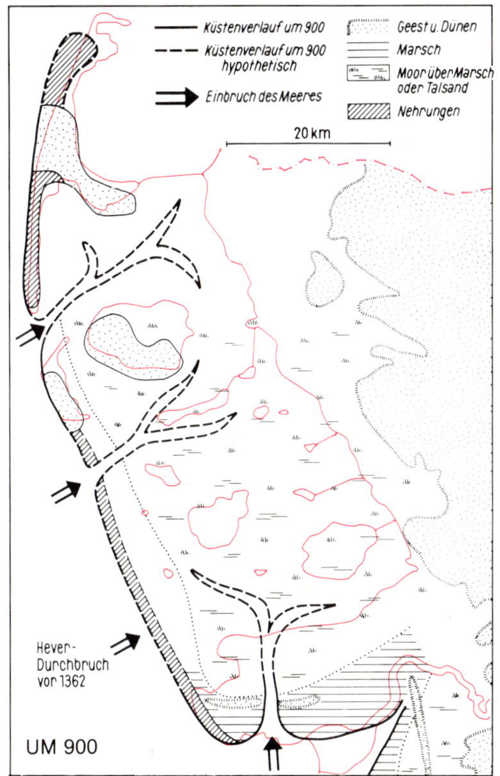

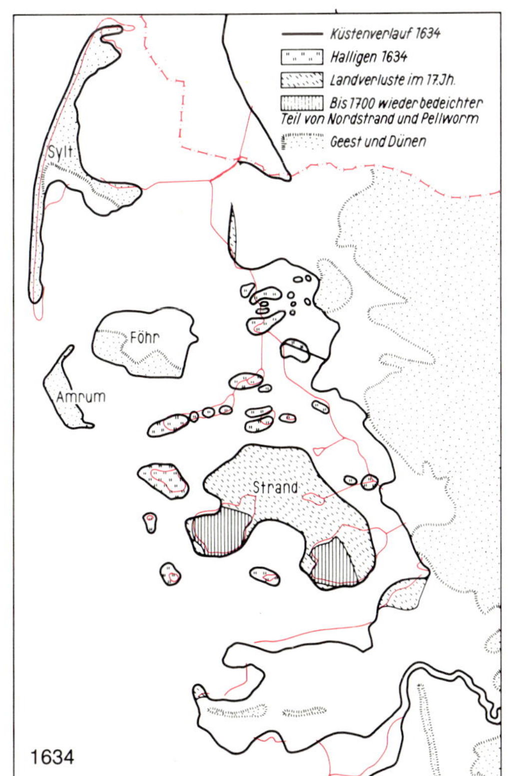

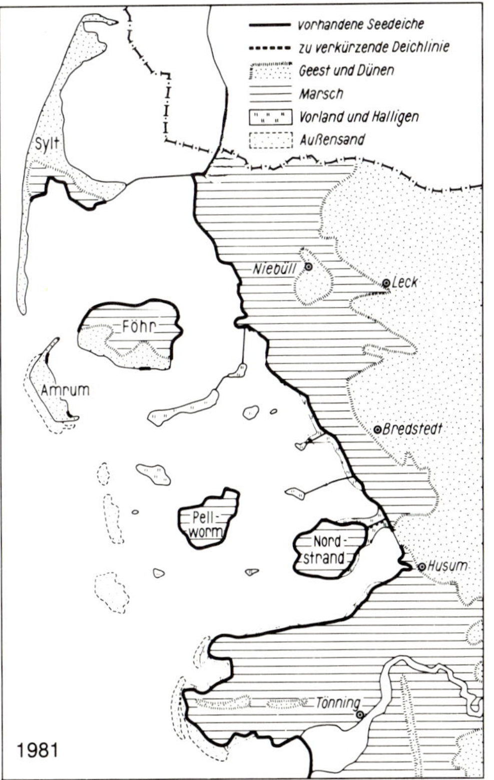

gen der nordfriesischen Marsch hereingebrochen sind. Bilder und Chroniken berichten davon, wie viele Menschen ertrunken sind, was an Hab und Gut zerstört, was an Deichen und Feldern vernichtet wurde (Abb. 19.1). Aus ungezählten Einzelschicksalen sei jenes von Nommen Jacobsen herausgegriffen, wie es sich während der Sturmflut vom 3./4. Februar 1825 auf der Hallig Nordstrandischmoor zugetragen hat, geschildert in einem Brief des Halliglehrers Johann Christiansen (1835–1887 Lehrer auf Nordstrandischmoor): „Auf der Norderwarft wohnte der Strandvogt Nommen Jacobsen, der Wittwer war, mit seinen alten Eltern unter einem Dache. Auch hier mußten die Bewohner auf den Boden flüchten. Als Nommen aus der Dachluke sah, gewahrte er mit Schrecken, daß die Mauern des Hauses bereits eingestürzt waren und der Hausrat wirr durcheinander im Wasser schwamm. Er sah auch, wie ein großer Koffer, in dem wertvolle Sachen waren, anfing zu schwimmen und von der Warft wegtreiben wollte. Schnell ergriff er eine Leiter, ließ sie durch die Dachluke auf den Boden herab und stieg hinein in die brausende Flut. Er erfaßte auch glücklich noch den Griff des schweren Koffers und kann ihn an einem Ständer mit seinen Strumpfbändern festbinden. Nun schlagen ihm aber schon die Wogen über den Kopf, und er will schnell auf den Boden zurück. Doch die Leiter war weggerissen. Durch die Dachluke kann er nicht mehr hinauf. Mit aller Kraft kämpft er sich in den noch stehenden Teil des Hauses und will versuchen, durch eine in der Decke des Feuerungsraumes befindliche Leiter hochzukommen. Hier sind seine alten Eltern und rufen jämmerlich nach ihm. Aber er kann die Öffnung nicht erreichen. – Als er den sicheren Tod vor Augen sieht, schwemmt die Flut ein schweres Weinfaß herein, das er als Strandvogt geborgen hat, klemmt sich in dem engen Raum fest, stellt sich auf den Kopf, und Nommen kann sich hinaufschwingen und seinen Eltern die Hände entgegenstrecken. Mit Mühe können diese ihn hinaufziehen. Nommen ist gerettet."

22.1 Sonnenuntergang im Watt. Der Einfluß der Sonne auf die Entstehung der Gezeiten ist rund halb so groß wie der des Mondes.

Tidewasserstand

Pilatus 2119,9 m ü. M. (Meter über dem Meeresspiegel), Matterhorn 4477,5 m ü. M. Wie imponierend genau, bis auf 10 cm. Hochachtung für alle, die gemessen und gerechnet haben: Würde der Staunende von windiger Bergeshöhe im Hexenflug nach ... sagen wir nach Husum versetzt, er könnte ein Lächeln wohl schwerlich unterdrücken. Wo ist er denn, dieser Meeresspiegel, über dem er vor kurzem genau 2119,9 m stand? Vielleicht steht er gerade am Deichfuß, vielleicht aber liegt er weit draußen an der Kante des Watts, kaum aber ist er bei Null. Und wo wäre Null?

Es werden drei Bezugshorizonte „Null" unterschieden:

Normal-Null (NN): Nullmeterlinie für topographische Karten.

Seekarten-Null (SKN, KN = Kartennull): Bezugsfläche für die Angabe von Wassertiefen in Seekarten. SKN ist je nach Nation unterschiedlich festgelegt. Für die amtlichen Seekarten im Raume der Nordsee entspricht SKN dem örtlichen MSpTnw (ein Wasserstand, der unter normalen Bedingungen nicht oder nur unerheblich unterschritten wird). SKN für die Ostsee = NN.

Pegel-Null (PN): Nullmeterhöhe für Pegel, für Deutschland 1935 (Nordsee) resp. 1938 (Ostsee) mit NN −5 m festgelegt. Dadurch können Wasserstandsangaben stets in positiven Zahlen ausgedrückt werden.

Das Meer mit seiner ruhelosen Oberfläche hält keine Rast zur Fixierung einer Nullmeterlinie. Als Meereshöhe Null wird die Höhe des mittleren Wasserstandes bezeichnet, wie sie sich aus über Jahre aufgenommenen Meßreihen ermitteln läßt (Beobachtungszeitraum mindestens 20 Jahre). Sie hat jedoch nur gerade für den Ort der Messung Gültigkeit. Eine allgemein gültige Festlegung der Meereshöhe Null ist weder technisch noch wissenschaftlich möglich. Für Europa ist deshalb das Amsterdamer Pegelnull (NAP, Normaal Amsterdam Peil, Normaler Amsterdamer Pegel) zur verbindlichen Höhenmarke Null erklärt worden*.

Belgisches NN:	NN = NAP −30 cm
Deutsches NN:	NN = NAP
Dänisches NN:	NN = NAP −14 cm
Englisches NN:	NN = NAP −33 cm
Französisches NN:	NN = NAP −13 cm
Norwegisches NN:	NN = NAP −12 cm

Bis jetzt ist es nicht gelungen, das NAP über größere Entfernungen in das offene Seegebiet zu übertragen. Deshalb basieren beispielsweise die Vermessungen auf der Insel Helgoland auf dem eigenen Helgoländer Null (HN).

Für den Menschen am Deich hat NN nur bedingte, mehr indirekte Bedeutung. Unmittelbar maßgebend für ihn sind die Werte des Tidehochwassers (Thw) und des Tideniedrigwassers (Tnw), denn *sie* bestimmen das Auf und Zu der Sieltore, das Aus- und Einlaufen der Schiffe, die Höhe der Deichkrone. Auf Grund jahrelanger Messungen lassen sich für jeden Küstenort bzw. Standort eines Schreibpegels die mittleren Hochwasser (MThw) und die mittleren Niedrigwasser (MTnw) ermitteln (Abb. 24.1, 24.2). Diese Messungen sind auch eine der Grundlagen für die Berechnung und Konstruktion der sogenannten astronomischen Gezeitenkurve und die Berechnung des mittleren Springtidehochwassers und -niedrigwassers (MSpThw, MSpTnw) sowie des mittleren Nipptidehochwassers und -niedrigwassers (MNpThw, MNpTnw) (Abb. 25.1). Den Berechnungen, die jedes Jahr nachgeführt werden, liegen u. a. Meßwerte und Beobachtungen über Wasserhöhen und Zeitintervalle (z. B. Zeitdifferenz zwischen Eintritt des Springtidehochwassers und der auslösenden astronomischen Konstellation) der jeweils vorangegangenen 19 Jahre zugrunde**.

Den Mittelwerten, wie sie in Tabellen veröffentlicht werden, liegen in der Regel Bemessungsperioden von je zehn Jahren zugrunde. Die Nachführung erfolgt alle fünf Jahre.

Pegel Husum Schleuse:	Bemessungszeitraum	MThw, cm über PN = NN −5 m
	1956/65	649
	1961/70	654
	1966/75	655

Unter Gezeit oder Tide werden Wasserstandsänderungen und Strömungen des Meeres verstanden, die unmittelbar oder mittelbar durch die Massenanziehung des Mondes und der Sonne in Verbindung mit der Erdumdrehung entstehen (DIN 4049, Nr. 3.3.1). Soweit die technische Definition.

Der Mond zieht seine Trabantenbahn um die Erde. Als Zweikörpersystem vereinigt drehen Erde und Mond in elliptischer Bahn gemeinsam um die Sonne. Diese Bewegungen sind der Grund für die Entstehung der Gezeiten (Abb. 25.2).

* Das NAP stellt den früheren (17./18. Jahrhundert) mittleren Sommertidehochwasserstand im Hafen von Amsterdam dar, der bis 1872 mit der offenen See verbunden war. Es entspricht praktisch dem heutigen Tidemittelwasserstand an der niederländischen Küste (auch hier ist ein säkularer Wasserstandsanstieg feststellbar).

** Die Mondbahn verändert sich gegenüber der Erdbahnebene in einer Periode von 18,6 Jahren. Dies ist die längste der in die Gezeitenberechnung einzubeziehenden astronomischen Perioden.

Alle Körper ziehen sich gegenseitig an. Die Anziehungskräfte *(Gravitationskräfte)* sind von der Masse der Körper und ihrer Entfernung voneinander abhängig. Die Gravitationskraft des Mondes wirkt auf die Erde und im besonderen auch auf die Wassermassen der Weltmeere.

Erde und Mond drehen monatlich einmal um ihren gemeinsamen Schwerpunkt, der innerhalb der Erde liegt. Seine Entfernung vom Erdmittelpunkt beträgt etwa drei Viertel des Erdradius. Diese Rotation erzeugt auf der Erde vom Mond weggerichtete Fliehkräfte *(Zentrifugalkräfte)*.

Die Gravitationskraft und die Zentrifulgalkraft bewirken auf der Erde zwei Flutberge (Abb. 26.1). Die Gravitationskraft überwiegt auf der dem Mond zugekehrten Seite, die Zentrifugalkraft auf der Gegenseite (im Erdmittelpunkt heben sich die beiden Kräfte auf). Auf seiner elliptischen Bahn um die Erde verändert der Mond laufend seine Entfernung zur Erde wie auch seine Bahngeschwindigkeit, was entsprechende Veränderungen im System der Anziehungs- und Fliehkräfte bewirkt. Zur Zeit der Erdnähe nehmen die gezeitenbewirkenden Kräfte gegenüber dem Mittelwert um 26 Prozent zu, zur Zeit der Erdferne um 16 Prozent ab.

Analoge Ursache und Wirkung, wie sie zwischen Erde und Mond bestehen, können auch zwischen Erde und Sonne nachgewiesen werden (Abb. 22.1). Der für die Gezeiten wirksame Einfluß der Sonne ist allerdings nur knapp halb so stark wie jener des Mondes (46 Prozent).

In der Zeit, die der Mond für einen vollen Erdumgang benötigt (siderischer Umlauf), dreht sich die Erde 27⅓mal um sich selbst. Sie rotiert also unter den mondbedingten, lunaren Flutbergen hinweg. Auf der Erde wird dies als zwei täglich um die Erde kreisende Flutwellen registriert. Der standortsgebundene Beobachter beispielsweise an der Küste erlebt das Phänomen in einem periodischen, rhythmischen Steigen (Flut) und Fallen (Ebbe) des Wassers, im Wechsel vom Niedrigwasser zum Hochwasser und vom Hochwasser zum Niedrigwasser (Abb. 27.1, 27.2). Eine Tide, bestehend aus einer Flut und einer Ebbe, dauert in der Nordsee im Mittel rund einen halben mittleren Mondtag von 12 Stunden 25 Minuten (Abb. 25.1).

24.1, 24.2 Der Tassenpegel, ein Grenzwertpegel. Die Rahmen mit den Tassen, die in Abständen von je 5 cm übereinander stehen, werden in die an einem Pfahl befestigten Metallrohre gehängt (oberes Rohr) bzw. gestellt (unteres Rohr, auf der Rückseite knapp sichtbar). Bei Sturmflut steigt das Wasser in den Rohren bis auf die Höhe des äußeren Wasserstandes, so daß nach der Flut auf Grund der gefüllten Tassen die Wasserstandspitze „abgelesen" werden kann. Im Dienstbereich des ALW Husum sind zwölf derartige Pegel aufgestellt.

Abb. 25.1 Tidekurve

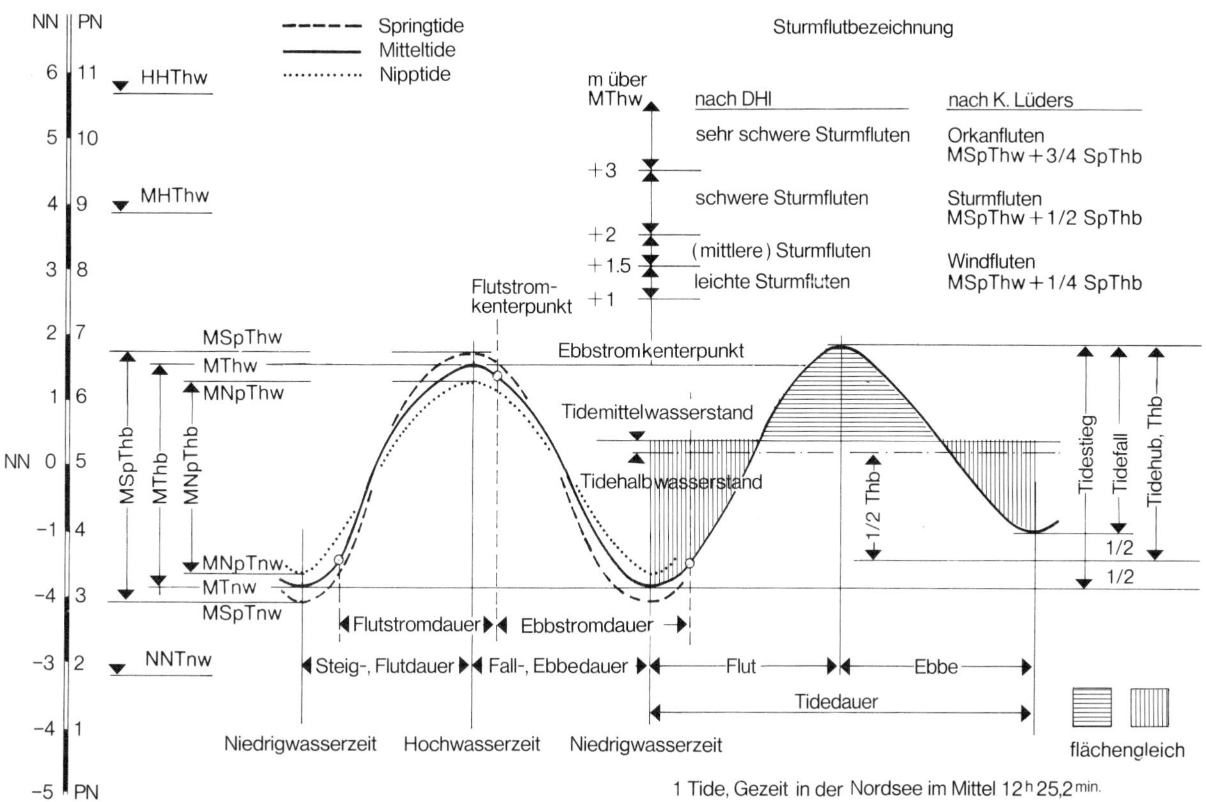

TIDEPEGEL HUSUM SCHLEUSE Meßwerte in m über PN = NN − 5 m

HHThw	allerhöchstes Tidehochwasser, bekannter Höchststand (Sturmflut vom 3. Jan. 1976)	10.66
MHThw	mittleres höchstes Tidehochwasser	8.87[1)]
MSpThw	mittleres Springtidehochwasser	6.72[2)]
MThw	mittleres Tidehochwasser	6.55[1)]
MNpThw	mittleres Nipptidehochwasser	6.29[2)]
MNpTnw	mittleres Nipptideniedrigwasser	3.36[2)]
MTnw	mittleres Tideniedrigwasser	3.15[1)]
MSpTnw	mittleres Springtideniedrigwasser	2.90[2)]
NNTnw	allerniedrigstes Tideniedrigwasser, bekannter niedrigster Wasserstand (7. Dez. 1959)	1.80
MNpThb	mittlerer Nipptidehub	2.93
MThb	mittlerer Tidehub	3.40
MSpThb	mittlerer Springtidehub	3.82

1) Mittel aus den in Husum gemessenen Werten in den Jahren 1966–75

2) Durch das DHI errechnete Mittelwerte für die Jahre 1970–78

Abb. 25.2 Gezeitenerzeugende Kräfte, hervorgerufen durch das Zweikörpersystem Erde–Mond

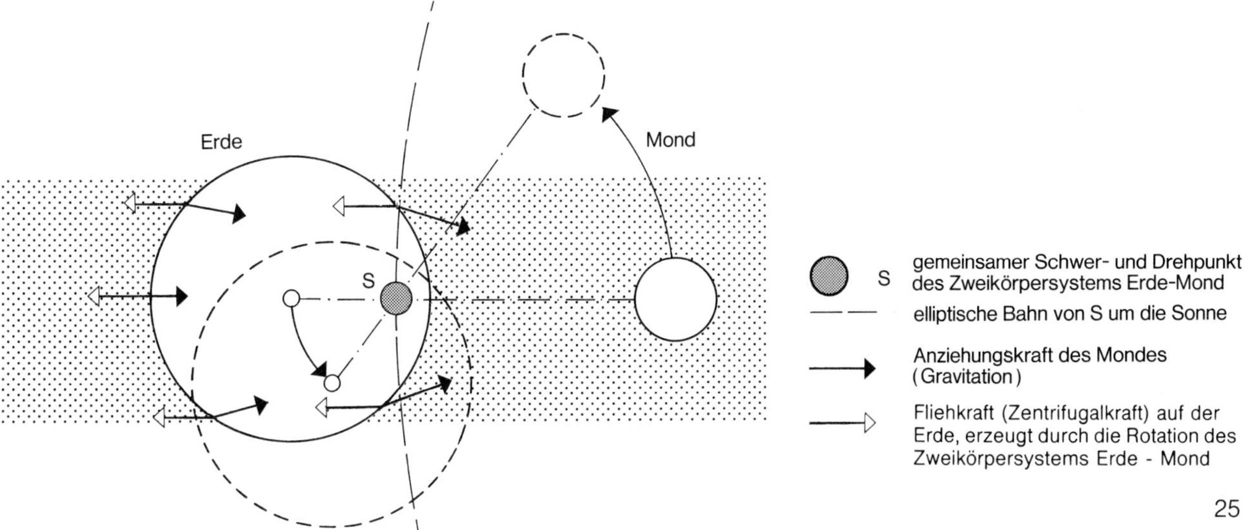

Abb. 26.1 Entstehung von Springtiden und Nipptiden

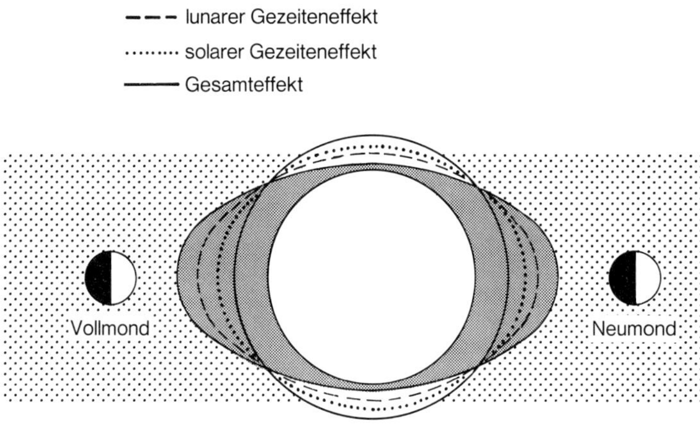

SPRINGZEIT

Zur Springzeit stehen Sonne, Mond und Erde in <u>einer</u> Linie. Die gezeitenerzeugenden lunaren und solaren Effekte summieren sich.

An der deutschen Nordseeküste treten Springtide und Nipptide mit rund dreitägiger Verzögerung ein, u. a. als Folge von Reibungseinflüssen auf die Gezeitenwelle und der geographischen Lage.

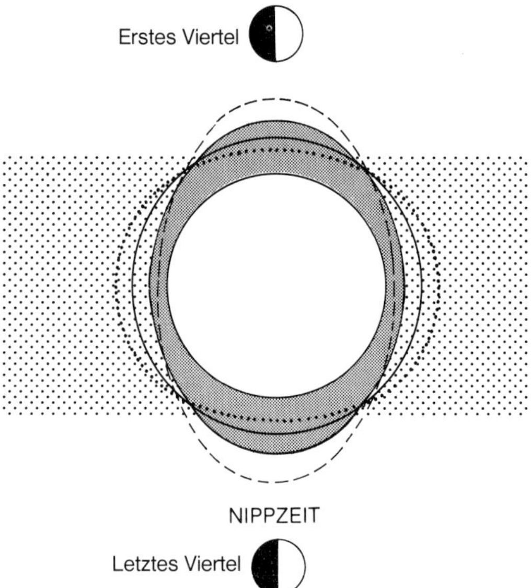

Zur Nippzeit, wenn – von der Erde aus gesehen – Sonne und Mond zueinander in einem rechten Winkel stehen, heben sich die gezeitenerzeugenden Kräfte der beiden Gestirne teilweise auf.

Die aus Anziehung und Rotation entstehenden Kräfte ergeben für den einzelnen Ort auf der Erde nur geringe Werte. Die Zentrifugalkraft aus der Rotation des Zweikörpersystems Erde-Mond beträgt 3,378 g/t, die Mondanziehung macht im mondnächsten Punkt 3,493, im mondfernsten 3,268 g/t aus. In diesen beiden Punkten, wo die Kräfte genau entgegengesetzt wirken, ergeben sich demnach gezeitenbildende Kräfte von nur 0,115 bzw. 0,110 g/t. Abb. 26.2 zeigt, wie die Gravitations- und Zentrifugalkräfte schließlich vertikal und horizontal auf die Erdoberfläche wirken. Die Vertikalkraft, der die rund neun millionenmal größere Schwerkraft der Erde gegenübersteht, hat für die Gezeitenbildung praktisch keine Bedeutung. Wirksam wird vor allem die Horizontalkomponente, die primär den Gezeiten*strom*, nicht den Tidenhub erzeugt.

Die Zusammenhänge sind in Wirklichkeit erheblich komplizierter als hier dargestellt wird. Geographische Lage, topographische Beschaffenheit des Meeresgrundes und der Küste, meteorologische Verhältnisse und eine Reihe weiterer Einflußgrößen bestimmen nebst den astronomischen Gegebenheiten insgesamt das Gezeitenbild eines bestimmten Ortes.

Abb. 26.2 Gezeitenkomponenten

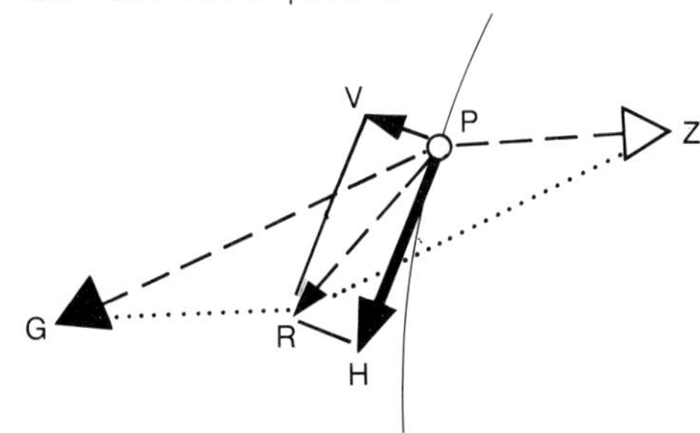

In Punkt P wirksame Kräfte:

- G Gravitationskraft
- Z Zentrifugalkraft (Erde-Mond-System)
- R Resultante aus G und Z: Fluterzeugende Kraft
- V vertikaler Anteil der Resultante
- H horizontaler Anteil der Resultante: gezeitenwirksamste Kraft

27.1, 27.2 Watt zwischen „Hochwasser" und „Niedrigwasser". Eine Tide, bestehend aus einer Flut und einer Ebbe, dauert in der Nordsee im Mittel 12 Stunden 25 Minuten. Die Buhne, die vom Deichfuß ins Watt hinaus führt, ist für die Schiffahrt durch eine Mühlenbake gekennzeichnet.

Ebbe und Flut in der Nordsee

Die Gezeiten der Nordsee stehen in direkter Abhängigkeit zu den Flutverhältnissen im Nordatlantik, d. h. die Nordsee schwingt in Resonanz zum Atlantik. Zweimal täglich dringt die atlantische Flutwelle in die Nordsee ein, läuft vor Englands Küste mit 80 bis 100 km/h nach Süden und dreht dann entlang der deutschen Nordseeküste nach Norden. Der Flutscheitel, welcher die Enge zwischen den Orkney- und den Shetlandinseln passiert, trifft erst zwölf Stunden später auf die Ostfriesischen und weitere drei Stunden später auf die Nordfriesischen Inseln. Die Energie der Welle hat auf der langen Reise erheblich abgenommen, die Geschwindigkeit beträgt nur noch 40 km/h (Abb. 28.1).

Die mittleren Tidehübe (MThb) an der deutschen Nordseeküste als Folge der gewöhnlichen Gezeit liegen in einer Größenordnung von 2 bis 4 m, d. h. das mittlere Tidehochwasser kommt etwa 1 bis 2 m über NN zu stehen. Hier die Hauptzahlen der Wasserstände für vier Pegelstationen:

Pegelstation	HHThw	MHThw	MThw	MTnw	NNTnw	MThb
List/Sylt	894 3.1.76	758	573	402	146 15.3.64	171
Husum	1066 3.1.76	887	655	315	180 7.12.59	340
Cuxhaven	1010 3.1.76	851	644	354	100 6.3.1881	290
Helgoland	860 16.2.62	736	578	347	131 15.3.63	231

MThw/MTnw 1966/75
Wasserstände in cm über PN = NN −5 m

Bei Sturmfluten können allerdings erheblich höhere Wasserstände eintreten. Am 3. Januar 1976 stand das Wasser am Pegel Husum 4,11 m über dem MThw 1966/75, d. h. 5,66 m über NN und nur 14 cm unter dem für Husum gültigen „maßgebenden Sturmflutwasserstand" (Abb. 28.2).

Die auf astronomischer Grundlage berechneten Hoch- und Niedrigwasserzeiten der einzelnen Küstenorte werden vom Deutschen Hydrographischen Institut in Tidenkalendern jährlich veröffentlicht (Abb. 29.1). Sie sind unentbehrlich für all jene, die beruflich mit dem Meer zu tun haben oder ihre Ferienzeit an der Gezeitenküste verbringen.

Der Tidenkalender hat seine unmittelbare Auswirkung auch auf den Fahrplan für die Schiffahrt im Wattenmeer (Abb. 29.2). Wenn der Binnenländer auf Reise zu gehen gedenkt, nimmt er den Fahrplan und sucht sich die geeignete Bahnverbindung heraus. An welchem Tag er

Abb. 28.1 Die Flutwelle in der Nordsee

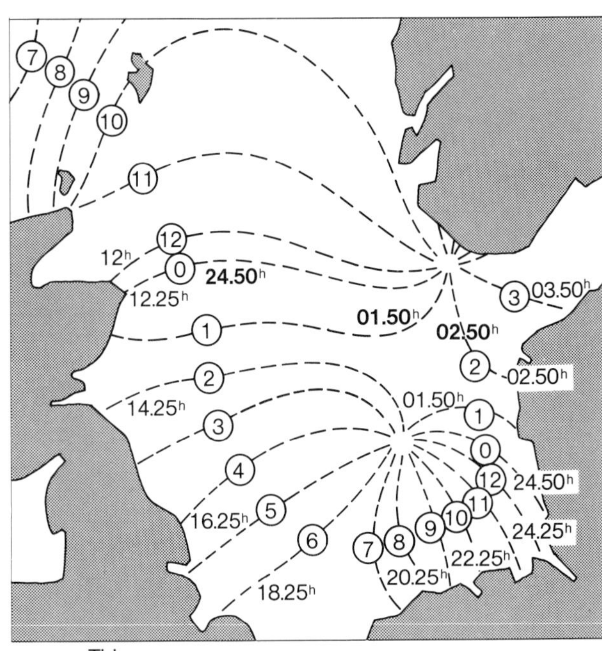

fahren will, spielt keine Rolle, da die meisten fahrplanmäßigen Züge täglich und stets zu gleichen Zeiten verkehren. Unserem Fahrgast werden deshalb die monatlich aufgestellten, täglich variierenden Kurse der im Wattenmeer verkehrenden Schiffe auffallen. Sie sind eine Folge der Tideabhängigkeit der Schiffahrt im Küstenraum des Watts. Wo nicht genügend tiefe natürliche oder ausgebaggerte Fahrrinnen vorhanden sind, die dauernd einen ausreichend hohen Wasserstand aufweisen, können die Schiffe nur während einer bestimmten Zeitspanne innerhalb der Tidehochwasserzeit verkeh-

Abb. 28.2 Tidekurve der Sturmflut vom 3./4. Januar 1976, Pegel Husum Schleuse

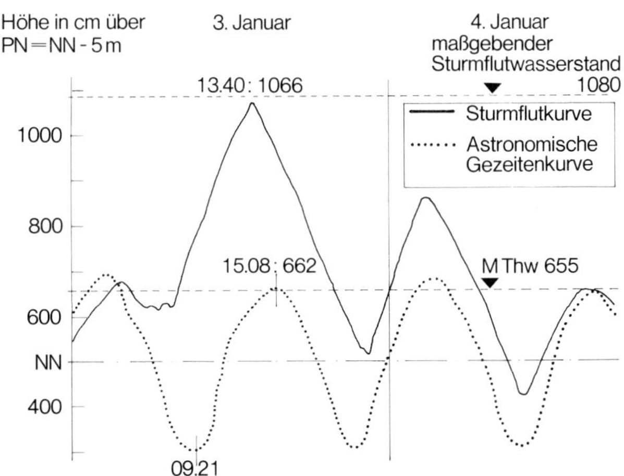

Abb. 29.1 Tidenkalender des DHI

Husum 1981

Tag	November HW		NW		Tag	Dezember HW		NW	
	Uhr	Uhr	Uhr	Uhr		Uhr	Uhr	Uhr	Uhr
1 S	4.09	16.23	10.41	22.49	1 D	4.15	16.34	10.50	22.55
					2 M	4.45	17.08	11.19	23.22
2 M	4.35	16.52	11.05	23.10	3 D	5.20	17.47	11.53	23.54
3 D	5.02	17.22	11.30	23.32	4 F 1	6.03	18.36	--	12.30
4 M	5.35	18.00	11.59	--	5 S	6.57	19.39	0.36	13.17
5 D 1	6.19	18.55	0.01	12.38	6 S	8.05	20.53	1.36	14.23
6 F	7.23	20.11	0.51	13.41					
7 S	8.46	21.38	2.12	15.10	7 M	9.22	22.10	2.56	15.46
8 S	10.11	22.58	3.49	16.41	8 D	10.36	23.19	4.23	17.08
					9 M	11.42	--	5.42	18.20
9 M	11.22	--	5.16	17.57	10 D	0.20	12.41	6.51	19.22
10 D	0.02	12.19	6.26	18.59	11 F 2	1.14	13.34	7.51	20.15
11 M	0.55	13.10	7.25	19.53	12 S	2.02	14.23	8.42	21.02
12 D 2	1.41	13.57	8.17	20.39	13 S	2.47	15.13	9.30	21.50
13 F	2.24	14.41	9.02	21.22					
14 S	3.06	15.28	9.46	22.08	14 M	3.33	16.05	10.22	22.40
15 S	3.49	16.17	10.33	22.52	15 D	4.22	16.55	11.14	23.23
					16 M	5.09	17.42	11.58	--
16 M	4.33	17.05	11.19	23.30	17 D	5.56	18.29	0.01	12.39
17 D	5.19	17.52	--	12.02	18 F 3	6.45	19.20	0.42	13.22
18 M 3	6.09	18.46	0.09	12.48	19 S	7.38	20.15	1.25	14.06
19 D	7.06	19.48	0.55	13.40	20 S	8.38	21.16	2.13	14.57
20 F	8.14	21.00	1.50	14.41					
21 S	9.29	22.16	2.58	15.54	21 M	9.45	22.23	3.13	16.01
22 S	10.44	23.24	4.17	17.09	22 D	10.53	23.27	4.28	17.12

0 : Neumond 1 : Erstes Viertel 2 : Vollmond 3 : Letztes Viertel
Mitteleuropäische Zeit

Der Tidenkalender des DHI enthält für eine Reihe von Bezugsorten die Zeiten des Hochwassers (HW) und des Niedrigwassers (NW). Für Anschlußorte sind die mittleren Zeitunterschiede (Gezeitenunterschiede) gegen einen bestimmten Bezugsort angegeben (z. B. Nordstrand/Strucklahnungshörn gegen Husum: HW – 00^h10^{min}, NW – 00^h22^{min}, d. h. HW und NW treten in Strucklahnungshörn 10 min bzw. 22 min früher ein als in Husum).

Abb. 29.2 Schiffahrt im Wattenmeer

Husum – Pellworm und zurück/August 1980
Fahrplan der Neuen Pellwormer Dampfschiffahrts-GmbH

Dat.	Schiff ab Pellworm	Bus ab Nordstrand	Bus an Husum ZOB	Bus ab Husum Bhf.*	Schiff ab Nordstrand	Schiff an Pellworm
1.	5.45	6.30	7.20	5.50	6.45	7.30
	7.45				8.45	9.30
	13.15	14.15	15.00	13.15	14.15	15.00
	15.00				16.00	16.45
	16.45	17.55	18.45	17.05	18.00	18.45
2.	7.00	8.00	8.30	7.25	8.00	9.00
	8.15				9.15	10.00
	15.00	16.00	16.30	15.15	16.00	16.45
	16.45	17.55	18.45	17.05	18.00	18.45
3.	8.00	9.00	9.35	8.30	9.00	9.45
	9.15				10.15	11.00
	16.45	17.55	18.45	17.05	18.00	18.45
	19.00				20.00	20.45

ren. Bei außergewöhnlichen Wasserständen „kann für die Einhaltung der fahrplanmäßigen Schiffskurse nicht garantiert werden".

Die große Schiffahrt meidet das Watt nach Möglichkeit. Die Gefahr, auf einer Sandbank zu stranden, ist zu groß, die Abhängigkeit von den Tiden bringt zu viele Einschränkungen. Zur Sicherheit der im Watt verkehren-

29.3 Leuchtturm, Hörnum/Sylt. Die Schiffahrtswege werden durch feste und schwimmende Seezeichen markiert. In den vergangenen Jahren ist in der Nordsee das neue international vereinheitlichte Betonnungssystem „A" eingeführt worden, das für alle Schiffahrtszeichen, außer Leuchttürmen, Leitfeuern, Richtfeuern, Feuerschiffen und Großtonnen gilt.

29.4 Tonnenlager, Hafen Husum. Die schwimmenden Seezeichen sind meistens in einem doppelten Satz vorhanden. Während der eine eingesetzt ist, wird der andere im Tonnenlager überholt. Grün kennzeichnet die Steuerbordseite (rechte Seite), rot die Backbordseite (linke Seite) eines Wasserweges oder einer Hafeneinfahrt, von See kommend.

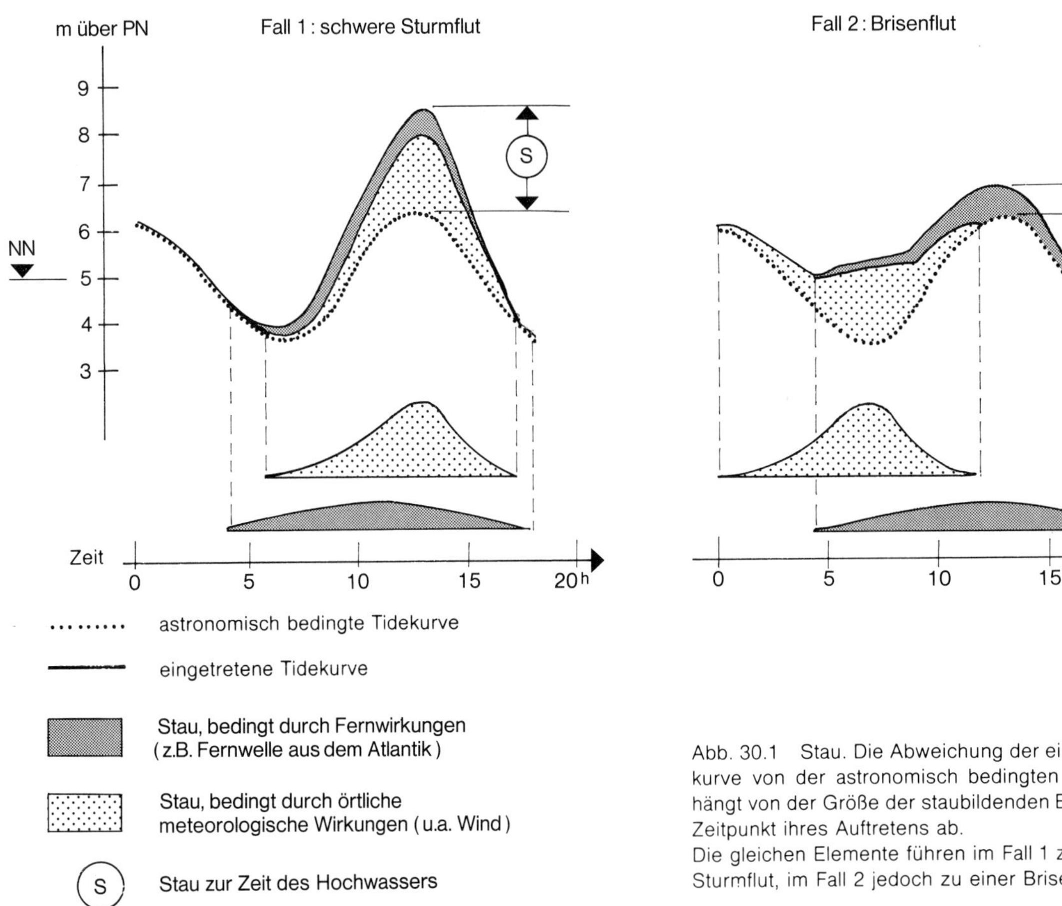

Abb. 30.1 Stau. Die Abweichung der eingetretenen Tidekurve von der astronomisch bedingten Kurve, der Stau, hängt von der Größe der staubildenden Elemente und vom Zeitpunkt ihres Auftretens ab.
Die gleichen Elemente führen im Fall 1 zu einer schweren Sturmflut, im Fall 2 jedoch zu einer Brisenflut.

den Schiffe (Fährschiffe für den Personen- und Güterverkehr, Transportschiffe, Fischkutter, Sportboote usw.) sind die Fahrwasser und besondere Gefahrenpunkte durch feste und schwimmende Seezeichen markiert. Zu den festen (landfesten) Seezeichen zählen Leuchttürme, Baken, Dalben, Pricken und Stangen, zu den schwimmenden Feuerschiffe, Tonnen und Bojen (Abb. 29.3, 29.4).

Das neue international vereinheitlichte Betonnungssystem kennt fünf verschiedene Arten von Schiffahrtszeichen: Laterale Zeichen (Bezeichnung der Seiten eines Fahrwassers), Kardinale Zeichen (Bezeichnung allgemeiner Gefahrenstellen), Einzelgefahr-Zeichen, Mitte-Fahrwasser-Zeichen und Sonder-Zeichen (zur Kennzeichnung z. B. militärischer Übungsgebiete, Rohrleitungen usw.). Die Bedeutung der Zeichen ergibt sich aus ihrer Form und Farbe, aus der Form zusätzlicher Toppzeichen an der Spitze (Zylinder, Kegel, Kugeln, Kreuze) wie auch aus der Kennung eines möglicherweise vorhandenen Leuchtfeuers (z. B. Festfeuer, Blinkfeuer, Blitzfeuer).

Wattfahrwasser, die bei Tideniedrigwasser ganz oder streckenweise trockenfallen, sind in der Regel nur durch Pricken oder Stangen gekennzeichnet. An ihnen kann sich auch der Wattwanderer orientieren.

Die an der deutschen Nordseeküste auftretenden Wasserstände sind das Ergebnis eines komplizierten Zusammenspiels von Gezeit und meteorologischen Einflüssen. Die astronomische Gezeitenkurve läßt sich relativ gut und für längere Zeit vorausberechnen, da sie auf den gesetzmäßig verlaufenden Bewegungen von Mond und Sonne basiert.

Die Abweichung des beobachteten Wasserstandes von der vorausberechneten Gezeit wird als *Stau* bezeichnet. Er wird vor allem durch die meteorologische Situation im Seegebiet der Deutschen Bucht, dann aber auch durch Fernwellen aus dem Atlantik erzeugt. Unter den meteorologischen Einflußgrößen dominiert der Wind, weshalb der gesamte Stau vielfach vereinfachend als „Windstau“ bezeichnet wird. Auch die Bezeichnung Sturmflut weist auf den Hauptverursacher hin.

Für das Ausmaß der Abweichung des eintretenden

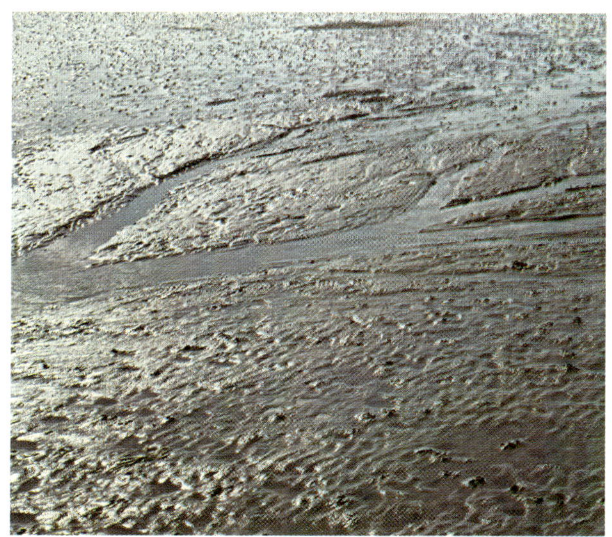

Wasserstandes vom errechneten astronomischen Tidewasserstand ist nicht allein die Größe der Teileffekte maßgebend, sondern auch der Zeitpunkt, in welchem die Maxima der einzelnen staubildenden Elemente auftreten. Der ungünstigste Fall tritt ein, wenn alle Effekte ihr Maximum zum selben Zeitpunkt erreichen (Abb. 30.1).

Das stetig wiederkehrende Ein- und Ausströmen der gewaltigen Wassermassen der Gezeiten führt im Wattenraum zur Bildung von Strom- und Wasserrinnen verschiedener Art.

Die *Wattströme* führen als eigentliche Wasserstraßen von der See her weit ins Watt hinein, teilweise bis an die Festlandkante. Sie sind im Mittel um 5 bis 10 m tief. Wo besondere Strömungsverhältnisse auftreten, kann sich die Stromrinne jedoch vielfach erheblich tiefer in den Wattsockel einsenken. Im Lister Tief nördlich der Insel Sylt beispielsweise werden Wassertiefen bis zu 50 m gemessen.

Die flachen, breiten Rücken zwischen den Wattströmen, die Platen, die etwa bis auf NN +1 m reichen, werden von einer Unzahl kleinerer und größerer Wattrinnen und Prielen durchzogen. Während die *Wattrinnen*, die in der Regel den Oberlauf eines Priels bilden, zur Niedrigwasserzeit mehr oder weniger trockenfallen, führen die *Priele* auch dann noch Wasser mit natürlichem Gefälle. Da die Bette der Wasserrinnen vor allem durch das bei Ebbe aus der Wattfläche abfließende Wasser gebildet und geformt werden, ähneln sie vielfach jenen von Bächen und kleineren Flüssen. Als feinste, oft aufgefächerte Rinnen haben die Priele irgendwo im Sand oder Schlick ihren Ursprung, von wo sie dann in meist mäanderartigem Lauf über die weiten Flächen führen, um schließlich als breite und teils tiefe Rinne in einen Wattstrom zu münden (Abb. 31.1, 31.2, 31.3). In den Prielen sammelt sich das letzte abfließende Ebbwasser, in ihnen dringt aber auch das erste Flutwasser ins Watt ein, bevor es über die Kante von Strömen und Rinnen steigt und die weiten Platen überflutet.

31.1 Im „Quellgebiet" der Priele. Irgendwo auf einer Plate liegt der Ursprung eines Priels. Fast unmerklich gehen die Pfützen in kleine Wasserrinnen über, in denen das letzte Ebbwasser abfließt.

31.2 Erosion im Watt. Flußläufen gleich fressen sich die Rinnen und Priele in den weichen Schlick- oder Sandboden ein.

31.3 Endstation eines Priels. Bis zur Einmündung in einen Wattstrom hat der Priel die Dimensionen eines kleineren Flusses angenommen. Stangen und Pricken kennzeichnen seinen Lauf für die Schiffahrt.

Zwischen Meer und Land

Das Watt ist Meeresboden, der bei normalem Niedrigwasser trockenfällt. Zweimal täglich wiederholt sich der Rhythmus von Flut und Ebbe. In den größeren Prielen drängt das Wasser mit kräftiger Strömung watteinwärts. Dann fließt es über die Kante der Rinnen auf die Wattfläche, kriecht mit seiner Schaumkante von Pfütze zu Pfütze, vereinigt sich mit Flutwellen aus anderen Richtungen, steigt Zentimeter um Zentimeter auf einen, zwei, drei Meter oder auch höher, deckt die endlosen Sand- und Schlickflächen zu und macht sie für Stunden wieder zum Wattenmeer (Abb. 32.2).

Der Unkundige oben auf der Deichkrone könnte meinen, das Meer habe nie und nimmer die Absicht, auch nur einen Meter zurückzuweichen. Kräftig noch schlagen die Wellen an den Deichfuß, und ein Sieltor würde sich nicht handbreit öffnen lassen. Doch längst schon hat die Ebbe eingesetzt, der Strom gekentert. Das Wasser strömt der offenen Nordsee zu. Der Wellenschlag wird sanfter, die Sieltore öffnen sich. Die glitzernde Wasserfläche löst sich mehr und mehr in unzählige Pfützen auf. Das Watt ist wieder „trocken". Nur die Rinnen, Wannen, Verschwemmungen, Löcher und Rippeln zeugen noch von der Dynamik der Wassermassen und der Strömung (Abb. 33.1, 33.2).

Oberflächlich betrachtet erscheint der Wattboden eher eintönig und kaum belebt. Doch der Schein trügt. Bei genauem Hinsehen offenbart sich eine unerwartete Vielfalt an Leben, in Form und Zahl.

Die Welt der Mikroorganismen, sonst nur mit dem Mikroskop zu sehen, verrät sich dem bloßen Auge vielfach als grünliche, gelblich-braune oder rötliche feine Haut, die nach Tagen ruhigen Seegangs auf dem Watt erscheint. Es sind vor allem Algen, die bei der Festigung des Wattbodens eine wesentliche Rolle spielen. Einzelne Arten vermögen täglich an die 0,5 mm neue Sedimente zu binden.

32.2 Die Flut kommt. Unaufhaltsam kriecht die Schaumkante der aufkommenden Flut über Sand und Schlick, hinein in die Grüppen und auf die Landgewinnungsfelder. Rasch steigt das Wasser. Wo eben noch Watt war, ist wenig später „Meer".

Abb. 32.1 Korngrößen-Tabelle

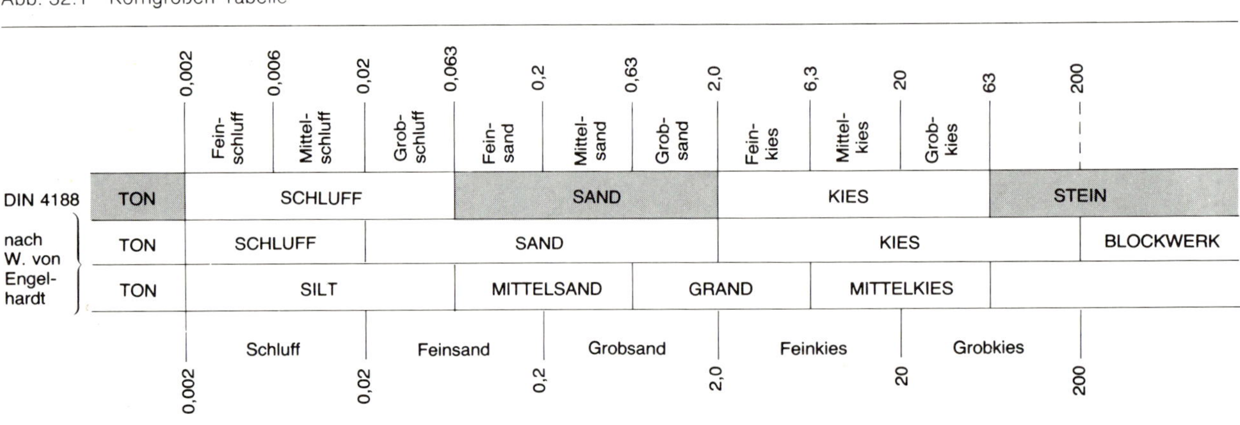

Wer im Wattboden zu stochern beginnt oder eine Schaufel Boden in einem feinen Sieb ausspült, wird überrascht sein, wie viele Tiere hier leben. Je nach der Zusammensetzung des Bodens können es Hunderte, nicht selten auch Tausende oder Zehntausende je Quadratmeter sein. Böden mit 2 bis 20 Prozent Schlick sind bevorzugte Standorte dieser Tiergesellschaft, in der rund 50 Arten vertreten sind (nur jene Arten berücksichtigt, deren erwachsene Tiere von einem Sieb mit einer Maschenweite von 1 mm zurückgehalten werden). Auf den trockenfallenden Wattflächen können im Jahresmittel 300 g je Quadratmeter an lebenden Tieren gewogen werden, wovon drei Viertel allein von der Miesmuschel, der Herzmuschel, der Klaffmuschel und dem Pierwurm auf die Waage gebracht werden (Abb. 34.1, 34.2, 34.3). Etwa zwei Drittel dieses Frischgewichts entfallen auf unbelebte Teile wie Schalen. Das lebende Gewebe mit seinem Anteil von rund 100 g weist einen Wassergehalt von 70 bis 80 Prozent auf, so daß sich als Endresultat ein Jahresmittel von 25 g (Winter gegen 15 g, Sommer gegen 35 g) Trockensubstanz an tierischen Geweben je Quadratmeter Wattboden ergeben, ein Wert, der in der Natur nur selten erreicht wird. Nicht umsonst kreisen Seevögel als Ebbgäste kreischend über die weiten Flächen des Watts. Sie finden reich gedeckten Tisch, auf dem sich gelegentlich auch Fische und Krebse finden, die als Flutgäste die Rückkehr mit der Ebbe in den Wattstrom oder in die offene Nordsee verpaßt haben.

Das Watt entlang der deutschen Nordseeküste ist ausschließlich aus Sedimenten aufgebaut. Rund 90 Prozent sind Sand, der Rest besteht zur Hauptsache aus Schluff und Ton (Abb. 32.1). Nebst den mineralischen Anteilen weisen die Sedimente des Watts auch beträchtliche Mengen organischer und organogener Stoffe auf (Reste von Tieren und Pflanzen, darunter z. B. auch Schalen und Gehäuse von Tieren). Der Anteil an organischer Substanz dürfte in sandigen Ablagerungen bei 1 Prozent liegen, in schlickigen Böden bei 3 bis 15 Prozent. Je nach der Beschaffenheit der obersten Bodenschicht werden Sand-, Schlick- und Mischwatten unterschieden.

Schlick ist ein wasserreiches, teigiges Sediment, ein Gemisch von Ton, Schluff/Silt, feinkörnigen Sanden und organischem Material, das den sandigen Boden des Watts stellenweise zentimeter- bis dezimeterhoch überdeckt (Abb. 35.2). Seine Zusammensetzung ist von Ort zu Ort sehr unterschiedlich. Eine Stichprobe in 10 cm Tiefe im Watt nördlich des Nordstranderdammes ergab beispielsweise folgende Werte:

33.1, 33.2 Rippeln zeugen von der Dynamik des Wassers und der Strömung.

- Wasser: 85 %
- Feste Bestandteile: 15 %, davon 18,5 % organische Substanzen
  81,5 % mineralische Teile

Körnung der mineralischen Teile:
48,16 % unter 0,02 mm (Ton und Schluff)
47,09 % 0,02 – 0,1 mm (Schluff/Sand)
3,46 % 0,1 – 0,2 mm (Sand)
1,29 % 0,2 – 0,5 mm (Sand)

Schlick ist das Rohmaterial, aus welchem sich durch physikalische, chemische und biologische Prozesse Klei bilden kann. Klei ist schwerer, bindiger, noch roher, landwirtschaftlich nicht direkt nutzbarer Boden. Durch seinen Ton- und Humusgehalt bildet er jedoch eine ausgezeichnete Grundlage zur Gewinnung fruchtbaren Kulturbodens. Durch seine Bindigkeit eignet sich Klei auch ausgezeichnet für den Deichbau (homogene Kleideiche, Sanddeiche mit Kleiabdeckung).

Zu Hunderten ziehen Menschen an schönen Sommertagen hinaus, zu Fuß oder auch mit Pferd und Wagen, durch Schlick und Priele, über weite Sandflächen, wo die Strömung kunstvolle Rippeln in den Boden modelliert hat, vorbei an Stangen und Pricken, begleitet vom grellen Gekreisch aufgeregter Seevögel, fasziniert von der Landschaft zwischen Meer und Land. Wanderungen durchs Watt sind ungefährlich, wenn Weg und Zeit richtig gewählt werden. Der Unkundige aber, der sich trügen läßt, kann leicht in Not geraten und sein Leben verlieren.

Das Watt täuscht vor allem durch seine Weite. Alles scheint zum Greifen nahe, doch sind die Entfernungen groß (der Halligbauer schaut am Morgen aus dem Fenster, um zu sehen, wer am Abend kommt!). Und plötzlich ist sie da, die aufkommende Flut. In den noch Ebbwasser führenden Prielen kentert der Strom von einem Augenblick zum andern. Die Rinnen füllen sich mit Wasser und schneiden so den Rückweg ab. Viel rascher als erwartet, kriecht die Schaumkante über Sand und Schlick. Das Gehen im steigenden Wasser ist ermüdend. Der rettende Deich will und will nicht näher rücken (Abb. 35.1, 36.1, 36.2).

34.1, 34.2, 34.3 Pierwurm, Arenicola marina L. Unzählige Kothäufchen verraten die Anwesenheit des Pierwurms. Er lebt im Sand eingegraben in einer mit einer dünnen Schleimschicht ausgekleideten U-förmigen Röhre, die bis 30 cm in den Boden reicht. Der Freßgang endet in einer trichterförmigen Vertiefung des Wattbodens. Hier nimmt er den mit organischen Stoffen angereicherten Sand auf. Das unverdauliche Material, vor allem Sand, wird am anderen Ende der Röhre, im Kotgang, in Form der typischen Kothäufchen wieder ausgestoßen. Im Längsschnitt ist der Gang eines Tieres freigelegt. Das runde Loch über dem Wurm ist der quergeschnittene Wohngang eines anderen Individuums. Mit zunehmender Aufschlickung des Wattbodens verschwinden die Tiere.

Wattwanderer in letzter Minute gerettet **Nordstrand**

Ein Funkspruch der Fähre ,,Pellworm" meldete am 29. Juli um 12.20 Uhr, daß drei Wattwanderer nördlich des ,,Fuhlen-Schlotes" in höchster Lebensgefahr seien. Wenige Minuten später lief das Strandrettungsboot ,,Horumersiel" mit Höchstfahrt zur Unfallstelle, und es gelang ihm, die drei Wattwanderer, die von der Flut überrascht und eingeschlossen waren, zu übernehmen. Es handelte sich um einen Vater mit seinen zwei Kindern im Alter von 3 bis 5 Jahren. Der Vater watete bis zum Bauch im Wasser und trug das kleinste Kind auf dem Arm. Dem älteren Kind stand das Wasser schon bis zum Hals. Die Rettung kam buchstäblich im letzten Augenblick, denn wenig später hätte die starke Strömung die jetzt Geretteten erfaßt und fortgerissen. Sie hätten mit Sicherheit den Tod gefunden.

So ein Bericht aus dem Jahrbuch 1969 der Deutschen Gesellschaft zur Rettung Schiffbrüchiger*. Nicht allein Sommerfrischler und Anfänger sind es, die im Watt ihr Leben verlieren können. Unerwarteter Witterungsumschlag mit starken Winden, welche die Flut früher, rascher und stärker aufkommen lassen, wie auch Dunkelheit oder Nebel und andere unvorhergesehene, unglückliche Umstände können selbst dem Ortskundigen zum Verhängnis werden. Schon manchen hat das Watt behalten.

---

* Die Deutsche Gesellschaft zur Rettung Schiffbrüchiger, die eine ganze Flotte von Seenotkreuzern und Seenot-Rettungsbooten unterhält und sowohl in der Nordsee wie auch in der Ostsee Seenot-Rettungsdienst leistet, hat seit ihrer Gründung im Jahre 1865 bis zum Jahresende 1979 insgesamt 37 700 Menschen aus Seenot oder aus lebensbedrohender Gefahr gerettet.

35.1 Brisenflut im Vorland, Damm zur Hamburger Hallig. Der Weststurm treibt das Flutwasser weit über die Vorlandflächen bis an den Deichfuß. Die dem marinen Einfluß angepaßte Vegetation übersteht diese Überflutungen unbeschadet.

35.2 Trockenrisse im Schlick. Frisch abgelagerter Schlick ist ein äußerst wasserhaltiges Sediment. Bei gelegentlicher Austrocknung höher gelegener Flächen bilden sich scharfkantige Trockenrisse.

36.1, 36.2 Seenotkreuzer ,,H. J. Kartschke" (Länge 18,9 m, Tiefgang 1,25 m, 1 Schraube 830 PS, Verdrängung 30 t, Geschwindigkeit 18 Knoten) mit Tochterboot ,,Ludje" (Länge 5,5 m, Tiefgang 0,5 m, 54 PS, Geschwindigkeit 10 Knoten), Station: Strucklahnungshörn/Nordstrand, einsatzbereit: sofort. Oftmals bedeuten die Seenotkreuzer und -rettungsboote der Deutschen Gesellschaft zur Rettung Schiffbrüchiger Rettung vor dem sicheren Tod.

36.3 Im frischen, teigigen Schlick hinterlassen selbst Vögel deutliche ,,Fußspuren". Mit zunehmender Aufschlickung räumt der Pierwurm das Feld. Schlickgras und Queller, die Pioniere der Landgewinnung, siedeln sich an.

Vom Sandwatt zum Vorland

Im Zusammenspiel von Seegang und Tideströmung finden im Wattenraum permanente Erosions- und Sedimentationsvorgänge statt (Abb. 38.1). Der natürliche Wechsel zwischen Zerstörung und Aufbau prägt die Gezeitenlandschaft des Watts und gestaltet ihre Oberfläche. Im Verlaufe einer Gezeit strömen enorme Wassermassen in den Wattenraum ein und aus. Im schleswig-holsteinischen Wattenmeer werden je Tide um die 6 Milliarden m^3 Wasser umgesetzt, was einen durchschnittlichen Tidehub von etwa 3 m ergibt. Bei Sturmfluten mit außergewöhnlich hohen Wasserständen kann diese Wassermasse auf das Doppelte oder mehr ansteigen.

Das Tidewasser führt in Form von Schwebestoffen erhebliche Mengen an organischem und anorganischem Material mit, das sich bei ruhigem Wasser als Sinkstoff auf dem Boden ablagert. Der Gehalt an Feststoffteilchen je Liter Wasser hängt stark von lokalen Gegebenheiten ab. Er nimmt in der Regel von der See her gegen die Küste hin zu und liegt bei mittleren Verhältnissen in einer Größenordnung von 5 bis 100 mg, in Küstennähe bis weit über 100 mg je Liter. Bei Sturmfluten kann bis das Fünfzigfache dieser Werte

37.1 Abbruchkante am Vorland. Brandung und Strömung, aber auch Sturmfluten führen an der ungeschützten Vorland- und Halligkante vielerorts zu Abbrüchen und zu fortschreitenden Landverlusten. Ein Teil der Sinkstoffe im täglichen Tidewasser stammt so aus dem Wattenraum selbst.

37.2 Erosion im Watt. Die scharfe Abbruchkante am Prellhang eines Priels ist Beispiel der im Watt dauernd stattfindenden Umlagerungen von Bodenmaterial durch Erosion und Sedimentation.

37.3 Dünenabbruch bei Wenningstedt/Sylt, nach einer Reihe von sechs schweren Sturmfluten im November/Dezember 1973. Bei schweren Sturmfluten sind an der Dünenküste mitunter erhebliche Landverluste in Kauf zu nehmen.

Abb. 38.1 Watthöhenveränderungen

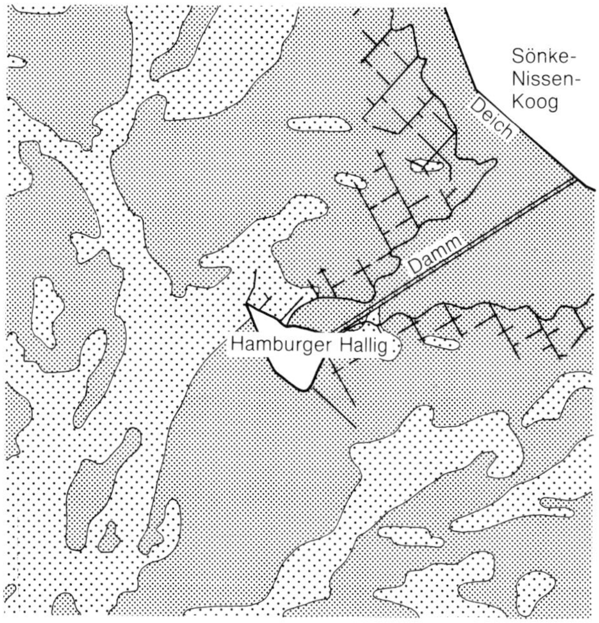

Sönke-
Nissen-
Koog
Deich
Damm
Hamburger Hallig

Entwicklung in den Jahren 1935–1960

Sedimentationsflächen

Erosionsflächen

ALW Husum, 1978, Karte „Watthöhenänderung"

Abb. 38.3 Ganglinien Tidestrom und Schwebstoffe, Schiffsmessung im Wattstrom „Piep" (Büsum) am 31. 5. 76

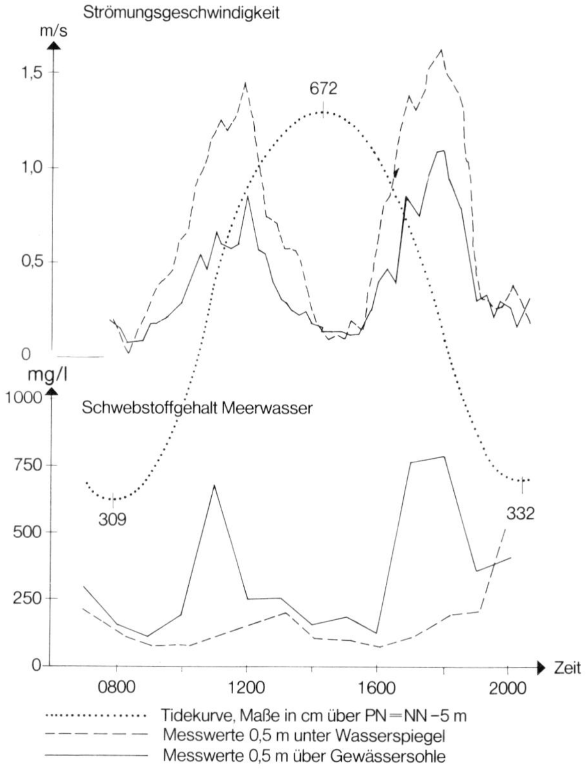

Strömungsgeschwindigkeit
m/s
1,5
1,0
0,5
0
672
mg/l
1000
Schwebstoffgehalt Meerwasser
750
500
250
0
309
332
Zeit
0800
1200
1600
2000
Tidekurve, Maße in cm über PN=NN -5 m
Messwerte 0,5 m unter Wasserspiegel
Messwerte 0,5 m über Gewässersohle

Abb. 38.2 Materialtransport in Wattströmen. Querprofil durch die Norderhever, Messungen ALW Husum, 1942–1972.
Durch längerfristig angelegte Forschungsprojekte können Veränderungen im Watt erfaßt und Zusammenhänge aufgedeckt werden.

A
NN ± 0.00
A'
Peliworm
A
A'
Südfall
Auftrag
Abtrag
diese Fläche im Profil entspricht
einer Materialmenge von 500 m³/m
Höhe in m
10
5
Länge in m
100
200

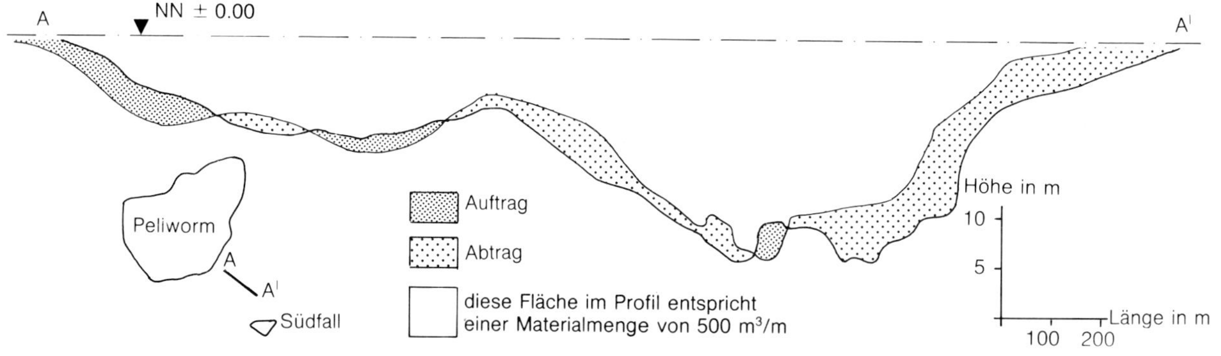

auftreten. Man rechnet, daß die 6 Milliarden m^3 Wasser der gewöhnlichen Gezeit des schleswig-holsteinischen Wattensaumes um die 200 000 Tonnen an Schwebestoffen mitführen (Abb. 38.3).
Die Wattsedimente stammen teils aus dem Küstenvorfeld der Nordsee (vor allem Sand und Schluff), teils aus den großen Flüssen (vor allem Ton), teils aus dem Wattenraum selbst, d. h. durch Erosion und Resedimentation findet eine permanente Umlagerung eigener Sedimente statt. Das organische Sedimentationsmaterial dürfte zu rund 60 Prozent Eigenproduktion des Watts sein, der Rest wird von der Nordsee zugeliefert. Die Zusammensetzung des Ablagerungsmaterials nach Herkunftsorten ist in den einzelnen Wattgebieten recht

unterschiedlich, da die Sedimentationsvorgänge in starkem Maß auch von lokalen Bedingungen, so u. a. von der Stärke und Richtung des Seegangs und der Tideströmung bestimmt werden.

Das im Wattenraum selbst aufgenommene Sedimentmaterial stammt zur Hauptsache aus den Wattströmen und von den Wattflächen, zu einem geringen Teil aus dem Vorland und von der Küste (Abb. 38.2, 37.1, 37.2). Die Betten der Wattströme werden durch die je Tide wechselnden, mitunter recht starken Strömungen mehr und mehr ausgeräumt. So liegt beispielsweise die Mündungsbarre der Norderhever nur fünf bis sechs Meter unter dem MTnw, wogegen sich der Mittellauf bis 30 Meter in den Wattsockel eingefressen hat. Die Tideströmungen sind auf den Wattflächen erheblich geringer als in den Strömen. Bei mittleren normalen Verhältnissen treten Strömungsgeschwindigkeiten bis etwa 0,5 m/s, bei Sturmfluten bis 1,5 m/s auf (in den Prielen normalerweise bis zirka 2,5 m/s, bei Sturmfluten bis 4 m/s). Dafür tragen hier Wellenschlag und Bodenwirbel um so mehr zur Erosion der oberen Bodenschichten bei. Wo durch besondere Strömungsverhältnisse Wattflächen abgetragen werden (Abrasionsflächen), treten gelegentlich frühere, im Laufe der Zeit übersandete Marschflächen und Kulturlandgebiete zutage.

Ein Teil der Sedimente stammt aus dem Vorland und von der Küste der Inseln und des Festlandes, wo vor allem bei Sturmfluten mitunter erhebliche Verluste in Kauf zu nehmen sind (Sturmflut Januar 1976, Insel Sylt: Dünenabbrüche vereinzelt bis zu 20 m; insgesamt sind schätzungsweise 500 000 bis 700 000 m^3 Bodenmaterial der Randdünen und des Kliffs verlorengegangen) (Abb. 37.3).

Während der Strömungsruhe, d. h. wenn der Flutstrom aufgehört und der Ebbstrom noch nicht eingesetzt hat, können sich die Schwebestoffe in Stillwasserzonen (geschützte Buchten, Mulden, Rinnen, Gräben, Lahnungsfelder) absetzen. Die Sinkgeschwindigkeit der einzelnen Materialteilchen hängt u. a. von ihrem Durchmesser ab. In ruhigem Wasser von 10 Grad Celsius sind beispielsweise folgende Werte gemessen worden:

Durchmesser der Teilchen	Sinkgeschwindigkeit
0,01 mm	90 cm/h = 0,25 mm/s
0,001 mm	0,9 cm/h = 0,0025 mm/s

Bei der Sedimentation kleinster Partikel, die auch bei längerer Strömungsruhe nicht auf den Boden sinken würden, helfen Muscheln mit. Sie sieben die Teilchen aus dem Wasser und scheiden das unverdauliche Material, das meistens den Hauptteil ausmacht, in Form von Kotpillen wieder aus, die als relativ feste und schwere Gebilde schnell zu Boden sinken. Durch Milliarden von Muscheln werden auf diese Weise jährlich Millionen von Tonnen Sediment gebunden.

Vielfach werden die frisch abgesetzten Sedimente schon von der nächsten Flut wieder weggeräumt (eine mittlere Sturmflut vermag neuen Schlickanwachs von selbst 10, 20 oder mehr Zentimetern Höhe in *einem* Anlauf bis auf die Sandunterlage abzutragen). Unter bestimmten Bedingungen jedoch können die täglich anfallenden Ablagerungen stabilisiert werden, so daß es zur Bildung einer Schlickschicht und zur langsamen Anlandung kommt. Eine wesentliche Voraussetzung ist die genügende Entwässerung des Anlandungsareals in den wenigen Stunden, die zwischen dem abgehenden Ebbwasser und dem aufkommenden Flutstrom liegen*. Durch den Kontakt mit der Luft setzen physikalische, chemische wie auch biologische Prozesse ein, die den noch schlammigen Sedimenten eine gewisse Bindigkeit verleihen. Bei der Sedimentbildung spielen nicht nur Tiere wie beispielsweise Muscheln eine wesentliche Rolle, sondern auch Mikroorganismen und Pflanzen. Einzellige Kieselalgen zum Beispiel, von denen im obersten Zentimeter des Wattbodens bis zu 1 Million je cm^2 gezählt werden können, kriechen nach oben, wenn sie von einer neuen Sinkstoffschicht bedeckt werden, da sie Licht benötigen. Dabei scheiden sie einen Schleim aus, der die Sinkstoffpartikel verklebt.

Ist das Watt bis auf 50 bis 30 cm unter das mittlere Tidehochwasser angestiegen, beginnen sich die ersten Landpflanzen anzusiedeln: Queller und Schlickgras (Abb. 40.1, 40.2). Vorerst sind es einzelne, zerstreut auftretende Individuen, oft weit draußen im Watt, wo die erste feine Schicht an Schlick kaum zu erkennen ist. Dann bilden sich erste Gruppen und Horste, die nach und nach zu einem mehr oder weniger geschlossenen Bestand zusammenwachsen. Die täglich zweimalige Überflutung durch Salzwasser vermögen die Pioniere der Landgewinnung unbeschadet zu überstehen (Abb. 40.3). In ihrem Stengel- und Blattwerk schaffen sie einen Stillwasserbereich, in welchem die Strömung herabgesetzt und die Bildung von Bodenwirbeln gehemmt wird, was einerseits die Sedimentation fördert und andererseits die Erosion erschwert.

Der Queller (Salicornia herbacea L., Salicornia europaea L.) ist der angestammte Landbildner des norddeutschen Watts. Der fleischige Sproß, aus gelenkartig miteinander verbundenen Gliedern zusammengesetzt, wird bis an die 20 cm hoch (Abb. 40.4, 41.1). Die Blätter sind stark zurückgebildet und fallen kaum auf. Die

* Im Raume der schleswig-holsteinischen Westküste liegen die Wattflächen bei einer mittleren Tide zwischen etwa NN −1,8 m und NN +1,6 m rund 5 Stunden lang trocken und sind etwa 7,5 Stunden lang 0,5 bis 2 m hoch überflutet.

40.1 Queller, Salicornia herbacea L., angestammter Pionier der Landgewinnung. Ist das Watt durch Aufschlickung auf etwa MThw – 30 cm angewachsen, beginnt sich durch natürliche Aussamung Queller anzusiedeln.

40.2 Schlickgras, Spartina townsendii Groves, der eingeführte Landbildner aus England. Das Schlickgras ist an der Festlandküste erstmals im Jahre 1927 angepflanzt worden. Inzwischen hat es sich auch an der nordfriesischen Küste seinen festen Platz erobert.

40.3 Die Flut bringt neuen Boden. Das Flutwasser enthält Schwebstoffteilchen, die sich in Stillwasserbereichen absetzen können. Queller- und Schlickgrasbestände fördern die Sedimentation und festigen durch ihr Wurzelwerk die neuentstehenden Ablagerungsschichten.

40.4, 41.1 Der Queller ist eine einjährige Krautpflanze, die den Winter nur mit den Samen überlebt. In den abgestorbenen Quellerbeständen des Vorjahres wächst im Frühjahr die neue Generation heran.

41.2 Andelzone. Steigt der Anwachs in den Auflandungsarealen über die Linie des MThw, beginnt sich die Landpflanzengesellschaft der Andelwiese zu entwickeln. Sie ist noch bis weit ins Vorland hinein mit Quellerbeständen durchsetzt.

41.3 Land aus der Sturmflut. Die weitere Aufhöhung des Vorlandes erfolgt natürlicherweise durch Sinkstoffe, die bei Sturmfluten auf das höher gelegene Land abgelagert werden. Es bildet sich sturmflutgeschichteter Boden, dessen Struktur im Bodenprofil deutlich erkennbar ist.

Abb. 42.1 Bildung von Vorland

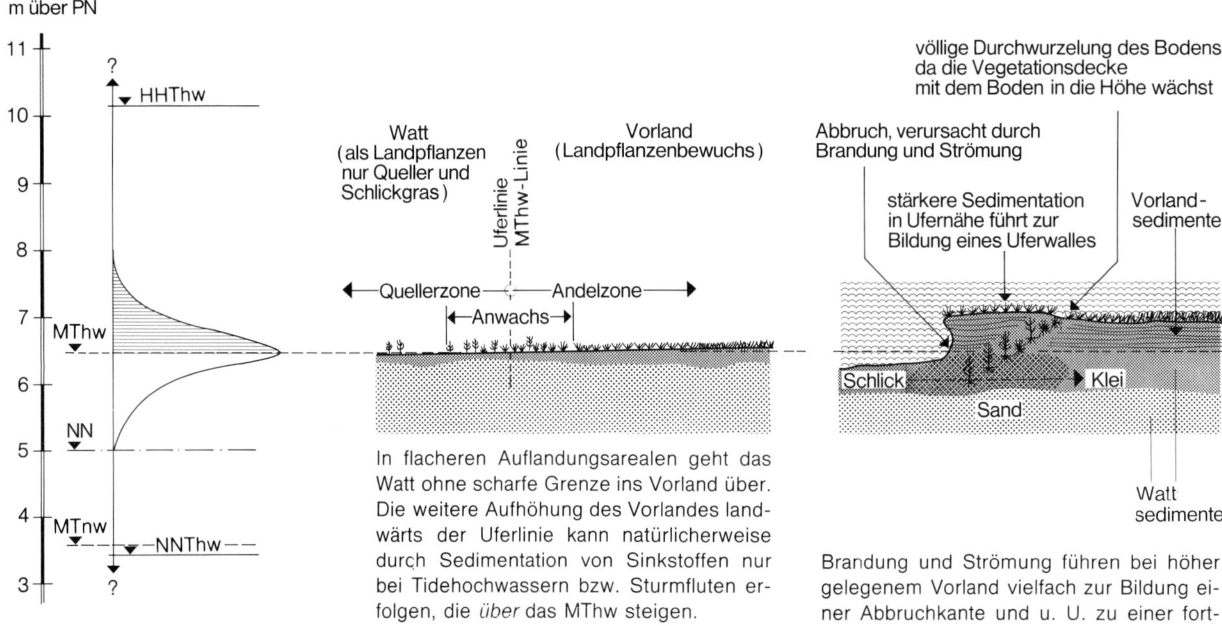

In flacheren Auflandungsarealen geht das Watt ohne scharfe Grenze ins Vorland über. Die weitere Aufhöhung des Vorlandes landwärts der Uferlinie kann natürlicherweise durch Sedimentation von Sinkstoffen nur bei Tidehochwassern bzw. Sturmfluten erfolgen, die *über* das MThw steigen.

Brandung und Strömung führen bei höher gelegenem Vorland vielfach zur Bildung einer Abbruchkante und u. U. zu einer fortschreitenden Zerstörung des bereits bestehenden Halliglandes.

Pflanze ist einjährig, den Winter überleben nur die Samen. Der Queller wächst nicht nur in der Auflandungszone des Watts, ab etwa MThw −30 cm, sondern – eingestreut in die Salzwiesengesellschaft – auch bis weit ins Vorland hinein (Abb. 41.2).
Das Schlickgras (Spartina townsendii Groves), eine 1870 an der südenglischen Küste entdeckte Bastardart, ist erst 1927 an der Festlandküste der Niederlande erstmals angepflanzt worden. Sein bevorzugter Standort liegt zwischen etwa MThw −50 cm bis MThw. Durch seine Höhe (bis zu 100 cm) und durch die Dichte des Blattwerks in den einzelnen Horsten und den ausgedehnteren Beständen schafft es eine tiefere, wirksamere Stillwasserzone. Zudem behalten die dauerhaften Halme ihre Wirkung auch den Winter über. Allerdings können auch die Nachteile nicht übersehen werden: Um die Horste entstehen vielfach Strömungsverstärkungen, die zu Erosionserscheinungen führen können, in den dichteren Beständen kann der Boden nur ungenügend austrocknen, die Lichtarmut hemmt die Entwicklung bodenbildender Algen, weite Vorlandflächen gehen als Schafweide verloren, aus schlickgrasdurchsetztem Vorlandboden lassen sich keine Rasensoden stechen, wie sie für die Deichbedeckung benötigt werden, und das Ausheben der Grüppen (im Watt wie im Vorland) von Hand wird der harten Wurzeln wegen fast unmöglich (ein Nachteil allerdings, der durch den zunehmenden Einsatz von Maschinen an Bedeutung verliert).
Die Sedimentation in den Auflandungsgebieten liegt je Tide in einer Größenordnung von Millimetern, gelegentlich auch von Zentimetern, wobei der größte Teil des feinen Materials mit dem Ebbwasser wieder weggeführt wird. Der mittlere tägliche Nettozuwachs beträgt nur Hundertstel- bis Zehntelmillimeter. Mit einem allgemein gültigen Mittelmaß der Aufschlickung kann nicht gerechnet werden. An einem Ort fallen jährlich bis zu 30 cm Schlick an (z. B. am Hindenburgdamm), an weniger günstigen Stellen dagegen sind keine 2 cm zu erwarten. In geeigneten Arealen kann die Sedimentation durch wasserbauliche Maßnahmen (Bau von Lahnungsfeldern, Regelung der Entwässerung) erheblich gefördert werden.
Hat die Auflandung die MThw-Linie erreicht, tritt der Verlandungsprozeß in eine neue Phase: Es beginnt die Bildung von Vorland*. Auf dem Land, das nun nicht

* Der überwiegende Teil des heute bestehenden Vorlandes ist durch Landgewinnungsmaßnahmen unter Ausnutzung natürlicher Auflandungsvorgänge „künstlich" geschaffen worden. Durch das ständige Beweiden der neuen Anwachsflächen bleibt die Pflanzengesellschaft mehr oder weniger auf die beiden Grasarten Andel und Salzrotschwingel beschränkt.

mehr täglich zweimal durch Salzwasser überflutet wird und dessen Salzgehalt durch die Wirkung des Niederschlagswassers zu sinken beginnt, wächst nach und nach ein dichter Rasen von Salzwiesenpflanzen. Aus den Wattsedimenten entwickelt sich Marschboden, Klei. Die weitere Auflandung der Vorlandflächen kann wegen der Höhenlage nicht mehr durch das normale Hochwasser erfolgen. Sie ist nur noch möglich, wenn eine Brisenflut bzw. eine Sturmflut Sedimentmaterial auf das Vorland bringt, wo es dann zwischen den Halmen und Blättern der Vorlandwiese hängen bleibt. Aus der Sturmflut wächst neues Land (Abb. 41.3, 42.1).

Wo das Flutwasser über die Uferlinie auf das Vorland steigt, verringert sich seine Strömungsgeschwindigkeit. Das Wasser verliert dadurch an Transportkraft. Die schwereren der mitgeführten Feststoffteilchen sinken in Ufernähe zu Boden, nur die leichteren werden weiter landeinwärts transportiert. Nach und nach bildet sich ein Uferwall, der die uferferneren Teile eines Auflandungsgebietes um Dezimeter überragen und so ihre weitere Überflutung und damit die Zufuhr von Sedimentationsmaterial für die weitere Auflandung erschweren kann (Abb. 43.1).

43.1 Die stärkere Sedimentation im ufernahen Bereich des Vorlandes führt zur binnenseitigen Muldenbildung, eine Entwicklung, die aus der Sicht der Vorlandgewinnung ungern gesehen wird.

Halligland

Als Hallig werden die durch keinen Winterdeich geschützten Vorlandflächen und kleinen Inseln im Wattenmeer bezeichnet. Das Land, nur wenige Dezimeter über dem mittleren Tidehochwasser gelegen, wird schon bei jeder Windflut vom Salzwasser überspült. Mehrmals jährlich, vor allem im Winterhalbjahr, gelegentlich aber auch im Sommer, ist ,,Landunter" (hier fünf bis zehn, dort bis 30 und mehr Überflutungen im Jahr) (Abb. 44.1, 45.1). Das weidende Vieh bringt sich in diesen Fällen an den Deich oder auf Warfen in Sicherheit, die Gräser und Kräuter des Halligrasens (Salzwiese, hal = Salz) vermögen die kurzen Überflutungen unbeschadet zu überstehen. Für die Seevögel dagegen, deren Brutplätze sich auf dem flachen Halligland befinden, bedeutet Landunter zur Brutzeit den Verlust der Eier, die in den ungeschützten Bodennestern liegen (Abb. 46.1, 46.2). Die noch nicht schwimm- und flugfähigen Jungvögel, von den Eltern lautstark, vehement und gelegentlich auch mit List gegen jeden Ruhestörer und möglichen Feind verteidigt, ertrinken. Auch der Halligbauer ist wenig erfreut, wenn ihm im Sommer eine ,,Heuflut" das geschnittene Gras oder das bald trockene Heu vorzeitig wegräumt und ihn damit um einen Teil seiner Ernte bringt (Abb. 47.1, 47.2).

Wer in Nordfriesland von *Halligen* spricht, meint damit in der Regel die zehn kleinen Marschinseln* im nordfriesischen Wattenmeer, deren Landflächen nur rund 1,5 bis gut 2 m über NN liegen. An ihnen manifestieren sich die aufbauenden und zerstörenden Kräfte der Gezeitenströme und der Fluten. Mit Ausnahme der Hallig Nordstrandischmoor, deren Sockel der Rest eines Hochmoores der 1634 zerstörten Insel Alt-Nordstrand ist, sind alle Halligen später durch schichtweise Ablagerungen von schlickigen Sinkstoffen entstanden,

* Halligen Langeneß, Oland, Gröde, Habel, Hamburger Hallig, Hooge, Nordstrandischmoor, Norderoog, Süderoog, Südfall. Die Hamburger Hallig war im letzten Jahrhundert noch Insel. 1874 ist sie durch den Bau eines Dammes landfest gemacht worden. Jetzt ist sie durch einen bis mehrere hundert Meter breiten Vorlandstreifen mit dem Festland verbunden und bei trockenem Wetter auch mit dem Auto erreichbar.

gleich wie das Vorland vor der Festlandküste. Das Meer, dem die Inseln ihre Entstehung verdanken, sorgt gleichzeitig auch für ihre Zerstörung. Stück um Stück, bei außergewöhnlich hohen Fluten bis mehrere Meter, wird die ungeschützte Uferkante durch die Sturmflutbrandung abgetragen, vor allem an der dem Sturm zugekehrten Westseite. Diesem Substanzverlust steht eine bescheidene Auflandung an der Ostseite gegenüber. So sind die Halligen im Laufe der Jahre einerseits stets kleiner geworden und andererseits langsam in Richtung Osten gewandert (Abb. 48.3). Die anhaltenden Zerstörungsprozesse wie auch die Wanderung der Halligflächen dem Festland zu konnten erst in diesem Jahrhundert zum Stillstand gebracht werden. Die besonders gefährdeten Halligkanten wurden durch den Bau fester Uferschutzwerke vor weiteren Abbrüchen und Zerstörungen bewahrt (Abb. 48.2, 49.2) (bei einzelnen Halligen ist die ganze bzw. praktisch die ganze Küste durch feste Deckwerke geschützt).

Jedes der vergangenen Jahrhunderte hat die Halligen in anderer Zahl und unterschiedlicher Größe gesehen. Einige wurden im Laufe der Bedeichungsgeschichte Teil des Festlandes oder von Inseln (z. B. die Hallig Ockholm, 1515 durch Eindeichung mit dem Festland verbunden; Pohnshallig, 1924 der Insel Nordstrand angegliedert), andere sind der Erosion durch die Gezeitenströme zum Opfer gefallen (z. B. Hingstneß zwischen Gröde-Appelland und Oland), einzelne sind durch Dammbauten und Schutzwerke mit anderen Halligen vereinigt worden (Nordmarsch 1847, Butwehl 1868/69 mit Langeneß, Gröde mit Appelland 1899/1902). Alle aber haben sie in den vergangenen Jahrhunderten nach und nach erheblich an Boden verloren. Nach glaubhaften Schätzungen soll die Gesamtfläche der Halligen allein zwischen 1802 und 1859 um rund ein Drittel abgenommen haben. Nach eingehenden Abklä-

44.1, 45.1 Hallig Habel. Mehrmals jährlich melden die Halligen „Landunter" (Habel bis 30mal und mehr). Die Flut ist über die Halligkante auf die nur wenige Dezimeter bis etwa einen Meter über MThw liegende Halligfläche gestiegen. Nur die Warf mit dem Wohnhaus und dem Fething (Süßwassergrube) ragt aus der weiten Wasserfläche. Bei sehr schwerer Sturmflut können auch die Warfen überflutet werden. Dann müssen die Halligbewohner nicht nur um Hab und Gut fürchten, sondern auch um ihr Leben.

rungen des ALW Husum beträgt der seit etwa 1650 bis 1950 eingetretene Landverlust bei den heute noch bestehenden Halligen rund 75 Prozent. Die kleineren dieser Marschinseln mit ihrer eigenartigen Entstehungs- und Entwicklungsgeschichte wären vermutlich inzwischen ebenfalls verschwunden, hätte der Staat sie Ende des letzten Jahrhunderts und im laufenden Jahrhundert nicht in seine Küstenschutzprogramme aufgenommen und Maßnahmen zu ihrem Schutz und ihrer Erhaltung ergriffen.

Halligland ist karges Land! Das von gewundenen Rinnen, den Halligprielen durchzogene Grünland dient als Viehweide und zur Heugewinnung. Verglichen mit dem Festland werden hier nur rund 50 Prozent der Erträge erzielt. Der Anbau von Getreide ist wegen den auch im Sommer zu erwartenden Überflutungen, aber auch wegen des zu hohen Salzgehalts des Bodens nicht möglich. Um das Land vor den sommerlichen Sturmfluten zu schützen, sind auf einzelnen Halligen Sommerdeiche gebaut worden (Langeneß, Oland, Gröde, Hooge).

Der Marschenbauer auf dem Festland hat im Laufe der Zeit gelernt, den Kampf gegen den „blanken Hans" offensiv zu führen. Bestehende Deiche sind verstärkt oder durch modernere, sicherere ersetzt, neue Deiche höher und stärker gebaut worden. Sie wehren den Fluten den Zugang zum neugewonnenen Kulturland. Die Höfe in den A Kögen liegen bodeneben, da ein Deichbruch kaum mehr zu befürchten ist.

Anders auf der Hallig. Die Flächen sind zu klein, der Boden zu spärlich vorhanden, die wirtschaftliche Lage

46.1, 46.2 Austernfischer, Haematopus ostralegus L. Der Austernfischer ist kein Künstler im Nestbau. Er legt seine Eier in eine grubenartige Vertiefung auf dem Vorderland, wobei er sich eine möglichst hohe Stelle aussucht. Ist Landunter, so geht sein Gelege verloren und die noch nicht schwimmfähigen Jungvögel ertrinken. Die drei kurz zuvor geschlüpften Jungen eines Geleges von vier Eiern (in der Regel drei Eier) werden wenig später das Nest verlassen und sich ein Versteck suchen, denn trotz der ausgezeichneten Tarnfarbe sind sie von den räuberischen Seeschwalben und Möwen längst entdeckt worden. Aufgeregt umfliegen die Alten ihre Brut und versuchen, durch auffälliges Gekreisch mögliche Feinde abzulenken. Mitunter werden auch eigentliche Tricks angewendet: Der Vogel hüpft und flattert über den Boden, als ob er flügellahm wäre.

47.1 Heuflut im Sommer. Wenn der West- oder Nordweststurm die Flut gegen die Küste drängt, steigt das Wasser über die Vorlandkante und über die Ränder der Grüppen auf das Vorland. Die gefürchteten Stürme treten vor allem im Winterhalbjahr auf. Aber auch im Sommer ist mit einer gelegentlichen Sturmflut zu rechnen. Vom Pegel Büsum sind seit 1868 bis Sommer 1980 208 Sturmfluten registriert worden, davon 169 in den Monaten Oktober bis Februar. Im August beispielsweise sind Sturmfluten nur 1898, 1901, 1922 und 1980 aufgetreten.

47.2 Der „blanke Hans" räumt ab. Nicht alles ist Heu, was im Sommer bei einer gelegentlichen Heuflut fortgespült wird.

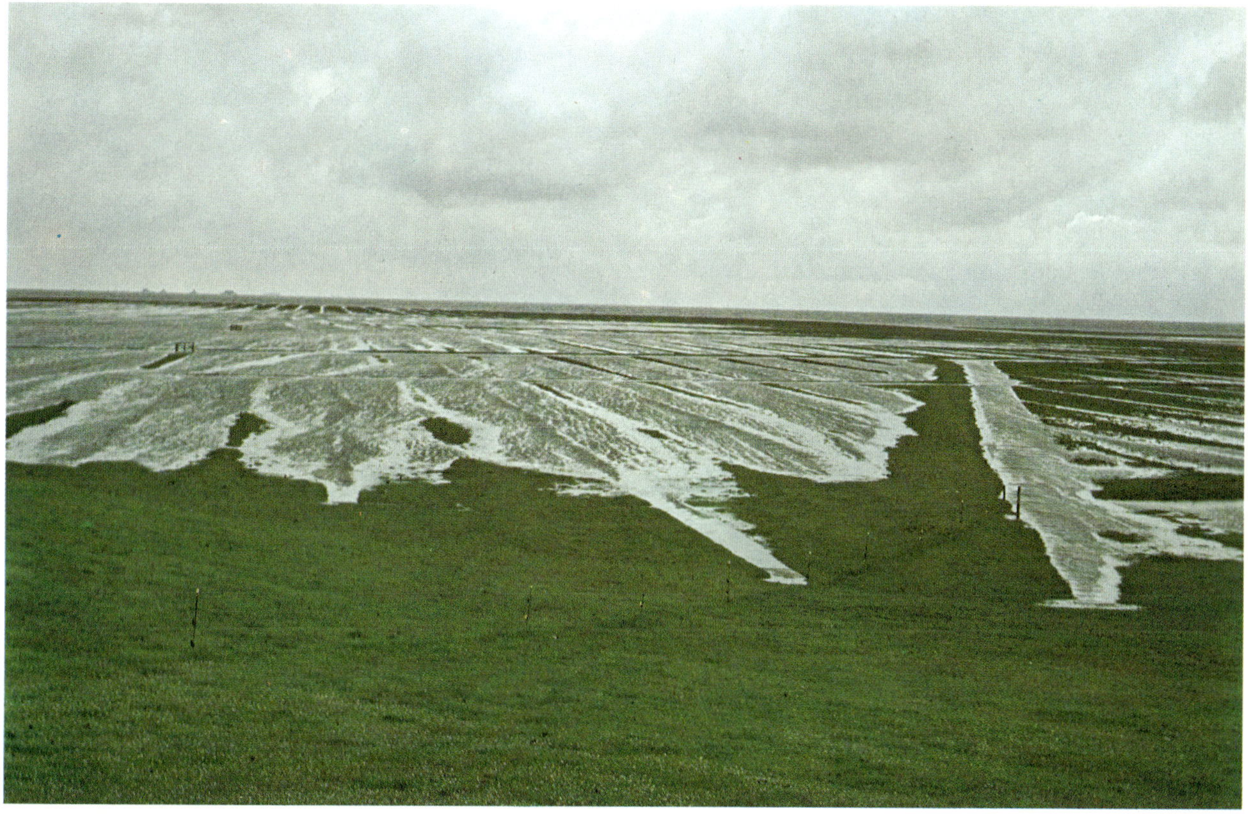

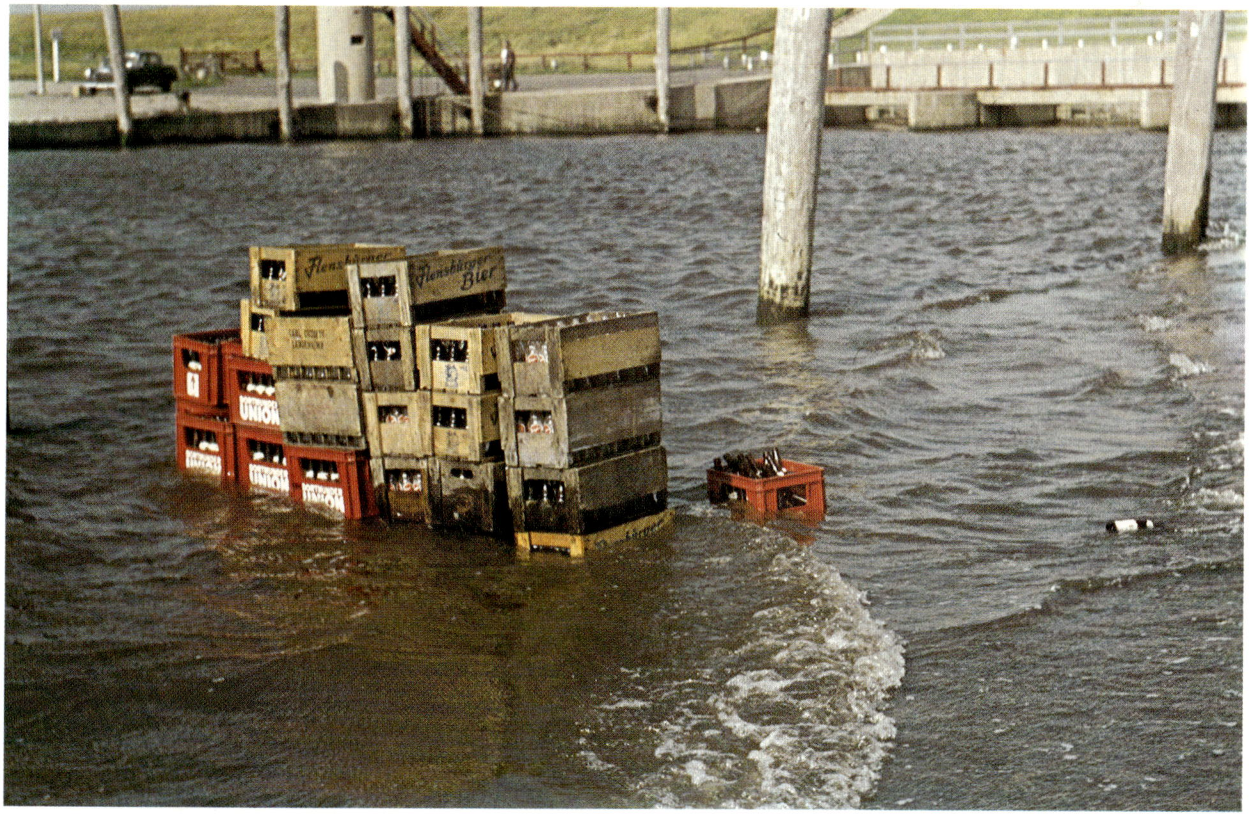

Flensburger
Flensburger Bier
UNION
UNION
UNION

zu ungünstig, als daß der Bau sturmflutsicherer Deiche in Frage käme. Aber auch der Halligbauer hat den Kampf gegen die See aufgenommen, doch führt er ihn mehr defensiv. Da er die Fluten nicht abzuhalten vermag, versucht er mindestens, sich ihrer Wirkung zu entziehen, indem er seine Heimstatt in die Höhe, auf einen künstlich aufgeschütteten Hügel baut, so wie es die ersten Marschbewohner vor 2000 und mehr Jahren schon gemacht haben (Abb. 48.1, 49.1).

Alle Halligháuser stehen auf Warfen (auch Warften, Wurten), 4 bis 5 m über NN, das sind 2 bis 3 m über dem mittleren Tidehochwasser. Die Oberkante der Warf liegt etwa auf der Höhe des maßgebenden Sturmflutwasserstandes. Auf Grund der Erfahrungen bei den Sturmfluten 1962 und 1976 sind neue Empfehlungen ausgearbeitet worden: Die Warfhöhe auf den Halligen sollte 0,5 m über dem maßgebenden Sturmflutwasserstand liegen, die Warfböschung auf der Hauptangriffsseite nicht steiler als 1:8, sonst 1:6 geneigt sein.

Die schweren Sturmfluten, die mit voller Wucht über die ungeschützten Halligen hinwegbrausen, fordern oft hohen Tribut. 1825 sind 74 der 937 Halligbewoner ertrunken. Auch 1962 haben die Halligen schwere Schäden erlitten. Fast drei Viertel aller Häuser wurden zerstört oder doch erheblich beschädigt (Abb. 50.2). ,,. . . Das Wasser ist in sämtliche Häuser auf den Warfen eingedrungen. Dung und Jauche aus den Ställen wurden in die Wohnungen getrieben. Die Möbelstücke trieben unter der Decke. Bei einigen Halligháusern sind Wände und Anbauten zusammengestürzt. Die Halligbewohner haben in Dachgeschossen, teilweise sogar auf den Dächern und Heudiemen Zuflucht nehmen müssen. Zahlreiches Groß- und Kleinvieh erlitt in den Ställen und

48.1 Der alte Halligbauer auf Nordstrandischmoor bespricht mit dem Abschnittsleiter des ALW das Neueste vom Tag. Auch wenn das Leben auf den Halligen hart und die wirtschaftliche Basis schmal ist, die Bewohner geben ihre Heimat nicht auf. Die Hallig-Schulen dürften wohl zu den kleinsten zählen. Die Schule auf Gröde wird durchschnittlich von nur zwei Schülern besucht.

48.2 Bonnestave, so nennen die Friesen den Strandflieder, Statice limonium L., der vor allem auf den Halligen stellenweise in ausgedehnten Beständen auftritt.

49.1 Hanswarft, Hooge. Dicht gedrängt stehen die Häuser auf der Warf. Der Bau neuer Warfen ist nicht nur eine Frage der Arbeit und der Kosten, sondern ebensosehr auch eine Frage des Bodenmaterials. Klei steht nur in beschränkter Menge zur Verfügung.

49.2 Küstenschutz an der Halligkante, Südwestkante Nordmarsch/Langeneß. Die besonders gefährdeten Ufer der Halligen sind im Rahmen umfassender Küstenschutzprogramme mit schwerem Deckwerk gesichert worden. Nicht nur durch Küstenschutzmaßnahmen, sondern auch sonst hilft der Staat durch eine Reihe von Maßnahmen mit, die Halligen zu erhalten und ihren Bewohnern eine wirtschaftliche Existenz, die auf einer Kombination von Landwirtschaft und Fremdenverkehr basiert, zu sichern.

Abb. 48.3 Entwicklung der Hallig Südfall

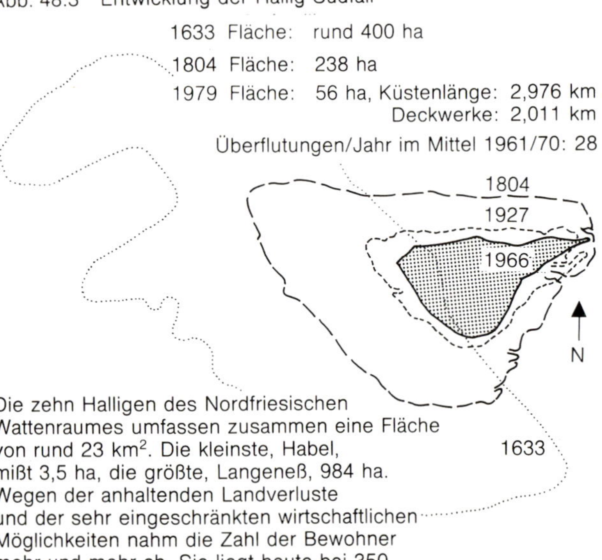

Die zehn Halligen des Nordfriesischen Wattenraumes umfassen zusammen eine Fläche von rund 23 km². Die kleinste, Habel, mißt 3,5 ha, die größte, Langeneß, 984 ha. Wegen der anhaltenden Landverluste und der sehr eingeschränkten wirtschaftlichen Möglichkeiten nahm die Zahl der Bewohner mehr und mehr ab. Sie liegt heute bei 350 (1825: 629 Einwohner, 1924: 490 Einwohner).

Abb. 50.1 Schutzraum in Einfamilienwohnhaus

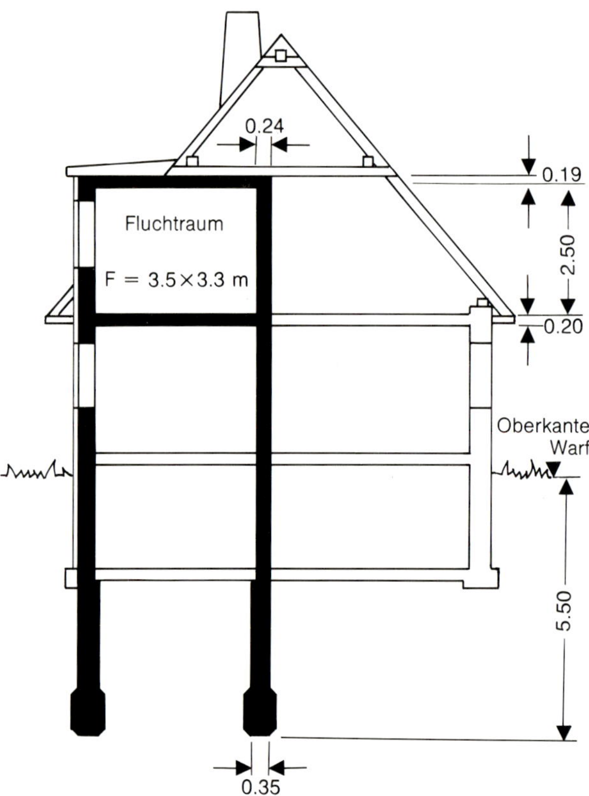

Wohnungen den Wassertod. Wie durch ein Wunder sind alle Halligbewohner mit dem Leben davongekommen. Die Trink- und Tränkwasservorräte in den Söden und Fethingen der Halligen sind durch die Flut versalzt und unbrauchbar geworden. Die Versorgung mit Wasser mußte während der ersten Zeit nach der Sturmflut durch Schuten und große Spezialwasserschiffe vorgenommen werden*."

Der Dachboden oder gar der Dachfirst waren vielfach letzter Zufluchtsort. Die Dächer der alten Hallighäuser sind deshalb auf kräftigen Eichenständern errichtet worden, die tief im Klei der Warf steckten. In den neueren Hallighäusern ist ein Flucht- oder Schutzraum eingebaut, der ringsum betoniert ist und auf Betonpfählen ruht, die etwa 5 m in den Boden verankert sind. Dieser im Gebäude organisch eingefügte Raum liegt im obersten Stockwerk. Seit 1961 sind an die hundert derartige Schutzräume gebaut worden (Abb. 50.1).

Als vorgelagerte Wellenbrecher erfüllen die Halligen eine wesentliche Aufgabe zugunsten der Festlandküste.

50.2 Wohnhaus der Familie Hauke Petersen, Langeneß, 16./17. Februar 1962. Wenn die schweren Sturm- oder Orkanfluten des Winterhalbjahres über die ungeschützten Halligen toben, so weiß keiner, ob nach der Flut sein Haus noch steht.

50.3 Küstenschutzwerke, die nicht dauernd kontrolliert und instand gehalten werden, haben gegen die Kräfte der Fluten und des Sturmes keine Chance!

* Landesamt für Wasserwirtschaft Schleswig-Holstein, Bericht über die Sturmflut vom 16./17. Februar 1962, „Die Küste", 1966, Heft 2.

Landgewinnungsfelder

An geeigneten Küstenabschnitten wird die natürliche Auflandung des Watts und die Bildung von Vorland durch die Anlage von Landgewinnungsfeldern (Sedimentationsfeldern, Lahnungsfeldern) gefördert. (Abb. 52.2)

Die systematische Vorlandgewinnung beginnt mit dem Abstecken quadratischer oder rechteckiger Lahnungsfelder im küstennahen Watt (Abb. 52.1, 52.3). Senkrecht zu einer Standlinie, die meist mehr oder weniger parallel zur Küste bzw. zum Hauptdeich oder zu einem Damm verläuft, werden in Abständen von 200, 300 oder 400 m Längslahnungen (Hauptlahnungen) erstellt. Rechtwinklig dazu kommen Querlahnungen (Querflügel) zu stehen, in Arealen mit mittlerer Auflandungsgeschwindigkeit alle 300 m, bei erschwerter Auflandung alle 200 oder 100 m, in besonders ergiebigen Auflandungszonen auch nur alle 400 m. Die Lahnungen bewirken bei normalen Wasserständen eine Wasserberuhigung. Auf diese Weise werden Stillwasserzonen geschaffen, in denen sich ein Teil der im Flutwasser mitgeführten Sink- und Schwebestoffe zu Boden setzen kann (Abb. 51.1). Indem die Lahnungen Wellenbewegungen dämpfen und Strömungen vermindern, bewirken sie auch ein ruhigeres Ein- und Auslaufen des Wassers in die Landgewinnungsfelder, wodurch die Bodenerosion herabgesetzt und die Sedimentation gefördert wird.

Das Maß der jährlichen Aufschlickung ist örtlich und zeitlich sehr unterschiedlich, so daß mit keinen allgemein gültigen Mittelwerten gerechnet werden kann. Bei günstiger Wattlage und hohem Gehalt des Wassers an Sedimentstoffen können jährlich bis einige Dezimeter neuen Schlicks anfallen (am Hindenburgdamm beispielsweise bis zu 30 cm/Jahr), während in ungünstiger gelegenen Landgewinnungsarealen jährlich keine zwei Zentimeter Zuwachs zu verzeichnen sind.

Die Entwässerung der Lahnungsfelder erfolgt vorerst über die zum nächsten Priel oder Wattstrom führenden Hauptentwässerungsgräben, über die senkrecht dazu angelegten Querentwässerungsgräben (Ableiter), die sich in regelmäßigen Abständen von 100 m folgen, und über die Anwurfgrüppen, die das Material zur Sicherung der Lahnungen geliefert haben (Abb. 53.1, 53.3).

Bis vor rund 20 Jahren sind diese Gräben praktisch ausschließlich in Handarbeit ausgehoben worden, 2 bis

51.1 Die Lahnungen bewirken eine deutlich sichtbare Dämpfung der Wellenbewegung und eine Verminderung der Strömung. In den Stillwasserzonen senkt sich ein Teil der von der Flut mitgeführten Sink- und Schwebestoffe zu Boden.

Abb. 52.2 Landgewinnungsfelder

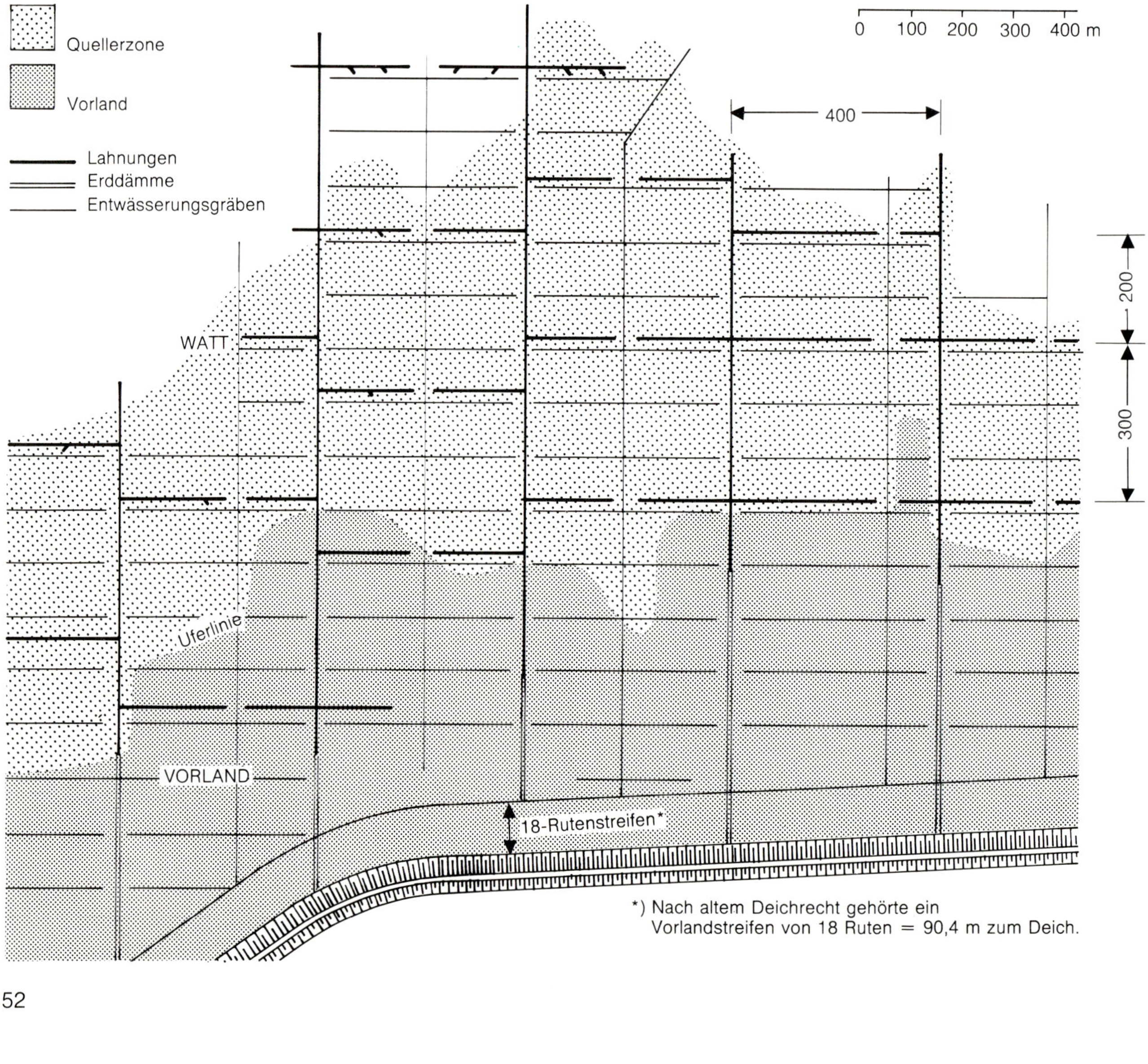

Quellerzone
Vorland
Lahnungen
Erddämme
Entwässerungsgräben

0 100 200 300 400 m

400
200
300
WATT
Uferlinie
VORLAND
18-Rutenstreifen*

*) Nach altem Deichrecht gehörte ein Vorlandstreifen von 18 Ruten = 90,4 m zum Deich.

3 m breit und 40 cm (Hauptentwässerung) bzw. 20 cm tief (Ableiter, Anwurfgrüppen). Seither wird die Grüppenarbeit in zunehmendem Maße mit speziell entwickelten Wattbaggern ausgeführt. Der vom Baggerlöffel ausgehobene Grüppenquerschnitt weist eine obere Breite von 3,3 m, eine untere Breite von 1,1 m oder 1,2 m und eine Tiefe von 40 oder 50 cm auf. (Abb. 53.2). Dies ergibt einen Aushub von etwa 0,6 bis 0,8 m^3 pro laufenden Meter. Ob von Hand, ob maschinell ausgehoben, die Gräben verlieren ihr Profil schon nach kurzer Zeit. Hier füllen sie sich mit Schlick, dort weitet sie die Strömung in die Tiefe und in die Breite. Die gestochenen Ränder werden gebrochen und abgeflacht, die Grüppen wandeln sich nach und nach in langgezogene, meist flache Mulden.

Die Entwässerung der großen Sedimentationsfelder ist nicht immer eine einfache Sache. Eigensinnige Abflußrinnen beispielsweise müssen abgeleitet oder abgedämmt werden, ungenügend entwässerte Felder erhalten zusätzliche Abzugsgräben. Oftmals braucht es Geschick, um die zweckmäßigste Maßnahme herauszufinden, und Geduld, sie bis zum Erfolg durchzuhalten. Nicht selten werden Logik und Technik von den Tücken der Natur überspielt.

Abb. 55.3 Buschlahnung, Regelprofil in Schleswig-Holstein

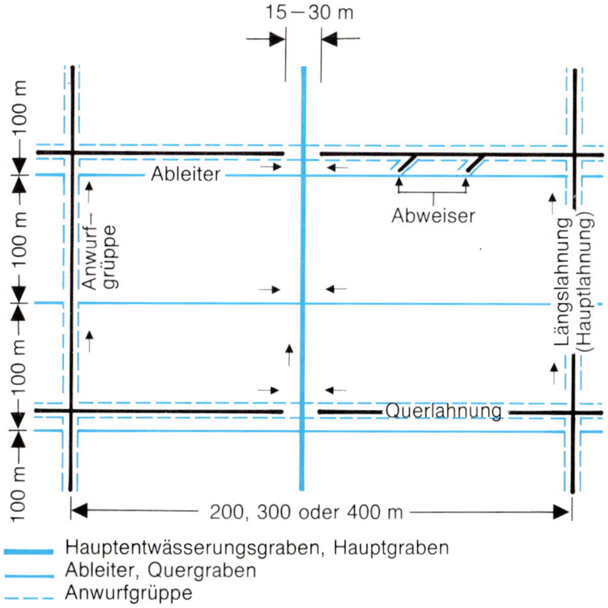

15–30 m
100 m
100 m
100 m
100 m
Ableiter
Abweiser
Anwurf-grüppe
Längslahnung (Hauptlahnung)
Querlahnung
200, 300 oder 400 m

Hauptentwässerungsgraben, Hauptgraben
Ableiter, Quergraben
Anwurfgrüppe

52.1 Landgewinnungsfeld. Die Längslahnungen führen ins Watt hinaus, rechtwinklig dazu stehen die Querlahnungen. Vordergrund: Kunststofflahnung (nur *eine* Pfahlreihe), anschließend Buschlahnung. Der Anwurf ist durch die Wasserströmung stellenweise bereits weitgehend eingeebnet, die Anwurfgrüppe zu einer flachen Mulde geworden.

52.3 Buschlahnungen müssen rund alle drei Jahre nachgepackt werden. Die Reste der Faschinen werden nach unten gepreßt, obenauf kommen die neuen Faschinen zu liegen, niedergehalten durch einen kreuzweise von Pfahl zu Pfahl gespannten Draht.

53.1 Ein Durchlaß in der Querlahnung von etwa 15 bis 30 m Breite führt ins nächste Lahnungsfeld oder in das offene Watt, das hier durch die gerippelte Oberfläche gekennzeichnet ist. In den Hauptentwässerungsgräben fließt das letzte Ebbwasser aus den Landgewinnungsfeldern ins Watt.

53.2 Grüppensystem in einem frischen Landgewinnungsfeld. Die Grüppenarbeit wird heute in zunehmendem Maße maschinell durch Hydraulikbagger ausgeführt.

Lahnungen

Holz und Busch sind die traditionellen Baustoffe für den Lahnungsbau. Bis in die Mitte unseres Jahrhunderts wurden fast ausschließlich *Buschlahnungen* gebaut, auch Buschdämme oder Schlengen genannt. Das nötige Baumaterial, vor allem Pfähle und Faschinen, wird in Schuten (kleine Lastschiffe mit geringem Tiefgang, ohne eigenen Antrieb) auf den Bauplatz geschleppt (Abb. 54.1, 54.2).

Die Pfähle, 1,75 bis 2,50 m lang und 7,5 bis 11 cm dick, werden in Doppelreihen in den Boden gerammt, eine Arbeit, die heute meist mit Motorrammen ausgeführt wird (Abb. 55.1, 55.2). Der Raum zwischen den Pfahlreihen ist im untersten Teil, bis etwa 20 cm unter die Wattoberfläche, mit Stroh oder Heidekraut, darüber bis zur vollen Höhe mit Busch oder Faschinen gepackt. Ein verzinkter Eisendraht, kreuzweise von Pfahl zu Pfahl gespannt, hält die Packung nieder.

Die Bauweisen der Buschdämme weisen regionale Unterschiede auf (Abb. 55.3, 55.4). In Schleswig-Holstein stehen die Pfähle senkrecht, mit einem Zwischenraum von 25 cm. Ihre Oberkante ragt 90 bis 110 cm über den Wattboden und kommt damit 30 bis 50 cm über das mittlere Tidehochwasser zu stehen. Auf diese Weise können die Lahnungen ihre Aufgabe, das Wasser in den Sedimentationsfeldern zu beruhigen, auch bei Springtidehochwasser erfüllen.

Beiderseits der Lahnung werden Anwurfgrüppen ausgehoben. Sie liefern das Anwurfsmaterial zur Sicherung der Lahnung und dienen der Entwässerung der Felder. Der Anwurf muß ungefähr alle drei Jahre erneuert werden, da er durch die Dynamik des strömenden Wassers bald abgeflacht und vielfach ganz weggespült wird (Abb. 56.1).

Die Lahnungen sind vor allem durch den Schub bei Sturmfluten und durch Eisschub außerordentlichen Beanspruchungen ausgesetzt, die vielfach zu Zerstörungen führen. Gelegentlich können die Schäden katastrophale Ausmaße annehmen, wie im Winter 1955/56, als im nordfriesischen Watt von den rund 500 km Lahnungen innerhalb weniger Stunden mehr als 200 km zerstört wurden.

Lahnungsbau ist aufwendige, mühsame Arbeit. Draußen im schweren Schlick und im nassen Sand, bei salziger Brise, Sonne, Kälte und Regen, stets im Zeitdruck zwischen Ebbe und Flut, sind die Arbeiter der Wasserwirtschaftsämter am Werk.

Die Buschlahnung weist eine Reihe von Vorteilen auf: Das Baumaterial kann z. T. in der Nähe des Küstenraumes gewonnen werden, die einzelnen Bauelemente haben geringes Gewicht und stellen in dieser Hinsicht keine erheblichen Transportprobleme (im Unterschied zu Steinen oder zu Betonfertigteilen mit 1 bis 2 t Gewicht), einfache Bauweise, günstiges Maß der Durchlässigkeit des über den Anwurf ragenden Teils der Lahnung (das Wasser mit den Sinkstoffen kann durchfließen, ohne daß dabei im allgemeinen nennenswerte Kolke entstehen). Andererseits sind auch die Nachteile nicht zu übersehen: beträchtlicher Materialaufwand für Bau und Unterhaltung der Buschdämme (5 Pfähle und 0,5 m^3 Faschinen pro laufenden Meter Neubau, 0,20 bis 0,25 m^3 Faschinen/m für das Nachpacken nach jeweils drei Jahren), aufwendige Unterhaltung infolge der geringen Lebensdauer des Materials, Anfälligkeit gegen Eisdruck und -schub.

In den vergangenen Jahren sind verschiedenenorts Versuche mit neuen Typen von Lahnungen aufgenom-

54.1 Material für den Lahnungsbau. Fichtenpfähle von rund 10 cm Durchmesser werden in eine Schute verladen. Jeder Meter Buschlahnung erfordert fünf Pfähle und 0,5 m^3 Faschinen.

54.2 Die Schuten werden bei Hochwasser zur Baustelle geschleppt, wo zur Niedrigwasserzeit jeweils jener Teil des Materials abgeladen wird, der bis zum nächsten Hochwasser eingebaut werden kann.

Abb. 55.4 Buschlahnung, Regelprofil in Niedersachsen

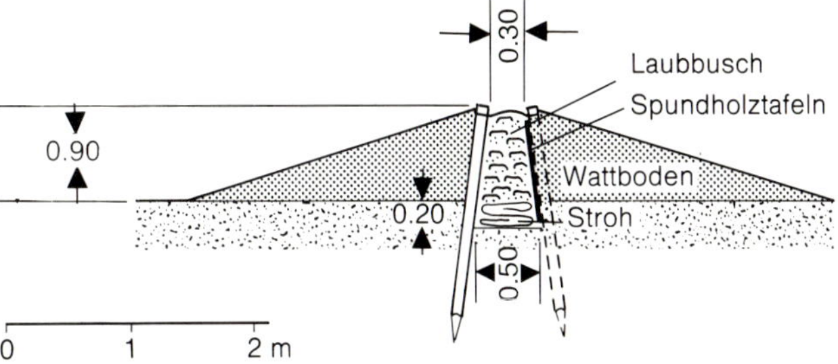

Durch die Neigung der Pfähle nach innen wird eine Bockwirkung und damit eine bessere Standfestigkeit erreicht.

Bei der Verwendung von Laubbusch für die Packung wird die Dichtigkeit der Lahnung durch Holztafeln erzielt, angebracht auf der Leeseite.

55.1 Bau von Buschlahnungen. Die 1,75 bis 2,5 m langen Pfähle werden in eine Doppelreihe mit einem lichten Raum von 25 cm gestellt, von Pfahl zu Pfahl 40 cm Zwischenraum. Die Arbeitszeit wird durch Ebbe und Flut bestimmt.

55.2 Mit der Ramme (früher Handramme, heute Motorramme) werden die Pfähle einer Lahnung in den sandigen Boden gerammt, hier bis fast zum Kopf (Anschlußwerk an das Vorland).

Abb. 53.3 Entwässerung der Landgewinnungsfelder

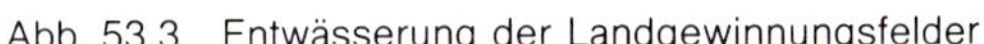

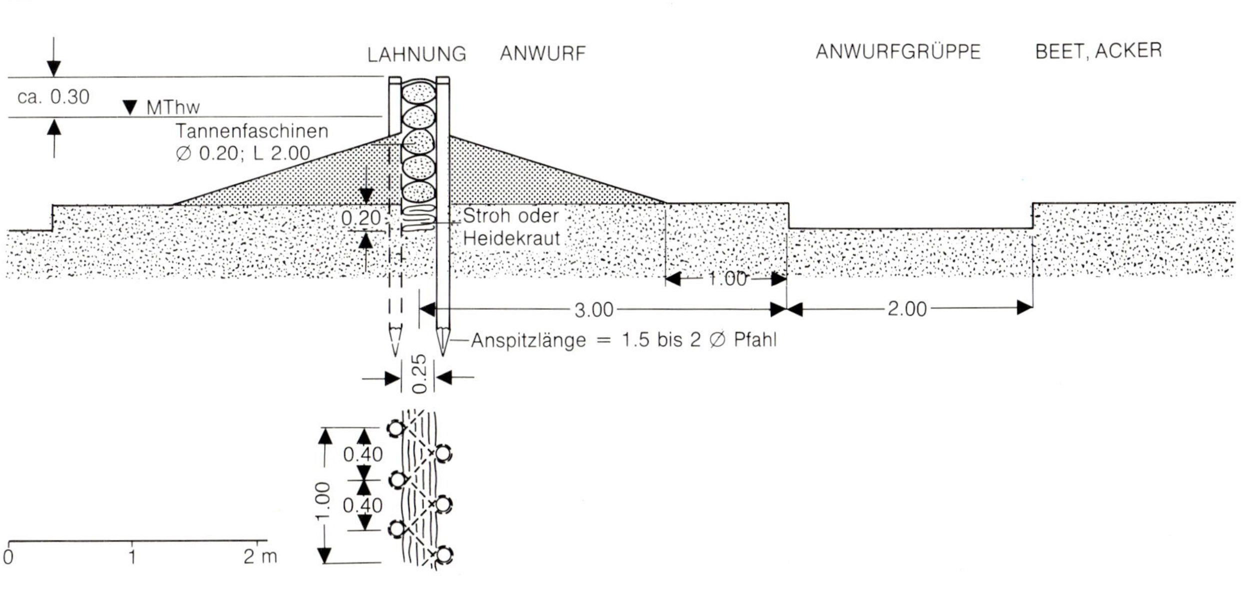

men worden, so mit Kunststoffbahnen und Gewebeschläuchen.
Bei der *Kunststofflahnung* wird der Busch oder die Faschine durch PVC-Plastik (**P**oly**v**inyl**c**hlorid-) ersetzt (Abb. 56.2, 56.3). Die PVC-Bahnen sind 100 cm breit und 2 bis 2,5 mm oder 3 bis 3,5 mm stark. Eine Rolle zu 50 m reicht für 48,5 m Lahnung. Ein unterer, 40 cm breiter Streifen der Bahn ist undurchlässig, die oberen 60 cm sind mit Längsschlitzen versehen, die den Wasserdurchfluß ermöglichen. Die PVC-Bahn wird in Schlangenlinie um die in *einer* Reihe stehenden Pfähle gewunden, 20 cm in den Boden eingesenkt, an jedem Pfahl mit drei großköpfigen verzinkten Nägeln festgemacht und oben durch einen verzinkten Draht niedergehalten. Wie die Buschlahnung erhält auch die Kunststofflahnung einen beidseitigen Anwurf.
Dieser neue Typ einer leichten Lahnung hat sich bis jetzt nicht durchsetzen können. Den Vorteilen des erheblich reduzierten Transportvolumens und der weniger aufwendigen Unterhaltung (kein Nachpacken) steht der Nachteil der geringeren Stabilität gegenüber.
Eine Neuheit besonderer Art stellen die *Schlauchlahnungen* dar, wie sie seit Ende der sechziger Jahre da und dort gebaut werden (Abb. 57.1, 57.2). Zwischen zwei Pfahlreihen (analog jenen der Buschlahnung) werden 100 m lange Schläuche aus PE-Flachgarn-Gewebe (PE = Polyäthylen) mit einem Durchmesser von rund 1 m eingelegt und dann durch einen Spülbagger mit Sand gefüllt, der in der Regel dem Wattboden in unmittelbarer Nähe der Baustelle entnommen wird. Inzwischen sind auch Versuche mit gefüllten Kunststoffgewebeschläuchen aufgenommen worden, die ohne Pfahleinfassung im Watt verlegt werden. Schlauchlahnungen werden meist nur in besondern Fällen gebaut,

Abb. 56.3 Kunststofflahnung

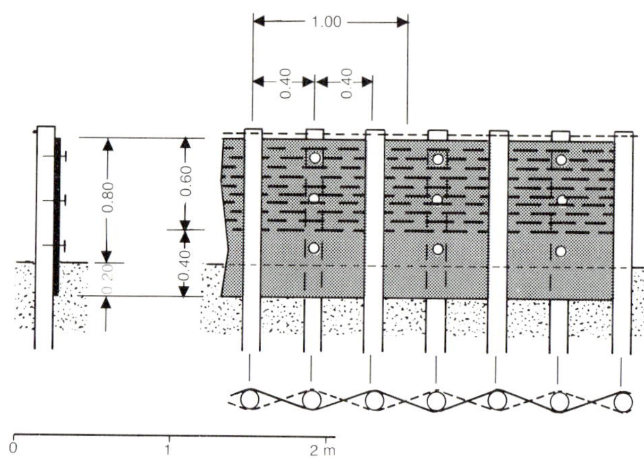

beispielsweise zum Schließen einer Lücke, zur Abgrenzung eines Spülfeldes, d. h. wenn der Kunststoffgewebeschlauch seine Aufgabe nur eine beschränkte, verhältnismäßig kurze Zeit erfüllen muß, oder wo die Lahnung im Laufe weniger Jahre durch die Sedimentation überdeckt wird.
Buschlahnungen mit Regelquerschnitt halten der harten Beanspruchung durch Wasser und Eis nicht überall stand. Bei stürmischer See werden die langen Wände vielfach zerschlagen. Starke Strömungen kolken den Boden neben und zwischen den Pfählen aus, unterspülen die Faschinen und zerstören nach und nach das

56.1 Die Lahnung wird durch den Anwurf (Bewurf) gesichert, der ungefähr alle drei Jahre erneuert werden muß. Das Material liefern die 2 bis 3 m breiten Anwurfgrüppen.

56.2 Lahnung aus PVC. Die kostengünstigere Kunststofflahnung konnte sich gegenüber der Buschlahnung nicht durchsetzen, da sie sich als zu leicht erwiesen hat.

Abb. 57.2 Schlauchlahnungen

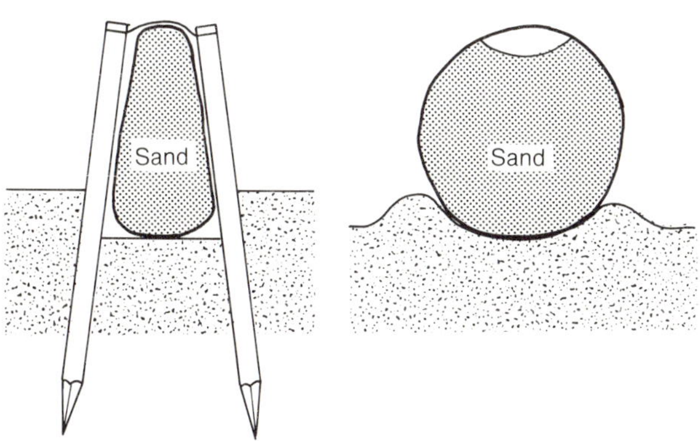

Abb. 57.4 Verstärkte Buschlahnung

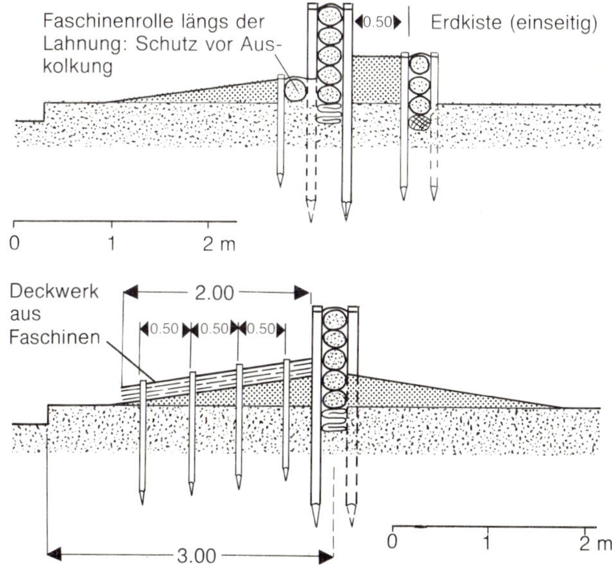

Gefüge der Lahnung. An exponierten Stellen werden deshalb *verstärkte Lahnungen* errichtet.

Zur einfachen Verstärkung werden zusätzliche Faschinenrollen oder Buschpackungen in die Lahnung eingebaut. Beiderseits der Basis verlegte Faschinenrollen schützen vor allem vor Auskolkung. Mit einem Deckwerk aus Faschinen kann verhindert werden, daß der Anwurfboden allzurasch verschwemmt und verflacht wird (Abb. 57.4). Aufwendigere Verstärkungen sind die Erdkisten. Sie werden meist beidseitig der Hauptlahnung in einer Breite von je 50 cm errichtet. Die Lahnung wird dadurch zu einem kleinen Erddamm von fast 2 m Breite (Abb. 57.3, 57.4).

Für besonders tiefe und ungünstige Wattlagen, wo sich die Buschlahnung trotz Verstärkung als zu leicht erweist, werden *schwere, buhnenartige Lahnungen* gebaut. Sie weisen in der Regel eine Deckschicht aus Natursteinen oder Betonverbundsteinen auf, die sich über einen Kern aus Wattboden zieht (Abb. 58.3). Bei neuerer Bauweise wird der profilierte Kern mit einer Kunststoffolie bedeckt, die ein Ausspülen des Bodenmaterials verhindert. Eine Schilfrohrmatte schützt die Folie vor Beschädigung durch die Steindecke.

57.1 Lahnung aus Kunststoffgewebeschläuchen. Seit einigen Jahren werden da und dort in besonderen Fällen Schlauchlahnungen gebaut. Die mit Sand gefüllten Kunststoffgewebeschläuche sind in der Regel zwischen zwei Pfahlreihen eingelegt. Auf der vorliegenden Aufnahme ist die Sedimentation bereits derart fortgeschritten, daß nur noch der Rücken des Schlauches aus dem Watt ragt.

57.3 Verstärkte Lahnungen. Erdkisten beidseitig der Lahnung verleihen ihr die Dimension eines kleinen Erddammes. Links ist die Erdkiste neu mit Wattboden aus der Anwurfgrüppe aufgefüllt worden.

Abb. 58.2 Querschnitt einer schweren Lahnung aus Beton-Fertigteilen

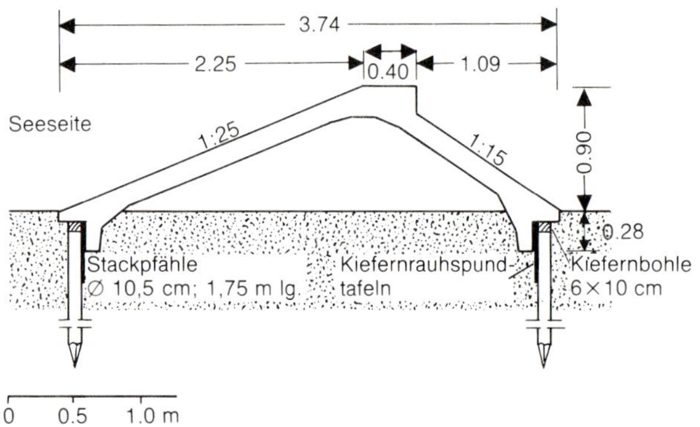

Gewicht der Elemente von 1 m Länge:
bei 52 cm Bauhöhe: 1,0 t
bei 70 cm Bauhöhe: 1,4 t
bei 90 cm Bauhöhe: 1,8 t

Schwere Lahnungen werden heute vermehrt auch mit *Betonfertigteilen* gebaut, so vor allem an der ostfriesischen Küste (Abb. 58.1, 58.2). Bei einer Bauhöhe von beispielsweise 90 cm über Wattoberfläche weisen die einzelnen Elemente von 1 m Länge ein Gewicht von 1800 kg auf. Sie werden beiderseits auf eine dichtschließende Kiefernspundwand oder eine von Rundholzpfählen gehaltene Holztafel gesetzt.

Wo Querlahnungen durch die Erosion längsführender Ebbströmungen besonders gefährdet sind, werden zum Regulieren der Entwässerung besondere Lahnungsstücke, die Abweiser, gebaut (Abb. 58.4). Sie zweigen direkt aus dem Querflügel und führen schräg gegen den Ableiter, der in 15 m Abstand parallel zur Lahnung in den Hauptentwässerungsgraben führt. Die Abweiser sind 15 m lang und wie die Regellahnung durch Anwurf gesichert.

Abb. 58.3 Querschnitt einer schweren buhnenartigen Lahnung: Steindamm mit Wattbodenkern und Deckschicht aus Natursteinen

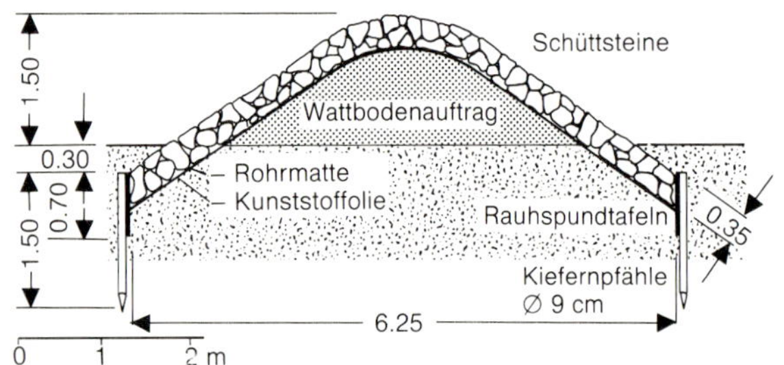

58.1 Lahnung aus Betonfertigteilen. In tieferen Wattlagen oder bei besonders ungünstigen Strömungsverhältnissen müssen schwere Lahnungen gebaut werden. Dazu werden heute vielfach Betonfertigteile verwendet.

58.4 Abweiser einer Kunststofflahnung. Abweiser sind kurze Lahnungsstücke mit der Aufgabe, längs zur Querlahnung laufende Ebbströmungen abzuleiten, um zu verhindern, daß die Lahnung unterspült und zerstört wird.

Begrüppung der Landgewinnungsfelder

Die Schaffung von Landgewinnungsfeldern durch den Bau von Lahnungssystemen ist die erste, die Begrüppung der Auflandungsareale die zweite wesentliche Arbeit zur Gewinnung neuer Vorlandflächen aus dem Meer.

Bei jedem Hochwasser werden neue Sinkstoffe auf die Lahnungsfelder abgelagert. Diese Sedimente sollten sich rasch und möglichst fest mit dem bereits vorhandenen Schlick verbinden können. Der Prozeß der Auflandung wird durch ein gleichmäßiges, ruhiges Ein- und

59.1 Neu angelegtes Entwässerungssystem in einem Landgewinnungsfeld. Die Grüppen werden in der Regel in Abständen von 10 m gezogen. Das Aushubmaterial kommt in die Mitte der dazwischenliegenden Beete (Äcker) zu liegen.

Abb. 59.2 Entwässerungssystem in den Landgewinnungsfeldern

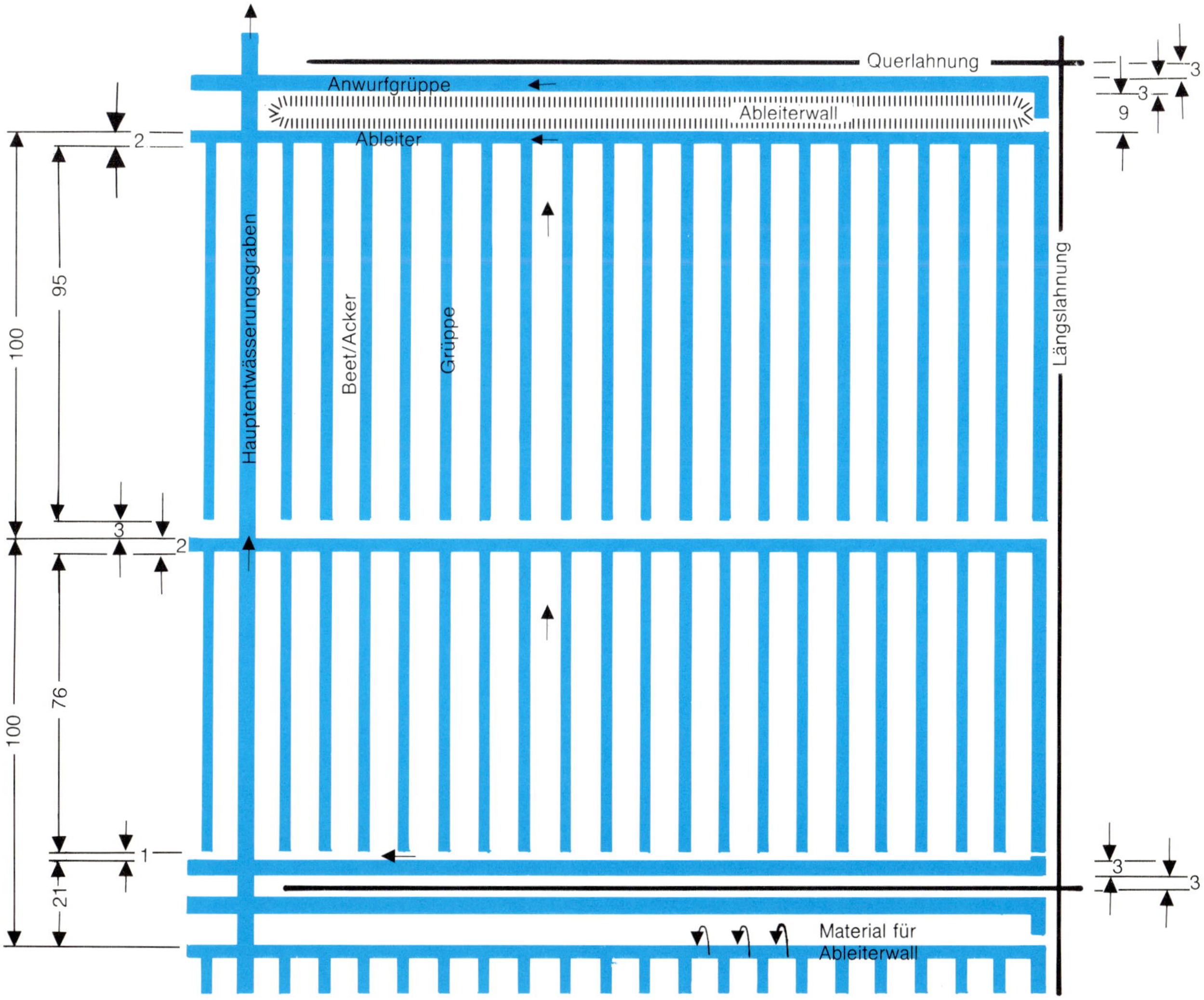

Ausfließen des Tidewassers sowie durch eine schnelle Abtrocknung der anwachsenden Flächen zwischen den Hochwasserzeiten gefördert. Auch die Entwicklung des allmählich einsetzenden natürlichen Bewuchses durch Queller und Schlickgras hängt eng mit der Entwässerung des Watts zusammen. Die Pionierpflanzen können sich in diesem für Landpflanzen doch eher ungünstigen Milieu nur ansiedeln und behaupten, wenn der Boden in der kurzen Zeit zwischen dem abfließenden Ebbwasser und der nächsten aufkommenden Flut ausreichend entwässert wird.

Wenn der Wattboden in den Landgewinnungsfeldern eine Höhe von 50 bis 30 cm unter dem MThw erreicht hat und die nötigen Arbeitskräfte zur Verfügung stehen, wird das bisherige verhältnismäßig bescheidene Entwässerungssystem, bestehend aus dem Hauptentwässerungsgraben, den Ableitern und den Anwurfgrüppen, zu einem eigentlichen Grüppenfeld erweitert (Abb. 59.1, 59.2). Parallel zum Hauptentwässerungsgraben werden in regelmäßigen Abständen von 10 m Grüppen gezogen, die in den nächsten seeseitigen Ableiter (Quergraben) münden. Ihre Länge mißt höchstens 95 m. Dadurch wird die Bildung starker Strömungen bei rückfließendem Ebbwasser verhindert, die zur Bildung unerwünschter Nebenrinnen führen könnten. Damit das rückströmende Wasser aus den Grüppen nicht auf die Querlahnung prallt und dabei die Aufschlickung der Anwurfgrüppe stört und den Anwurf der

---

60.1 Grüppen und Beete in einem bereits erheblich aufgeschlickten Lahnungsfeld, Schlickgrashorst. Der in Grüppen vermehrt anfallende Schlick wird von Zeit zu Zeit ausgehoben und auf die Beete deponiert. Durch dieses Aushubmaterial und durch die unmittelbare Sedimentation von Sinkstoffen wächst das Landgewinnungsfeld allmählich in die Höhe.

60.2, 60.3 Grüppen im Vorland. Das in den Landgewinnungsfeldern angelegte Grüppensystem bleibt auch im neuentstehenden Vorland erhalten. In den Grüppen, die mit ihrer Sohle unter MThw liegen, kann sich bei jeder Tide weiterhin Schlick ablagern, der dann periodisch ausgehoben und auf die Vorlandbeete geworfen wird. Durch dieses Material und durch die Sinkstoffablagerung bei Sturmfluten erfolgt die weitere Aufhöhung des *über* MThw gelegenen Vorlandes.

61.1, 61.2 Grüppenbagger. Die Grüppenarbeit im Watt wird heute weitgehend mittels speziell entwickelter Hydraulikbagger geleistet. Im Normalfall wird das Gerät bei aufkommender Flut an Ort und Stelle verankert. Noch bevor das abgehende Ebbwasser den Arbeitsplatz völlig freigegeben hat, beginnen der Fahrer und der Ankermann den Bagger für die Weiterarbeit flott zu machen.

61.3 Maschineller Aushub einer Anwurfgrüppe. Der Grüppenbagger schafft pro Arbeitsgang rund einen halben Kubikmeter Aushub. Das noch teigige, wasserhaltige Sediment kann mit dem Tieflöffel verhältnismäßig kompakt ausgehoben und an der Lahnung bzw. auf den Beeten deponiert werden, wodurch der Prozeß der Verschwemmung durch das Flutwasser verzögert wird.

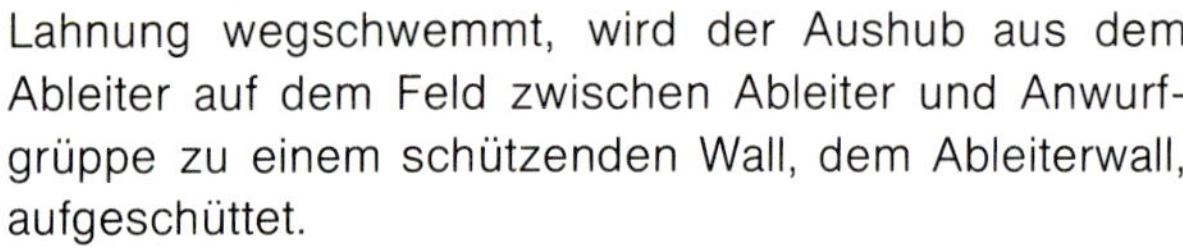

Lahnung wegschwemmt, wird der Aushub aus dem Ableiter auf dem Feld zwischen Ableiter und Anwurfgrüppe zu einem schützenden Wall, dem Ableiterwall, aufgeschüttet.

Die Felder zwischen den Grüppen werden Beet oder Acker genannt. In ihre Mitte wird der Aushub aus den Grüppen deponiert (Abb. 60.1, 60.2, 60.3). Im Unterschied zur Herstellung der Wattgrüppen in Spatenarbeit kann der Boden beim Einsatz von Grüppenbaggern kompakt ausgehoben und abgelagert werden, wodurch die Gefahr einer Rückspülung in die Grüppen erheblich verringert wird.

Die Begrüppung der Felder muß wiederholt werden, wenn die Grüppen nahezu mit neuem Schlick gefüllt sind. Je nach örtlicher Auflandungstendenz, die u. a. stark von der Lage der Sedimentationsfelder, vom Grad der jeweiligen Wasserberuhigung, vom Sinkstoffgehalt des Wassers wie auch von der sich ansiedelnden Fauna und Flora abhängt, kann dies vielleicht schon nach einem Jahr, möglicherweise aber auch erst nach fünf Jahren der Fall sein. Die Beete der Grüppenfelder gewinnen nicht allein durch den aus den Grüppen stammenden Boden an Höhe, sondern auch durch das bei jeder über die örtliche Watthöhe steigenden Flut direkt sedimentierte Material.

Die Anwurfgrüppen und die Wattgrüppen entlang der Hauptlahnung werden derart eingemessen, daß nach der vollständigen Verlandung, wenn die Lahnungen wegfallen, zwischen den Grüppen durchgehend ein Abstand von 10 m besteht.

Die Begrüppung der Landgewinnungsfelder erfolgt heute weitgehend maschinell durch Hydraulikbagger (Abb. 61.1, 61.2, 61.3). Der Grüppenbagger besteht aus einem Stahlschwimmkörper (Ponton), auf dem das Greifaggregat mit dem zugehörigen Motor aufgebaut ist. Für seine eigene Fortbewegung besitzt das Gerät in der Regel keinen besonderen Antrieb. Durch geschicktes Einstemmen und Einschlagen des Löffels kann der Bagger auf dem weichen Boden gezogen, gestoßen und gedreht werden, oder der Bagger zieht sich an einem Drahtseil, das im Wattenboden verankert ist, rutschend über Schlick und Sand. Für das Umsetzen von einem Arbeitsplatz zum andern wird genügend hoher Wasserstand abgewartet. Wenn der Bagger schwimmt, kann er von einem Motorboot in Schlepp genommen werden.

Die Profiltieflöffel der Wattbagger schöpfen je Arbeitsgang rund 0,5 m^3 Material. Die durchschnittliche stündliche Leistung liegt bei gut 50 m^3. Ein moderner Grüppenbagger hebt mit einem Baggerfahrer und einem Ankermann (die Verankerung des Zugseils muß nach jeder Grüppe zur nächsten Grüppe umgelegt werden) je Stunde bis über 100 m Grüppen aus. Ein Arbeiter schafft in Spatenarbeit 5 bis 8 m/h (Abb 62.1).

62.1 Aushub einer Grüppe in einem fortgeschrittenen Landgewinnungsfeld in Spatenarbeit. Die Arbeit im Schlick, in den die Arbeiter oft knietief einsinken, ist mühsam, das Aushubmaterial ist schwer und neigt dazu, am Spaten kleben zu bleiben. Ein Arbeiter schafft pro Stunde 5 bis 8 m, eingerechnet das Schlichten (Ausebnen) des neu aufgeworfenen Walles, eventuelle Mäharbeit usw.

62.2 In den Landgewinnungsfeldern, die vom Schlickgras beherrscht werden, erfolgt die Begrüppung in der Regel durch Grüppenbagger.

Vorland

Nach Jahren intensiver Bemühungen zeigt sich der Erfolg: Durch die systematisch durchgeführten Landgewinnungsarbeiten und unter dem Einfluß natürlicher Verlandungsvorgänge ist ein weiterer Streifen Watt zu Vorland geworden.
Mit dem Bau von Lahnungen und der Anlage von Grüppenfeldern, teils hinaus bis in die Zone sterilen Sandwatts, hatte es begonnen. Millimeter um Millimeter stieg der Boden, wuchs die Schicht wertvoller Sedimente (Abb. 63.1, 63.2). Als das Watt auf etwa 50 bis 30 cm unter das mittlere Tidehochwasser angestiegen war, begannen sich die Pioniere der Landgewinnung anzusiedeln, Queller und Schlickgras. Die Auflandung der Landgewinnungsfelder erfolgte nicht allein durch die direkte natürliche Sedimentation, sondern alle paar Jahre wurde der Aushub aus den Grüppen, in denen sich besonders viel Schlick absetzen konnte, auf die Flächen zwischen den Gräben abgelagert. Auf den Beeten (Äckern) schlossen sich die Horste von Schlickgras und die Quellerbestände mehr und mehr zu Decken zusammen, deren Stengel- und Blätterwerk den Auflandungsprozeß unterstützte, indem es die Sedimentation von Schlickstoffen förderte und der Erosion durch Bodenwirbel entgegenwirkte. Nach Jahren erreichte der Boden die Höhe des MThw. Die nun nicht mehr regelmäßig stattfindende Überflutung durch das Tidewasser und der Einfluß der Niederschläge führten zu einem langsamen Absinken des Salzgehalts des Bodens. Die vorerst allein aus Queller und Schlickgras

63.1 Anwachs, seewärts und landwärts der Uferlinie. In der Anwachszone im Höhenbereich der MThw-Linie geht das Watt ohne scharfe Begrenzung ins Vorland über. Landpflanzen, wie vor allem das Andelgras, versuchen nebst den bereits vorhandenen eigentlichen Pionieren der Landbildung, dem Queller und dem Schlickgras, im salzigen Boden Fuß zu fassen.

63.2 Sedimentation im Vorland. Wenn das Flutwasser auf die Vorlandfläche steigt, lagert sich ein Teil der mitgeführten Sinkstoffe ab. Der Vorgang der Sedimentation wird durch das Stengel- und Blattwerk der Vorlandwiese gefördert. Schicht um Schicht wächst der Boden in die Höhe.

63.3 Gemeine Grasnelke, Armeria vulgaris Willd. Sie ist im Vorland und in den Dünentälern häufig zu finden. Die Länge des Blütenschaftes variiert sehr stark. So ist beispielsweise auf Sylt eine langschaftige Form verbreitet, während der Schaft des hier abgebildeten Exemplars von der Hamburger Hallig keine 4 cm erreicht.

bestehende Landpflanzengesellschaft bekam Zuwachs durch eine Reihe von Salzwiesenpflanzen (Abb. 63.3). Unmerklich ist aus dem Wattboden Vorlandboden geworden.

Im jungen Vorland sind die Lahnungen noch als niedrige, schmale Dämme zu erkennen. Da und dort ragen die Köpfe der Pfähle aus dem Boden, und es sind Teile der Faschinenpackung zu sehen. Mit zunehmender Auflandung verschwinden die Lahnungen ganz.

Anders das Grüppensystem, das auch im Vorland weiterhin aufrechterhalten bleibt und rund 10 bis 15 Prozent der Vorlandfläche umfaßt. Es dient vorab der raschen und gleichmäßigen Entwässerung des neuen Landes. Überdies lagern sich in den Grüppen, die mit ihrer Sohle noch lange Zeit unter dem MThw liegen, weiterhin Sedimentstoffe in erheblicher Menge ab. Der hier anfallende Schlick wird alle paar Jahre ausgehoben und auf die Beete abgelagert. Auch diese Arbeit wird in zunehmendem Maße maschinell ausgeführt, durch Bagger und durch Grüppenfräsen. Das aus den Grüppen stammende Material trägt wesentlich zur weiteren Erhöhung des Vorlandes bei, die sonst nur noch bei Sturmfluten erfolgt.

Die Grüppenfräse besteht aus einem Raupenfahrzeug und der daran angebauten Fräseinrichtung: Ein Fräsrad, das an einem Ausleger hängt, der hydraulisch gehoben und gesenkt bzw. auf die gewünschte Grabentiefe eingestellt werden kann. Das schräg zur Fahrtrichtung angestellte Fräsrad mit einem Durchmesser in der Größenordnung von 1,8 bis 2,8 m (je nach Fabrikat) ist mit mehreren Messern von 15 bis 30 cm Breite besetzt und rotiert mit 100 bis 200 Umdrehungen pro Minute. Die Grüppen haben halbkreisförmiges Profil mit einer oberen Breite von 1,0 bis 1,5 m und einer Tiefe von zirka 60 cm. Das ausgefräste Bodenmaterial wird tangential fortgeschleudert und dabei gleichmäßig über das Gelände verteilt. Durch die Wahl eines größeren Fräsrades und breiterer Messer oder durch mehrfachen Träsgang kann die Grabentiefe und die Grabenbreite variiert werden.

Im Sommerhalbjahr wird das Vorland von Tausenden von Schafen bevölkert (vor allem in Ostfriesland findet intensive Beweidung der Heller auch durch Rindvieh statt). Überall sind sie zu sehen, die Herden meist in kleinere Gruppen und Einzelgänger aufgelöst, die Lämmer nahe bei den Muttertieren. Blökend ergreifen sie die Flucht, wenn ihnen ein neugieriger Wanderer zu nahe kommt (Abb. 64.1, 64.2).

Während der Lammzeit, im Januar/Februar/März, sind die Muttertiere in den Іögen in Ställen untergebracht. Die Lämmer kommen im Februar/März zur Welt. Im Juni werden die einjährigen und die älteren Schafe geschoren. Alle Tiere, die nicht zur Weiterzucht gebraucht werden, kommen dann auf die Schlachtbank. Die Schafhaltung dient vor allem der Fleischgewinnung, während die Verwertung der Wolle bedingt durch die derzeitige Marktlage nur von sekundärer Bedeutung ist (Abb. 65.1). Die Milch wird zur Hauptsache von den Lämmern getrunken.

Die Schafherden bringen nicht nur landwirtschaftlichen Nutzen, sondern sie leisten auch einen erheblichen Beitrag zur Deichpflege. Die Tiere treten den Boden in idealer Weise fest, ohne Trittspuren zu hinterlassen (im Unterschied etwa zu Rindern), und sie beißen die

Abb. 65.2 Vorland entlastet den Deich

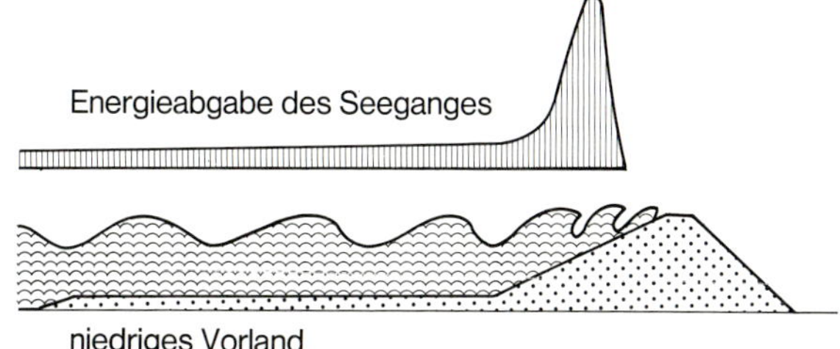

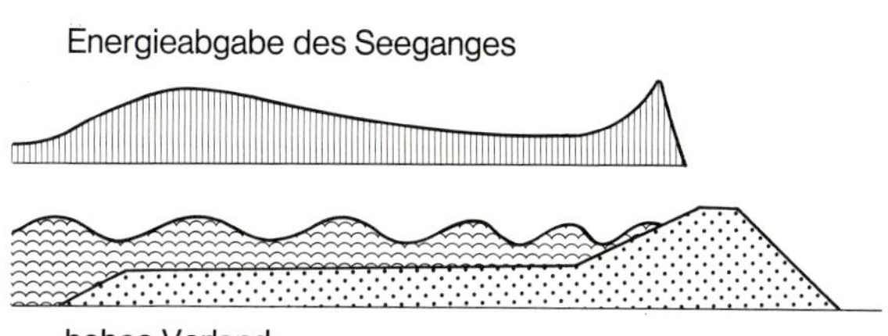

Kräuter und Gräser knapp über dem Boden ab, ohne dabei die Grasnarbe aufzureißen. Dadurch erhält die Deichoberfläche die Eigenschaft einer verbissenen, teppichartigen Rasendecke, die den bei Seegang brandenden und aufschießenden Wellen und dem rückfließenden Wasser gut zu widerstehen vermag. Das ausgesprochen nützliche Verhalten hat dem Schaf die Bezeichnung „Tier mit dem goldenen Huf und dem scharfen Zahn" eingebracht.

Den Winter, die Zeit der Sturmfluten, verbringen die Schafe in den Kögen. Ihr Futter finden sie auf den Sommerweiden der Rinder (die jetzt in den Ställen stehen, soweit sie Ende des Sommers nicht als Schlachtvieh verkauft worden sind), bei Bedarf erhalten sie Heu und Hafer. Doch bald wird es wieder Frühling: Die Muttertiere werfen ihre Lämmer, die Schafe kehren zurück ins Vorland. Der Kreis ist geschlossen.

Nicht immer nimmt das Leben der unüberschaubaren Herden seinen gewohnten alltäglichen Lauf. Drängt ein stürmischer West- oder Nordwestwind das Tidewasser gegen die Küste, so steigt es vielfach in kurzer Zeit über die Vorlandkante und überflutet die weiten Grasflächen vor dem Deich. Die Vorlandweide wird für Stunden wieder zu Meer. Schafe, die sich nicht rechtzeitig an den Deich oder auf eine Warf in Sicherheit bringen konnten, müssen dann oft stundenlang im Wasser stehen, und gelegentlich kommt es auch vor, daß Tiere ertrinken (Abb. 66.1).

Die Beweggründe, dem Wattenmeer neue Landstücke abzuringen, haben sich in den vergangenen Jahrzehnten grundlegend geändert. Bis in die Mitte unseres Jahrhunderts bestand der Hauptzweck der Landgewinnungsarbeiten in der Gewinnung zusätzlichen Nutzbodens für die Landwirtschaft. Dabei handelte es sich vielerorts um Landflächen, die in Katastrophenfluten früherer Jahrhunderte verloren gegangen waren. Strukturelle Veränderungen in der Agrarpolitik der europäischen Staaten führten nach dem zweiten Weltkrieg dazu, daß das Interesse an den kostenintensiven Arbeiten zur Gewinnung landwirtschaftlicher Neulandflächen nach und nach zu schwinden begann. Die Geldmittel für die Wiederinstandsetzung und den Ausbau der während des Krieges verfallenen Auflandungswerke flossen zeitweilig recht spärlich. Die Aufgabe von Lahnungsfeldern aus finanziellen Gründen führte verschiedenenorts sogar zu umfangreichen Verlusten an neugeschaffenen Überschlickungsflächen. Doch dann setzte ein Umschwung ein. Die Arbeiten wurden intensiv wieder aufgenommen, allerdings mit veränderter Hauptzielsetzung. Es hatte sich immer deutlicher gezeigt, daß Deiche mit genügend breitem und hohem Vorland bei

---

64.1 Wirtschaftliche Nutzung des Vorlandes. In Nordfriesland dient das Vorland vor allem als Weideland für Schafe, und nur gelegentlich finden sich auch andere Gäste, wie beispielsweise Gänse, zur Mahlzeit ein. Auf den Deichen hingegen werden die Tiere nicht wegen ihres wirtschaftlichen Nutzens gehalten, sondern zur Deichpflege (kurzfressen der Grasnarbe).

64.2 Schafe an der automatischen Tränke. Die Tiere leben den Sommer über im weiten Vorland praktisch frei. Das notwendige Trinkwasser steht ihnen an der automatischen Tränke zur Verfügung.

65.1 Schafe im Wartesaal zur Schur. Im Juni werden die Schafe zur Schur eingefangen und mit Farbe neu gezeichnet. Ein Teil der Tiere kommt anschließend auf die Schlachtbank.

Sturmfluten weit weniger gefährdet sind, als scharliegende (direkt am Wasser stehende) Deiche. Dies war allerdings keine neue Erkenntnis. Schon 1754 ist durch den Geometer Albert Brahms aus dem Jeverland (Ostfriesland) in der Schrift „Anfangs-Gründe der Deich- und Wasserbau-Kunst" (I. Teil Aurich 1754, II. Teil Aurich 1757) auf die günstige Wirkung des Vorlandes für die Deichsicherheit hingewiesen worden (Abb. 65.2).

Vorlandgewinnung und -sicherung werden heute fast ausschließlich als Maßnahmen des aktiven Küstenschutzes verstanden und betrieben. Angestrebt wird ein Vorlandstreifen von mindestens 200 m, wenn möglich aber von 400 m Breite, je nach lokaler Gefahrenlage. Die Hauptvorteile des Deichvorlandes lassen sich wie folgt zusammenfassen:

- Das Vorland bewirkt eine Reduktion der Wellenenergie und des Wellenauflaufs am Deich. Die auf die Deichböschung auftreffenden Wellenkräfte in Form von Strömungskräften und Druckschlägen werden verringert.
- Auf den Bau schwerer, teurer Deichdeckwerke kann vielfach verzichtet werden (in bestimmten Fällen handelt es sich jedoch nur um eine scheinbare oder beschränkte Einsparung, indem an Stelle des Deichfußes die Vorlandkante entsprechend gesichert werden muß).
- Kleiboden und Rasensoden für die Ausbesserung von Schäden am Deichkörper stehen in unmittelbarer Nähe zur Verfügung.
- Den zur Beweidung der Deiche eingesetzten Schafen stehen zusätzliche Weideflächen zur Verfügung.
- Schließlich hat das Vorland eine erhebliche Bedeutung auch als natürlicher Lebensraum für zahlreiche Kleinlebewesen, Salzpflanzen und immer seltenere Küsten- und Seevögel (spezifisches Biotop).

Deichvorland wird in der Regel mit Hilfe der traditionellen Methode des Lahnungsbaus und der Begrüppung auf „natürliche Weise" gewonnen. Wo diese Mittel versagen oder die Auflandung zu lange Zeit beanspruchen würde, kann Vorland unter bestimmten Voraussetzungen auch durch eine einmalige Aufspülung von geeignetem Wattboden „künstlich" geschaffen werden.

66.1 Bei aufkommender Sturmflut flüchten die Schafherden an die Deiche oder auf Warfen. Tiere, die sich nicht rechtzeitig in Sicherheit zu bringen vermochten, müssen oft stundenlang im sturmgepeitschten Wasser stehen, was sie in der Regel unbeschadet überstehen.

Deichreife

Wenn Watt- oder Vorlandflächen zur Gewinnung landwirtschaftlichen Nutzlandes eingedeicht werden, stellt sich die wichtige Frage der Deichreife. Aus der Sicht der Nutzung läßt sich der Begriff auf eine einfache Formel reduzieren. Deichreif sind Vorländereien dann, wenn sie genügenden Ertrag versprechen. Welche Bedingungen der Boden erfüllen muß, damit eine vollwertige landwirtschaftliche Nutzung gewährleistet ist, darüber bestanden seit je und bestehen auch heute noch unterschiedliche Auffassungen.

Nach der traditionellen Auffassung sind mit dem Begriff Deichreife zwei Voraussetzungen verbunden: Das zur Eindeichung vorgesehene Vorland muß eine bestimmte Höhenlage aufweisen, wobei 30 bis 50 cm über MThw als Mindesthöhe angenommen werden. Darüber hinaus wird verlangt, daß sich die Flora nach einem bestimmten Muster in einer Folge spezifischer Pflanzengruppen entwickelt hat. Die dabei zu durchlaufenden Entwicklungsstufen sind durch je eine Leitpflanze gekennzeichnet: Queller (Salicornia) – Andel (Puccinellia maritima) – Strandrotschwingel (Festuca rubra litoralis) – Weißklee (Trifolia repens). Das Land ist deichreif, wenn es „weißkleefähig" ist, d. h. wenn die im Zeitraum der Eindeichung vorhandene Pflanzengesellschaft größere feste Bestände an Weißklee aufweist.

Nach neuerer Auffassung ist für die Deichreife nicht eine spezifische Höhenlage der eingedeichten Flächen, aber allgemein eine optimale Regelung des Wasserhaushalts notwendig, was bei niederer Lage des neuen Kooges vielfach die künstliche Entwässerung durch ein Schöpfwerk bedingt. Auch bezüglich der Pflanzengesellschaft im Vorland werden weniger weitgehende Forderungen gestellt. Auf die natürliche Pflanzenfolge der traditionellen Auffassung wird ganz oder teilweise verzichtet. Hingegen muß die Zusammensetzung des Bodens bestimmten Anforderungen genügen: Es ist als Minimum ein Tongehalt von 20 bis 30 Prozent oder bei ausgesprochenen Sandwatten eine Schlickauflagerung von mindestens 25 cm erforderlich. Ein solcher Rohboden kann nachträglich, also nach der Bedeichung, durch mechanische, chemische und vor allem biologische Maßnahmen (Bepflanzung) zur vollen Deichreife gebracht werden.

Der uneingeweihte, durch wenig Fachwissen belastete Betrachter der deutschen Nordseeküste wird stets wieder nach der Möglichkeit großzügiger Deichbauprojekte fragen. Ließe sich der Dollart nicht durch einen kaum 10 km langen Damm von der Nordsee abtrennen? Und der Jadebusen? Haben es die Holländer nicht auch zustande gebracht, die Zuidersee durch einen gar 32 km langen Seedeich für immer dem Meer zu entreißen? Die wohl großzügigste und weiträumigste Lösung drängt sich im Raume der Nordfriesischen Inseln zwischen Eiderstedt und Sylt geradezu auf. Aktiver Küstenschutz: Wieso das Meer erst tief in die Front eindringen und sein Zerstörungswerk vollbringen lassen, könnte es doch schon in vorderster Linie gestellt und aufgehalten werden: Insgesamt etwa 30 km Dämme vermöchten die Lücken zwischen den bereits bestehenden Stützpunkten Eiderstedt, Südfall, Pellworm, Hooge, Amrum und Sylt zu schließen. Auf *einen* Schlag würden ungefähr 1000 km² Watt eingedeicht. Die ganze nordfriesische Küste wäre dauerhaft und sicher geschützt.

Die recht bestechende Idee ist keineswegs neu. W. Dix legte sie bereits 1927 und dann erneut nach dem Zweiten Weltkrieg, 1949, unter dem Namen „Friesendamm" vor (Abb. 68.1). Aber... In den Jahren 1937/38 wurde das fragliche Gebiet von rund 1090 km² (Wasserfläche und Vorland, jedoch ohne Inseln und Halligen) bodenkundlich eingehend untersucht. Das Resultat der damaligen Arbeiten sah wenig ermunternd aus:

32 % (350 km²) des untersuchten Wattenraumes fallen während der Niedrigwasserzeit wegen ihrer Tiefenlage überhaupt nicht trocken. Das Land müßte also, soweit es je landwirtschaftlich nutzbar gemacht werden sollte, durch Pumpwerke dauernd künstlich trockengehalten werden.

47 % (517 km²) sind Sand- und Schluffwatten, die auf Grund eingehender Versuche als nicht eindeichungswürdig zu qualifizieren sind. Aufwand und Ertrag für die Nutzbarmachung solcher Flächen (u. a. durch Aufschlickung) stehen in einem recht ungünstigen Verhältnis zueinander.

21 % (223 km²) sind fossile Kleigebiete und eindeichungswürdige Schlickflächen. Wegen niedriger Höhenlage, geringen Umfanges oder mangelnder Geschlossenheit scheiden davon 73 km² für die Eindeichung praktisch aus.

150 km², das sind 14 Prozent der nach Plan Dix vom Meer abgetrennten Fläche, könnten für die landwirtschaftliche Nutzung gewonnen werden. Ein doch eher bescheidener Gewinn! (Die Zahlen und Angaben beziehen sich auf die Verhältnisse von 1938.)

Bei der Eindeichung großer, zum Teil noch nicht deichreifer Flächen sind zwei wesentliche Aspekte nicht außer acht zu lassen: a) eingedeichtes Land, das der täglichen Überflutung durch das Tidehochwasser entzogen wird, ist von der Zufuhr von Sedimentstoffen abgeschnitten und kann deshalb nicht weiter auflanden, b) die Eindeichung hat erst dann einen Sinn, wenn der Wasserhaushalt optimal geregelt werden kann, was bei großen, tieferliegenden Gebieten oft äußerst schwierig und kostspielig ist.

Abb. 68.1 Nordfriesisches Wattenmeer

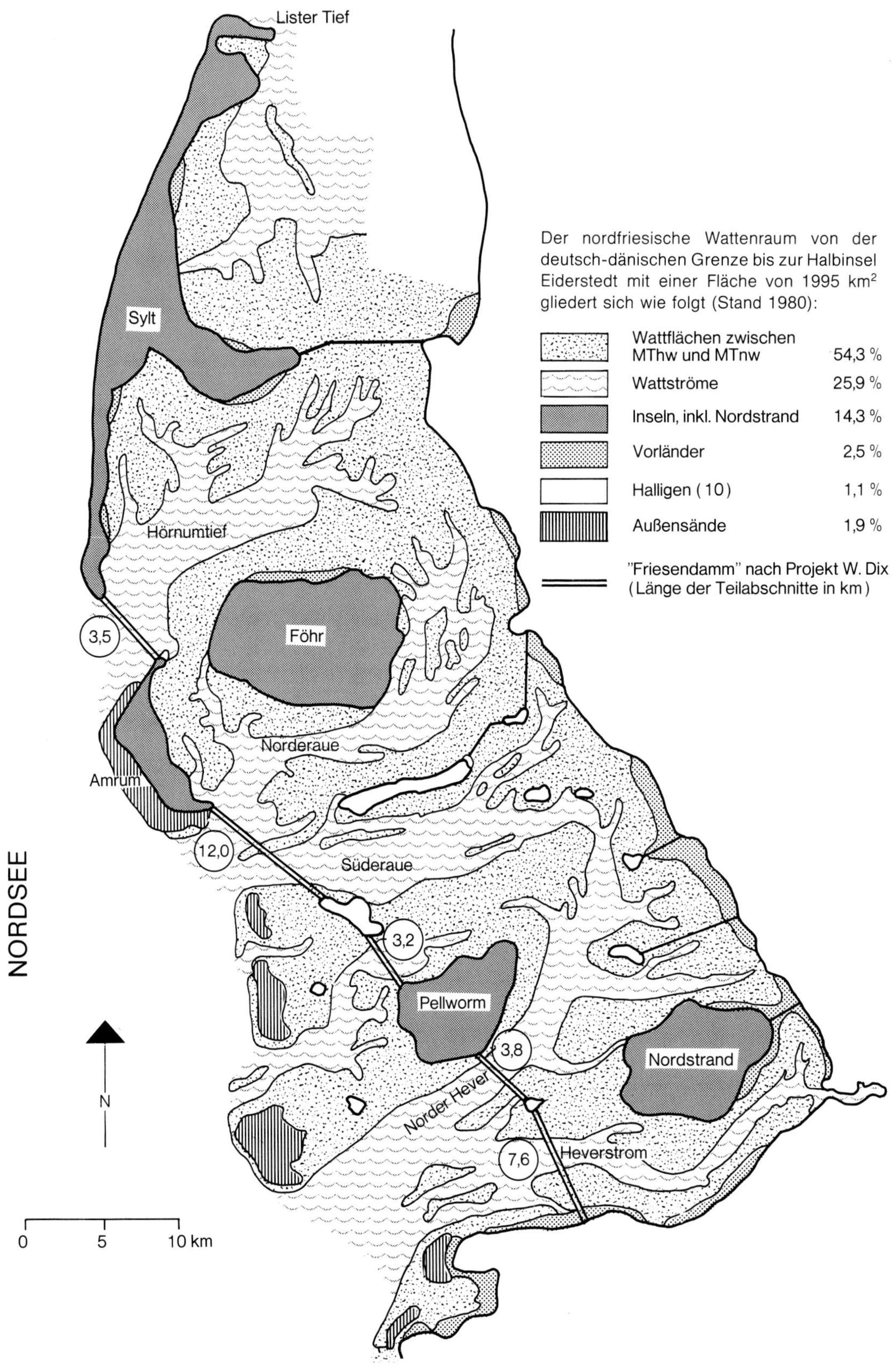

Bis in die Mitte unseres Jahrhunderts spielte der Begriff der Deichreife eine ausschlaggebende Rolle, da neue Deiche in der Regel gebaut wurden, um landwirtschaftlich nutzbare Flächen zu gewinnen, um neue besiedlungsfähige Köge zu schaffen. Heute werden Deichneubauten vornehmlich als Maßnahme des aktiven Küstenschutzes (Verkürzung der Deichlinie, Schaffung einer vorgeschobenen Deichlinie zur Entlastung bestehender, den heutigen Schutzbedürfnissen nicht mehr genügender Deiche) oder zur Lösung wasserwirtschaftlicher Probleme angesehen (Regelung der Entwässerung tieferliegender Marschen, Schaffung von Süßwasserreservoirs). Der Gewinn von zusätzlichem Ackerland spielt dabei keine oder nur eine sekundäre Rolle.

Seit geraumer Zeit werden in zunehmendem Maße Aspekte der Landschaftserhaltung und des Naturschutzes in die küstenschutzpolitischen Überlegungen einbezogen (Erhaltung und Schaffung von Lebensräumen für Fauna und Flora, sogenannter Biotope). Der Kreis der an Deichbauprojekten Interessierten hat sich damit erheblich erweitert. Wen wundert's, daß die Diskussionen um neue Deichbauvorhaben hitziger geworden sind. Zum Projekt der Vordeichung der Tonderner Marsch beispielsweise, das auf Grund der Ereignisse anläßlich der schweren Januarsturmfluten 1976 ausgearbeitet worden ist (der Deich vor der Tonderner Marsch drohte damals zu brechen, 12 000 Menschen gerieten in ernste Gefahr), sind 1980 rund 52 000 Einwendungen eingereicht worden, davon allerdings nur 1,9 Prozent aus dem direkt betroffenen Landkreis Nordfriesland (einer der Einsender hat dabei nicht nur gegen das Projekt protestiert, sondern gleich noch „Tod der Landesregierung" gefordert).

Von vielen, die das Problem zu sehr nur aus einseitiger Sicht betrachten, wird vielfach übersehen, daß ohne umfassende Küstenschutzprogramme eine fortschreitende natürliche Zerstörung großer Teile des heutigen Wattenraumes zu erwarten wäre. Letztlich haben also Küstenschutz einerseits und Landschafts- bzw. Naturschutz andererseits durchaus dasselbe Ziel: die Erhaltung der Wattenmeerlandschaft.

Um die Entwicklung des Wattenraumes besser erfassen und überblicken zu können, dies u. a. auch im Zusammenhang mit Fragen des Küstenschutzes und der Ökologie, laufen gegenwärtig verschiedene Forschungsprogramme. Im nordfriesischen Wattenraum ist ein Informationsraster von 100 m × 100 m vorgesehen, d. h. für jedes Hektar Fläche werden alle erforderlichen Informationen beschafft und gespeichert. Für das Erfassen, Übermitteln, Aufzeichnen und Speichern der Daten gelangen auch modernste Geräte und Methoden zur Anwendung. Auf Grund der über bestimmte Zeiträume aufgenommenen Datenreihen lassen sich Veränderungen erkennen und quantitativ bestimmen. Messungen den Sandtransport in Wattströmen betreffend geben beispielsweise Auskunft über die Richtung und die Geschwindigkeit (konstant, zunehmend, abnehmend) eines ablaufenden Prozesses. Werden Daten und Auswertungsergebnisse verschiedener Erhebungselemente zueinander in Beziehung gebracht, so ergeben sich Hinweise auf Wechselbeziehungen (z. B. Zusammenhänge zwischen Strömungsgeschwindigkeit und der Tiefe von Wattrinnen). Die Auswertung der Daten und die Analyse der Ergebnisse hilft mit oder liefert in vielen Fällen überhaupt erst die Grundlage, bestimmte erwünschte, möglicherweise aber auch unerwünschte oder gefährliche Entwicklungen frühzeitig zu erkennen und geeignete Maßnahmen zu planen und durchzuführen.

69.1 Abdeckung des Sandkerns eines neuen Deiches mit Klei. Bis in die Mitte unseres Jahrhunderts wurden Deiche gebaut, um Land zu gewinnen. Heute stehen in der Regel Aspekte des Küstenschutzes im Vordergrund (2. Deichlinie, Verkürzung oder Begradigung der Deichverteidigungslinie).

Dünenküste

An den Dünenküsten der ostfriesischen Inseln und eines Teils der nordfriesischen Inseln stellen sich ganz spezifische Probleme des Küstenschutzes bzw. des Dünenschutzes (Abb. 70.1, 70.2).

Voraussetzung für die Bildung von Dünen sind ausreichende vegetationslose oder doch vegetationsarme Sandflächen und Winde von bestimmter Richtung und Stärke. Wenn die durch Brandung oder Strömung geschaffenen Sandwälle die Höhe des MThw erreichen und dadurch mindestens zeitweilig oberflächlich trocknen, so können die Sandkörner vom Wind erfaßt und weggetragen werden. Knapp über dem Boden stiebt der Sand dahin. Trifft er auf eine Bodenerhebung oder einen Gegenstand, so bildet sich auf der Leeseite (im Windschatten liegende Seite) eine stromlinienförmige Sandfahne. Durch die Wirbel, die hier entstehen, verliert der Wind an Transportkraft. Ein Teil des Sandes wird abgelagert.

Die Rolle, welche Queller und Schlickgras bei der Auflandung des Watts spielen, kommt bei der Dünenbildung dem Strandweizen zu (Agropyron junceum L., Binsenquecke, Strandquecke, Triticum junceum L.). Dieses Sandgras verträgt sowohl einen recht hohen Salzgehalt des Bodens wie auch gelegentliche Überspülungen durch Seewasser und kommt mit geringsten Nährstoffmengen aus. Als Pionierpflanze faßt der Strandweizen im etwas höher gelegenen, allgemein trockenliegenden Teil des Strandes Fuß. In seinen Blätterbüscheln und Horsten verfängt sich der durch den Wind verblasene Sand. Mit der Zeit bilden sich kleine rundliche Buckel von einige Dezimetern Höhe, die *Vordünen* (Primärdünen). Der Strandweizen hält die junge Düne mit den Wurzeln und den unterirdischen Stengelteilen zusammen und wächst mit ihr in die Höhe und in die Breite. Er vermag dabei auch neue Sandschichten, von denen er überdeckt wird, ohne weiteres zu durchwachsen. Auf diese Weise entstehen Dünen bis zu 1 m Höhe, die auch eine gelegentliche Flut überstehen. Viele von ihnen werden dann aber von den Sturmfluten des Winterhalbjahres wieder zerstört.

Durch die Vereinigung benachbarter Vordünen und durch fortgesetzte Sandablagerungen können im Laufe der Jahre Erhebungen entstehen, die über die Hochwasserlinie ragen. Sonne und Wind trocknen den Boden aus, und durch das Regenwasser wird der Salzgehalt nach und nach verringert. Im trockenen, weniger salzigen Boden beginnt sich eine neue Gesellschaft dünenbildender Gräser anzusiedeln: Strandhafer (Schmaler Helm, Sandhafer, Grauer Helm, Ammophila

70.1, 70.2 Brandung an der Dünenküste. Nur ein schmaler Streifen Sandstrand liegt zwischen dem Meer und den Dünen. Was durch Strömung und Brandung an Sand wegtransportiert wird, muß durch die Düne nachgeliefert werden. Sturmfluten vermögen der ungeschützten Dünenküste mitunter schwer zuzusetzen.

71.1 Weißdüne. Der vom scharfen Westwind aufgeblasene Sand bleibt zwischen den Halmen und Blättern von Strandhafer und Strandroggen liegen.

71.2 Strandhafer, Ammophila arenaria Roth., ein anspruchsloses Sandgras, das mithilft, den Dünenboden zu festigen.

arenaria Roth) und Strandroggen (Breiter Helm, Blauer Helm, Elymus arenarius L.). Da beide Pflanzen größer werden und dichter wachsen als der Strandweizen, vermögen sie die Dünenbildung erheblich zu beschleunigen. Durch den Bewuchs und die damit verbundene Durchwurzelung des Bodens erhält der Sandkörper zunehmende Festigkeit. Die Chance, selbst einer gelegentlichen Sturmflut zu widerstehen, steigt. Die Düne wird zur *Weißdüne* (Sekundärdüne) (Abb. 71.1, 71.2). Ihren Namen verdankt sie der hellen Farbe des Sandes, die noch weithin vorherrscht.

Die Höhe einer Düne oder eines Dünengürtels, wie er bei bestimmten Voraussetzungen vielerorts entsteht, kann nach jahrelanger Ansandung auf 20 m und mehr ansteigen. Nach beendeter Sandzufuhr, wenn eine gewisse Beruhigung der Verhältnisse eintritt, werden die Dünengräser durch anspruchsvollere Vegetationsgesellschaften abgelöst (Kleingräser, Moose, Sträucher). Ansatzweise beginnt sich Humus zu bilden. Die Oberfläche des Sandbodens verfärbt sich. Die Weißdüne wird zur *Graudüne* (Tertiärdüne, Binnendüne) (Abb. 72.1).

Die Dünenlandschaft ist in ständiger Umformung begriffen, da Dünen labile Gebilde sind, bedingt durch das Material, aus dem sie bestehen. Wind und Wasser, denen sie ihr Entstehen verdanken, sind gleichzeitig ihre gefährlichsten Widersacher (Abb. 73.1).

Wo sich keine Pflanzendecke bilden konnte oder die bestehende Decke durch Menschen oder Tiere zerstört wurde, hält der Wind auch ältere Dünen weiterhin in ständiger Bewegung: die Dünen „wandern". Auf der Luvseite (dem Wind zugekehrte Seite) wird die Düne von unten her angegriffen und allmählich ausgeblasen, so daß sich vielfach eigentliche Krater bilden. Da mit den oberen Sandschichten auch das humöse Material weggefegt wird, muß die Neubesiedlung mit Pflanzen praktisch bei Null beginnen.

An windexponierten Stellen der Dünenrücken und -kämme kann es zur Bildung von Windrissen kommen, in denen bisweilen Luftströmungen mit recht hohen Geschwindigkeiten auftreten (Windkanal-Effekt). Die vom Wind mitgeführten Sandteilchen wirken wie bei einem Sandstrahlgebläse und weiten den Riß in die Breite und in die Tiefe. Das Gefüge der Düne kann dabei zerstört oder doch erheblich gefährdet werden. Ausgangspunkt für Windrisse sind oftmals Trampelpfade von Tieren oder von Menschen.

Während die Entwicklung der Vegetationsdecke zu einer zunehmenden Stabilisierung der Dünenlandschaft gegenüber der Einwirkung des Windes führt, bleiben die Dünen Angriffen des Meeres praktisch dauernd schutzlos ausgesetzt (sofern keine Dünenschutzwerke angelegt werden) (Abb. 72.2). Wohl besitzt der durch die Sandgräser gefestigte Dünenkörper eine gewisse Festigkeit, um gelegentlich eine stärkere Flut unbeschadet zu überstehen. Schwere Sturmfluten dagegen führen in der Regel zu beträchtlichen Abbrüchen und Verlusten. Während den schweren Januarsturmfluten 1976 beispielsweise ging auf der Insel Sylt fast an der gesamten Westküste erhebliche Substanz an Vor- und Randdünen (und sogar des Geestkerns) verloren. Die Abbruchtiefe betrug stellenweise bis zu 25 m. Auf der Insel Amrum sind die Dünen stellenweise gar bis über 30 m landeinwärts abgetragen worden.

Vielerorts helfen Anpflanzungen und bauliche Maßnahmen mit, den Prozeß der Dünenbildung zu fördern, bestehende Dünen zu sichern und Verluste, die durch Wind und Wasser entstehen, auszugleichen.
Durch die Anlage von Halmpflanzungen wird an exponierten Stellen die Entwicklung einer Vegetationsdecke eingeleitet oder eine bereits eingesetzte natürliche Entwicklung unterstützt (Abb. 73.2, 73.4). Die zur Aufsandung oder Festigung vorgesehenen Flächen (Dünenhänge, Erosionsflächen, Windrisse) werden nach einem bestimmten Muster mit Sandgras bepflanzt. An der schleswig-holsteinischen Westküste wird Strandhafer bevorzugt. Zwei- bis dreijährige Stecklinge mit mindestens zwei Knoten werden in den Dünen 10 bis 15 cm tief gestochen und am neuen Standort zu je fünf bis sieben pro Loch in langen Reihen eingepflanzt. Durch die Halme und Blätter der Grasbüschel und -horste (später auch der mehr oder weniger geschlossenen

72.1 Graudünen, Wanderdünen, Dünenlandschaft Listland/Sylt. Auf den älteren Dünenzügen hat sich eine mehr oder weniger geschlossene Pflanzendecke entwickeln und ansatzweise Humus bilden können. Die Weißdünen sind zu Graudünen geworden. Dazwischen aber wird die Landschaft geprägt durch die hellen Kämme und Flanken der Wanderdünen.

72.2 Abbruch an der Dünenkante. Der Strandsand, den das Meer wegspült, wird vom Kliff entlang der Küste nachgeliefert. Die Folge davon ist ein allmählicher Küstenrückgang.

Bestände) wird der Wind gebrochen und seine Transportkraft verringert. Dadurch wird weniger Sand weggeführt und bereits mitgeführte Sandkörner werden abgelagert. Mit seinen bis mehrere Meter langen Ausläufern durchdringt der Strandhafer den Boden nach allen Seiten. An den Knoten der Ausläufer bilden sich Nebenwurzeln, und die Spitzen richten sich schließlich zu Laubtrieben auf, die nun ihrerseits wieder Ausgangspunkt für weitere Ausläufer werden. Durch diese besondere Art der vegetativen Vermehrung leistet die Pflanze einen erheblichen Beitrag zur Festigung des Dünenkörpers.

Wenn die rasche Bildung neuer Dünen angestrebt wird, z. B. an Stellen, wo erhebliche Dünenabbrüche oder -durchbrüche stattgefunden haben, wie auch zur Festlegung von Windrissen werden quer zur Hauptwindrichtung Sandfangzäune aufgestellt, die bei der traditionellen Bauweise aus Buschfaschinen bestehen (Busch-

73.1 Winderosion. Wenn der Wind die Flanke der Düne angreift und abträgt, rutscht schließlich auch der durch eine geschlossene Pflanzendecke verhältnismäßig stabilisierte Kamm stückweise in die Tiefe. Am Ende wird die ganze Düne zerstört sein.

73.2, 73.4 Zur Stabilisierung von Dünenhängen. Erosionsflächen und Windrissen wie auch zur Förderung der natürlichen Aufsandung werden Halmpflanzungen angelegt. Damit kann gleichzeitig die Bildung einer natürlichen Vegetationsdecke eingeleitet bzw. gefördert werden.

73.3 Sandfangzäune aus Faschinen und aus Kunststoff. Durch derartige Zäune wird die Bildung neuer Dünen gefördert, was sich beispielsweise als notwendig erweisen kann, wenn durch Sturmfluten erhebliche Dünenabbrüche oder Dünendurchbrüche stattgefunden haben, wie dies auf Sylt 1962 und 1976 der Fall war.

zaun aus Reisig von Birke, Haselnuß, Weide, Erle, Eiche) (Abb. 73.3). Zur Verhinderung von Wirbeln müssen die Zäune zu rund 40 Prozent durchblasbar sein. Die Faschinen werden senkrecht derart in den Boden eingegraben, daß sich anfänglich eine Zaunhöhe von etwa 50 cm ergibt. Jetzt gibt es Sandfangzäune auch mit Kunststoffbahnen und Netzen aus Trevira.

Der Schutz gefährdeter Dünenküsten stellt vielerorts außerordentliche Probleme. Auf der Insel Sylt beispielsweise, die durch die fortschreitende Zerstörung des Dünengürtels existenziell bedroht ist, wird durch eine Reihe verschiedener Maßnahmen versucht, die Küste ausreichend zu schützen. Buhnen, Deckwerke, Mauern und Tetrapoden haben bisher den erhofften Erfolg nicht oder nur teilweise gebracht (Abb. 74.1). 1972 sind zum Schutz der 2,9 km langen befestigten Uferstrecke vor der Stadt Westerland versuchsweise 1 000 000 m^3 Sand aus dem Watt vorgespült worden, um den Strandsand zu ersetzen, der vom Meer ständig abgetragen wird. Im Falle der ungehinderten natürlichen Entwicklung würde der vom Meer weggetragene Sand von den Dünen nachgeliefert, was allerdings eine fortschreitende Zerstörung der Insel Sylt zur Folge hätte. Ob und wie lange dieser natürliche Prozeß durch Küsten- und Dünenschutzmaßnahmen aufgehalten oder mindestens gebremst werden kann, ist eine noch offene Frage.

74.1 Der Tetrapodenwall an der Westküste Sylts soll die Wucht der Brandung brechen und so eine weitere Zerstörung der Insel durch die Fluten der Nordsee verhindern. Die Erfahrungen in den vergangenen Jahren, so vor allem auch bei den Januarsturmfluten 1976, haben allerdings gezeigt, daß sich der natürliche Entwicklungsvorgang, wie er an der Westküste der Insel Sylt abläuft, durch Strandmauern, Tetrapoden und Deckwerke nicht unterbinden, sondern bestenfalls verzögern läßt.

74.2 Buschfaschinen für den Bau von Windfangzäunen zur Förderung der Dünenbildung und zur Festlegung von Windrissen.

Hauptdeiche, Binnendeiche, Außendeiche

Von den Niederlanden bis Dänemark zieht sich praktisch entlang der ganzen deutschen Nordseeküste ein schier unabsehbares System von Deichen. Allein die Seedeiche (Hauptdeiche entlang der Meeresküste) weisen eine gesamte Länge von rund 600 km auf*. *Hinter* ihnen folgt vielerorts eine zweite Deichlinie oder mancherorts gar ein ganzes Netz rückwärtiger Deiche (entstanden im Laufe der Bedeichungsgeschichte des betreffenden Gebietes). *Vor* ihnen stehen – mindestens an einzelnen Küstenabschnitten – Außendeiche.

Von der örtlichen Lage und der Funktion her lassen sich im Prinzip Hauptdeiche, Binnendeiche und Außendeiche unterscheiden (Abb. 76.1, 76.2). Die Bezeichnung der einzelnen Deiche ist nicht durchweg einheitlich geregelt und vielfach durch den lokalen oder regionalen Dialekt geprägt.

Kernstück des Schutzwerkes, welches das Land an der Küste gegen die täglichen Tidehochwasser und gegen alle Sturmfluten schützen soll, sind die *Hauptdeiche* (Landesschutzdeiche, Winterdeiche, Schaudeiche). Hier, in der Hauptlinie, werden Profile und Bauarten angestrebt, die auch den schwersten Nordseestürmen trotzen sollten. Landesschutzdeiche sind zweimal im Jahr schaupflichtig (deshalb der Name Schaudeich), d. h. es findet eine Kontrolle durch staatliche Organe statt. Die Frühjahrsdeichschau dient der Schadenaufnahme und -protokollierung. Sie bildet die Grundlage für die Planung und Ausführung der Arbeit im kommenden Sommer. Bei der Herbstdeichschau wird kontrolliert, ob und wie die verlangten Arbeiten ausgeführt wurden. Ein schlecht gepflegter, schadhafter Deich kann bei der nächsten Sturmflut brechen und zur Katastrophe füh-

* 1962 betrug die Gesamtlänge der Hauptdeiche (See-, Strom- und Flußdeiche) der Länder Niedersachsen, Bremen, Hamburg und Schleswig-Holstein rund 1700 km (ohne Inseln). Durch Sperrwerkbauten, Deichverkürzungen und Vordeichungen ist diese Linie inzwischen erheblich verkürzt worden. Nach dem gegenwärtigen Stand der Planung soll sie im Endausbau noch 1082 km betragen. Dies ergibt eine Verkürzung gegenüber 1962 um etwas mehr als ein Drittel.

75.1 Eidersperrwerk (im Vordergrund ist noch die Hilfsbrücke erkennbar, die für den Bau des Sperrwerks notwendig war). Der Bau eines 4,8 km langen Dammes im Mündungsgebiet der Eider hat die Hauptdeichlinie von 59,1 auf 4,5 km verkürzt. Durch das Siel (Sperrwerk) des Eiderdammes fließen bei jeder Tide rund 50 Millionen m³ Wasser ein und aus. Der Damm ist als Asphaltdeich gebaut.

Abb. 76.1 Benennung der Deiche nach ihrer örtlichen Lage und ihrer Funktion

Deich vor dem Hauptdeich	Deich in der Hauptdeichlinie	Deich hinter dem Hauptdeich
AUSSENDEICH VORDEICH	HAUPTDEICH LANDESSCHUTZDEICH WINTERDEICH SCHAUDEICH	BINNENDEICH RÜCKWÄRTIGER DEICH
Benennung nach der Funktion: – Sommerdeich (Grodendeich, Polderdeich, Poggendeich, Überlaufdeich) – Bauhilfsdeich	Benennung nach der besonderen örtlichen Lage: – Seedeich – Stromdeich – Flußdeich	Benennung nach Funktion oder besonderer Lage: – Deich der 2. Deichlinie: Mitteldeich, Reservedeich – Deich der 3. Deichlinie: Schlafdeich – Weitere: Querdeich, Sturmdeich, Wehrdeich, Anschlußdeich u. a. m.

Abb. 76.2 Entwicklung der Landschaft zwischen Geest und Watt

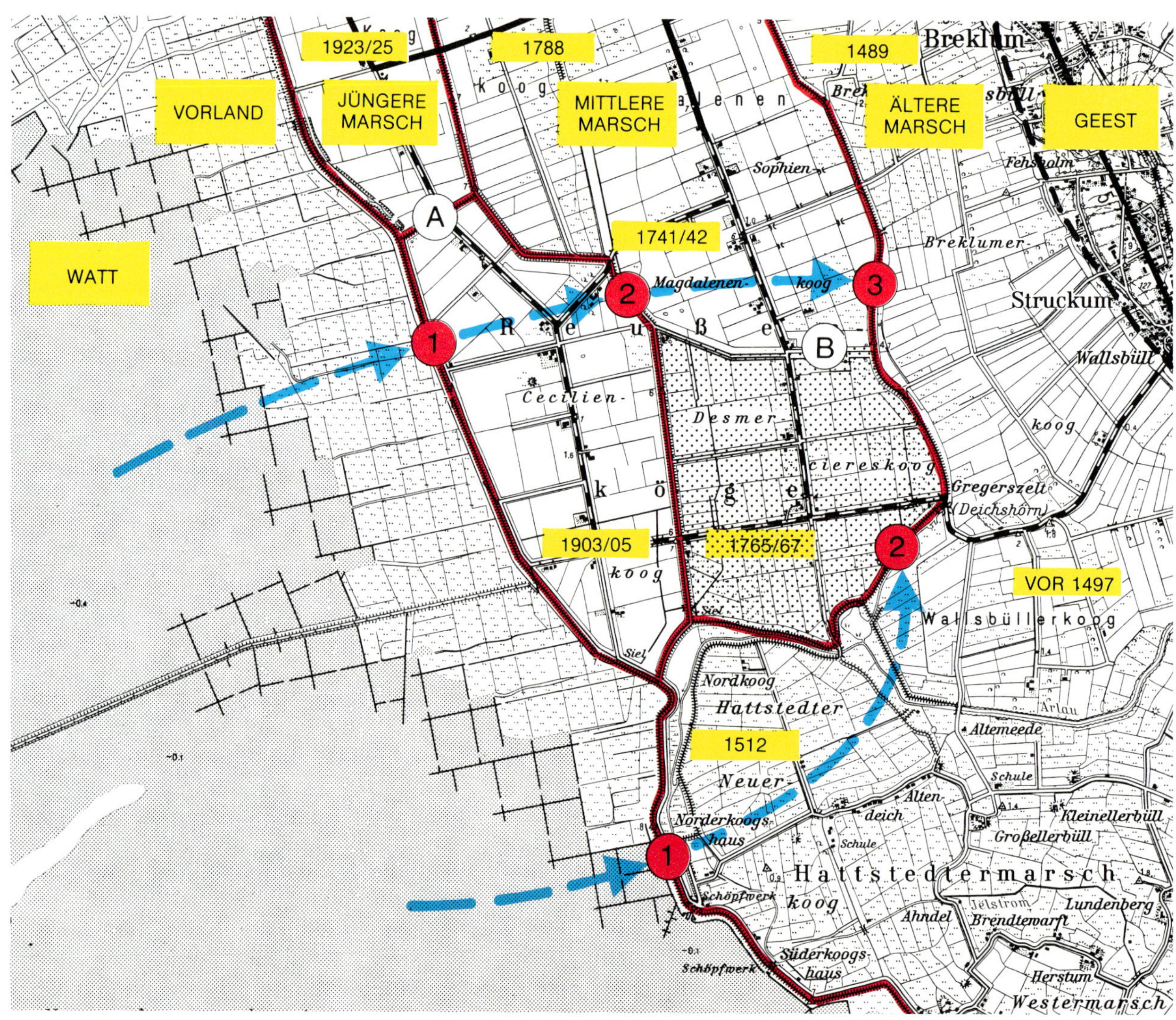

LANDSCHAFTSZONEN

Geest	Höher gelegene, eiszeitliche Ablagerungen, Altmoränen. Nach der Flutkatastrophe von 1362 schlug die Brandung bis an den Geestrand.
Ältere Marsch	Das Vorland, das sich hier nach der Flut von 1362 im Bereich der ehemaligen Marschen durch natürliche Aufschlickung bildete, wurde noch vor 1500 eingedeicht. Die Köge sind unbesiedelt, da die Nutzung von der Geest aus erfolgt. Die alten Marschen dienen vor allem als Weideland für Milchvieh.
Mittlere Marsch	Die Eindeichung erfolgte im 18. Jahrhundert in drei Etappen. Man hatte gelernt, auf eine genügende Aufschlickung des Vorlandes zu warten. Bedingt durch die örtlichen Bodenverhältnisse dienen die östlichen Teile der Köge vorwiegend als Weideland, die westlichen für den Ackerbau. Die Bewirtschaftung erfolgt nicht mehr von der Geest aus. Die Bauern, Pächter oder Besitzer des Landes sind in die Marsch hinuntergestiegen und haben sich hier ihre Höfe errichtet.
Junge Marsch	Der Boden der im 20. Jahrhundert eingedeichten Köge eignet sich ausgezeichnet für den Ackerbau. Hier werden Ernten eingebracht, die z. T. weit über den für die Bundesrepublik üblichen durchschnittlichen Erträgen pro Hektar liegen. Auch hier sind die Höfe bodeneben und nicht auf Warfen gebaut, wie dies in älteren Kögen vielerorts noch üblich war. Man vertraut auf die „sturmflutsicheren" Deiche.

DEICHLINIEN

1 = Hauptdeichlinie, Seedeich, Winterdeich, Schaudeich

2 = Mitteldeich, rückwärtiger Deich zweiter Linie

3 = Rückwärtiger Deich dritter Linie, Schlafdeich. In diesem besonderen Fall ist der Schlafdeich gleichzeitig Mitteldeich (für einen Wassereinfall von Süden her).

A = Querdeich, Mitteldeich

B = Rückwärtige Deiche ohne Schutzaufgabe werden vielfach abgetragen, da ihr Material, Klei, für den Bau neuer Deiche gebraucht wird.

Marsch: Schwemmlandboden aus Ablagerungen des Tidemeeres oder von Tideflüssen.

Definition im Entwurf eines allgemeinen Deichreglements von 1802, Schleswig-Holstein: „Dasjenige Land, welches, wenn der äussere See- oder Stromdeich und die etwanigen Mitteldeiche nicht vorhanden wären, bei hoher Flut von der See überschwemmt werden würde, ohne dass dabei die Qualität des Landes, ob solches aus eigentlichem Kleylande, aus Moorwiesen oder einer andern Landart bestehe, in Betracht kommt."

77.1 Segmentschütz des Eidersperrwerks. Das Siel des Eiderdammes weist fünf 40-m-breite Durchlässe auf. Der Durchfluß des Wassers wird durch je zwei Segmentschütze aus Stahl geregelt, die bei Sturmflut geschlossen werden.

ren. Auch hier gilt: Eine Kette ist so stark wie ihr schwächstes Glied.

Nach ihrer besonderen Lage und damit auch ihrer unterschiedlichen Beanspruchung durch Wasserstand, Wellen, Strömung und Eis lassen sich die Hauptdeiche in Seedeiche, Stromdeiche und Flußdeiche einteilen, wobei die Strom- und die Flußdeiche das Land nicht nur gegen die Fluten des Meeres schützen müssen, sondern ebensosehr gegen die Hochwasser aus dem Binnenland.

Die *Seedeiche* entlang der freien Meeresküste und im Mündungsgebiet der Ströme werden in der Höhe so bemessen, daß auch bei höchstem Sturmflutwasserstand und größtem Wellenauflauf das Wasser nicht oder nur ganz kurzfristig überschlagen kann. Die Deichkrone

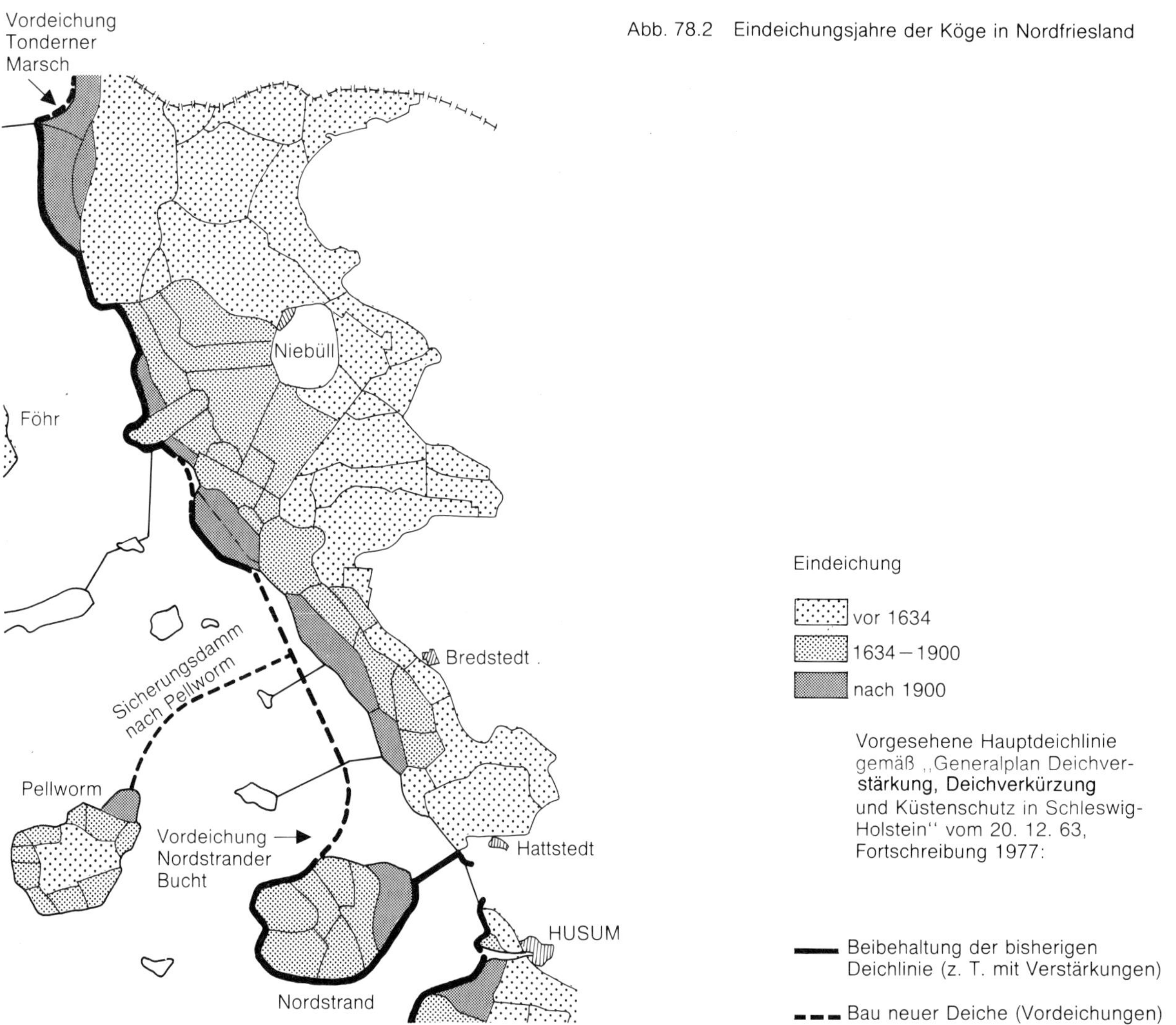

Abb. 78.2 Eindeichungsjahre der Köge in Nordfriesland

muß demnach um einiges höher liegen, als der zu erwartende Sturmflutwasserspiegel (der als Ruhewasserstand angegeben wird). Allerdings lassen sich die Auswirkungen stärkster Sturmfluten nicht mit Sicherheit voraussagen. Die Hauptdeichlinie kann deshalb nicht alleinige Sicherung, sondern nur Teil – wenn auch das Kernstück – eines baulichen und organisatorischen Sicherheitssystems sein. Bei den Katastrophenfluten 1962 und 1976 sind nicht alle sturmfluterzeugenden Einflüsse in maximal anzunehmender Stärke und nicht alle im gleichen Zeitpunkt aufgetreten. Es sind deshalb durchaus schwerere Sturmfluten möglich.

Die Tidehochwasser- und Sturmflutwasserstände bleiben nicht auf den Küstenraum beschränkt, sondern sie werden über die Wasserläufe weit ins Binnenland hinein wirksam. *Strom-* und *Flußdeiche* müssen deshalb, soweit sie Hauptdeich resp. Landesschutzdeich sind, grundsätzlich dieselben Schutzbedingungen erfüllen wie die Seedeiche. Sturmfluten können im Landesinnern genau so verheerend wirken wie an der Küste. Im Februar 1962 mußten in Hamburg, fast 100 km von der Nordseeküste entfernt, schwerste Schäden und Verluste hingenommen werden: Die Deiche brachen an 60 Stellen, zusammengerechnet auf einer Länge von rund 2,5 km, 125 km² Land, das ist mehr als ein Sechstel des hamburgischen Staatsgebietes, wurden überflutet, 315 Menschen ertranken. Dazu kamen unüberschaubare Schäden an Häusern (42 Häuser mit 74 Wohnungen wurden total zerstört, 211 Gebäude mit 305 Wohnungen schwer beschädigt), Anlagen, Einrichtungen, Fluren usw., eine große Zahl landwirtschaftlicher Nutztiere ertrank, gewaltige Mengen an Lebensmitteln wurden vernichtet. Im Januar 1976 blieb die Katastrophe aus, weil inzwischen Deiche, Ufermauern, Sperrwerke, Siele, Schleusen und Schöpfwerke mit großem Aufwand saniert und ausgebaut worden waren. Obwohl die Flut 75 cm über die Marke von 1962 auf NN + 6,45 m stieg (Pegel Hamburg-St. Pauli), brachen keine Deiche und waren keine Opfer zu beklagen. Die neuen Hochwasserschutzanlagen haben sich bewährt.

In den vergangenen Jahren sind eine Reihe von Strömen und Flüssen in ihrem Mündungsgebiet durch Deiche und Sperrwerke abgedämmt worden (Abb. 75.1, 77.1). Bei Sturmflut werden die Sperrwerke geschlossen. Die bestehenden Deiche entlang der abgedämmten Wasserläufe sind damit in die zweite Deichlinie gerückt. Die Hauptdeichlinie ist in den meisten Fällen erheblich verkürzt worden. Drei Beispiele von der Westküste Schleswig-Holsteins:

Bauzeit	Wasserlauf	Verkürzungen der Hauptdeichlinie von→auf
1965–70	Pinnau-Krückau	43 km→10 km
1967–73	Eider	59,1 km→ 4,5 km
1971–75	Stör	81 km→ 4 km

Die Hauptdeichlinie entlang der Meeresküste und der Ströme, stellenweise bis tief ins Binnenland hinein, stellt keinen natürlich entstandenen Küstenverlauf dar, sondern den Ist-Stand einer über tausendjährigen Entwicklungsgeschichte der Landgewinnung, des Küstenschutzes und der Besiedlung der Marschen, einer Entwicklung, die mit dem heutigen Stand nicht abgeschlossen ist, sondern die auch in den kommenden Jahrhunderten ihren weiteren Gang nehmen wird. Unmittelbar verbunden mit der Geschichte der Deiche ist die Geschichte des Landes zwischen Geestrand und Watt und seiner Bewohner (Abb. 78.2).

Der Kampf um mehr Sicherheit und um neuen Lebensraum war zu allen Zeiten hart. Da früher für den Bau nur einfache Hilfsmittel zur Verfügung standen, gelang es oftmals nicht, Deichbauvorhaben in *einem* Sommer zu Ende zu führen und die neue Deichlinie zu schließen. In vielen Fällen ist das halbfertige Werk von den Stürmen des folgenden Winters wieder zerstört worden, oder begonnene Vorhaben mußten überhaupt aufgegeben werden, da sich im Laufe ihrer Realisierung unüberwindbare Schwierigkeiten ergaben. Nicht immer lag die Schuld am Scheitern eines Deichprojektes allein beim „blanken Hans". Gelegentlich haben ganz andere Gründe zum Mißerfolg geführt: Finanzielle Schwierigkeiten, falsche Planung, Uneinsichtigkeit und Unvermögen, soziale Spannungen . . . oder es sind Deichvorha-

Abb. 79.1 Desmerciereskoog. Situation fünf Jahre vor der Bedeichung (nach einer Karte des Reichsarchivs Kopenhagen, 1760)

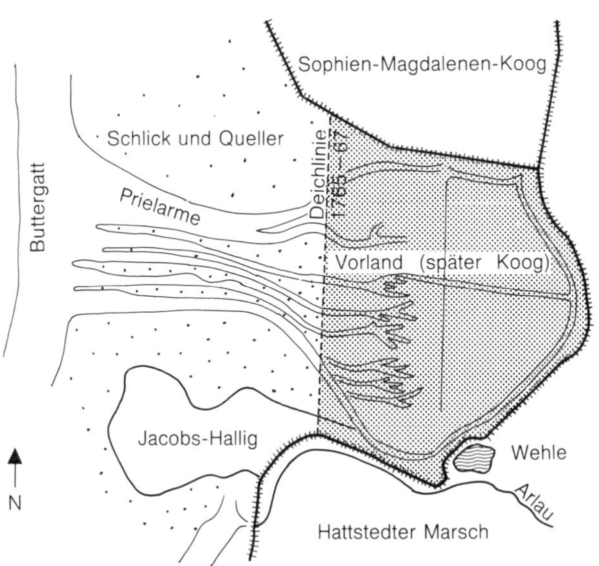

Über die Bauausführungen des Desmercieres-Deichs liegen keine Nachrichten vor. Der Bankier Desmercieres soll so gut bezahlt haben, daß er sich die besten und willigsten Leute aussuchen konnte und auch zum Teil Akkordarbeit einführte. Und so ereignete sich auch nichts Besonderes. Ein Deichbau ohne Streik, Meuterei und Soldateneinsatz war für die Geschichtsschreiber uninteressant.

ben in Angriff genommen worden, die den vorhandenen Verhältnissen im Vorland und im Watt nicht genügend Rechnung trugen (Eindeichung von nicht deichreifem Land, von zu tief liegenden Flächen, deren Wasserhaushalt nur ungenügend geregelt werden konnte) und welche die damaligen technischen Möglichkeiten einfach überstiegen. Es darf deshalb nicht wundern, wenn die Arbeiten an größeren Deichwerken mitunter zu recht heiklen und gespannten Situationen führten. Die 5500 Tagelöhner, die am 12. Juli 1633 mithalfen, das Bottschlotter Tief zu durchdämmen (nordwestlich Ockholmer Koog), mußten ständig von Soldaten bewacht werden, damit es nicht zu Meutereien und zu Streiks kam. Dieser Einsatz von Truppen war durchaus kein Einzelfall.

Über die unerfreuliche Lage, wie sie entstand, wenn Deicharbeiter streikten, um höhere Löhne durchzusetzen, schrieb Harro Feddersen aus Husum in einem Bericht aus dem Jahre 1685 über den Deichbau zwischen Hattstedt und Ockholm: „Diese unarth aber läufft insgemein dabey für, dass die Kayers (Karrenarbeiter) bisweilen durch Heimlich verständnis mit den Basen auch wol ohne deren Willen Lavey machen, so nennen sie es, wenn ihnen nicht genüget an den Verding; sie nehmen alsdann nicht abschied und gehen davon, sondern sie bleiben und wollen doch nicht arbeiten, ja sie dreuen denjenigen der sich untersteht zu arbeiten mit Hacken zu zerreissen". Er empfiehlt dann, „dass bey Zeiten eine gute Anzahl Soldaten bey der Hand sey, die ihnen diese und anderen ihren unarthen mit brennender Lunte wiederrathen"(Abb. 79.1).

Die Gewinnung eines neuen Kooges erfolgt in der Regel im Dreitakt Landgewinnung und Vorlandpflege, Bedeichung, Besiedlung. Dazu gehört auch die Regelung der wasserwirtschaftlichen Verhältnisse, was in den weiten, tieferliegenden Marschen oft erhebliche Probleme stellt. Nicht umsonst das Sprichwort der geplagten Bauern in den Kögen nördlich und südlich von Klixbüll: „Versupt wi nich in Soltwater, versupt wi in Sötwater."

Durch eine Vordeichung, d. h. durch den Bau eines neuen Hauptdeiches seewärts der bestehenden Deichlinie, rückt der bisherige Hauptdeich in die zweite Linie. Er wird zum *Mitteldeich*. Einschnitte im Deichkörper, sogenannte Stöpen oder Deichscharten, erleichtern den Verkehr zu den neugeschaffenen Kögen. Sie können bei Gefahr in kürzester Zeit durch Stemmtore, Dammbalken oder Sandsäcke geschlossen werden. Als Teil des baulichen Sicherheitssystems zum Schutze gegen Flutkatastrophen sind die Mitteldeiche einmal jährlich schaupflichtig. Auf Grund der Erfahrungen während der Sturmflut 1976, in deren Verlauf an verschiedenen Pegeln der Küste die höchsten Wasserstände seit Menschengedenken gemessen worden sind, ist die Forderung nach einer durchgehenden zweiten Deichlinie erneut resp. vermehrt laut geworden. Auch „sturmflutsichere" Deiche können beim Zusammentreffen außergewöhnlicher Umstände brechen (Abb. 81.1, 81.2, 81.3). Mitteldeiche dienen dazu, bei einem Bruch des Hauptdeiches die Überschwemmungen räumlich zu begrenzen. Im optimalen Fall beträgt der Abstand zwischen den beiden Deichlinien um drei bis fünf Kilometer. Einerseits sind dann die Fluchtwege nicht zu lang, andererseits steht dem einströmenden Wasser eine genügend weite Fläche zur Verfügung, so daß es nicht zu rasch steigt und dadurch für Mensch und Vieh die Flucht unmöglich wird.

Am 16. Februar 1962, um 22.45 Uhr, brach der Deich des an der nördlichen Küste Eiderstedts gelegenen Ülvesbüller Kooges. Unaufhaltsam ergossen sich die Wassermassen durch die vorerst noch enge Bruchstelle an der Deichkrone, stürzten in den Koog und rissen immer weitere Deichmassen mit sich. Innerhalb von eineinhalb Stunden war der Koog vollgelaufen. Für viele Tiere, die nicht rechtzeitig in Sicherheit gebracht worden waren, kam das Wasser zu schnell. Rund 200 Schweine und 35 Schafe, die auf die Stöpe bei der Ülvesbüller Kirche zugetrieben wurden, fielen kaum 100 m vor dem rettenden Durchlaß der heranbrausenden Flutwelle zum Opfer (Abb. 82.2).

Rückt der Mitteldeich durch eine erneute Vordeichung in die dritte Linie, so wird er zum nicht mehr schaupflichtigen *Schlafdeich*. Rückwärtige Deiche, die keine Schutzfunktion mehr auszuüben haben, werden vielfach abgetragen, da ihr Material, Klei (bis in unser Jahrhundert hinein sind die Deiche durchgehend aus Klei aufgeschüttet worden), für den Bau neuer Deiche wieder verwendet werden kann (Abb. 82.1).

Sommerdeiche, wie sie verschiedenenorts einige hundert Meter bis rund einen Kilometer vor der Hauptdeichlinie im begrünten, genügend aufgehöhten Vorland gebaut werden, haben doppelte Funktion: Sie ermöglichen eine frühere und intensivere Nutzung des Vorlandes und erfüllen wesentliche Aufgaben im Rahmen des Küstenschutzes.

Ungeschütztes Vorland kann landwirtschaftlich nur als Weideland und, sofern es hoch genug liegt, als Heuland verwendet werden. Die kurzfristige Überspülung durch eine gelegentliche Windflut, wie sie auch im Sommerhalbjahr ab und zu vorkommt, vermag der Vorlandvegetation, die noch ganz dem marinen Charakter ihres Standortes angepaßt ist, kaum zu schaden, und auch die Schafe und Rinder sind nicht gefährdet, sofern sie sich rechtzeitig an den Deich oder auf eine Schutzwarf in Sicherheit bringen. Wenig erfreut hingegen sind die Bauern, wenn ihnen die Flut das frischgeschnittene Gras oder das bald trockene Heu wegräumt. Erst der Bau eines Sommerdeiches ermöglicht eine intensivere und sicherere Nutzung des Vorlandes. Die Deiche sind in ihren Dimensionen so berechnet, daß nur noch die Hochwasser der schweren Winterstürme in den Sommerkoog einzudringen vermögen. Je seltener der Boden von Salzwasser überflutet wird, desto rascher sinkt unter der Einwirkung der Niederschläge der Salzgehalt in den oberen Schichten. Parallel zum physikalisch/chemischen Strukturwandel des Bodens verläuft eine Anpassung der Flora an die neuen Verhältnisse. Die Salzpflanzengesellschaft wird nach und nach verdrängt, die Qualität des Weidelandes steigt.

Sommerdeiche (es ist hier nur von jenen Deichen die Rede, die hoch genug sind, um auch eine gelegentliche höhere Sommerflut abzuhalten; niedrigere Deiche werden als „Umwallung" bezeichnet) ermöglichen nicht

---

81.1, 81.2, 81.3 Seedeich Christianskoog, Dithmarscher Bucht, Deichbruch vom 3. Januar 1976. Bereits über zwei Stunden vor dem Hochwasser begann das Wasser über den Deich zu spülen, der während Stunden einem rund 6 km breiten Wasserfall glich. Zwischen 14.15 und 14.37 Uhr brach die Sturmflut durch. Rund 700 ha Land sind überflutet worden.

nur eine bessere Nutzung des Vorlandes, sondern sie bringen auch eine Reihe von Vorteilen für den Küstenschutz. Belastungen und Beschädigungen der Hauptdeiche durch Brisenfluten und leichtere Sturmfluten (Schäden, verursacht durch das Wasser, aber auch durch Treibsel und Unrat) entfallen in der Regel, da diese Fluten durch die Sommerdeiche abgehalten werden. Die Rasendecke an der Außenböschung des Winterdeiches kann sich verhältnismäßig ungestört entwickeln und festigen. Die nächste schwere Sturmflut trifft auf eine intakte, voll wehrfähige Hauptdeichlinie. Bei Sturmfluten wirken die Sommerdeiche als Wellenbrecher. Sie reduzieren den Wellenauflauf und die Wellenkräfte, die als Strömungskräfte und als Druckschläge die Deichaußenböschung angreifen. Darüber hinaus erleichtern Sommerdeiche notwendige Bau- und Instandsetzungsarbeiten an den Hauptdeichen und im Vorland (z. B. Entnahme von Klei und Soden).

Die Höhe der Sommerdeiche hängt von lokalen Gegebenheiten, Bedürfnissen und Ansprüchen ab (Abb. 83.1, 83.2). In der Regel sind die Deiche etwa halb so hoch wie die Winterdeiche. Ihre Querschnittgestaltung ist der besonderen Beanspruchung bei Überströmung angepaßt: Beidseitig flache Böschungen mit einer Neigung von etwa 1:7 (bis 1:12) seeseits und 1:5 (bis 1:10) binnenseits.

82.1 Abbau eines Schlafdeiches aus Klei. Ältere Deiche bestehen durchgehend aus Klei, der in der Regel für den Bau neuer Deiche verwendet werden kann.

82.2 Seedeich Ülvesbüller Koog, 16./17. Februar 1962. Mitten in der Nacht, um 22.45 Uhr, brach der Deich. Niemand hatte damit gerechnet. Eine Herde von Schweinen und Schafen, die evakuiert werden sollte, wurde keine 100 m vor der rettenden Stöpe von der heranbrausenden Flut erfaßt.

Abb. 83.2 Querschnitt eines Sommerdeiches

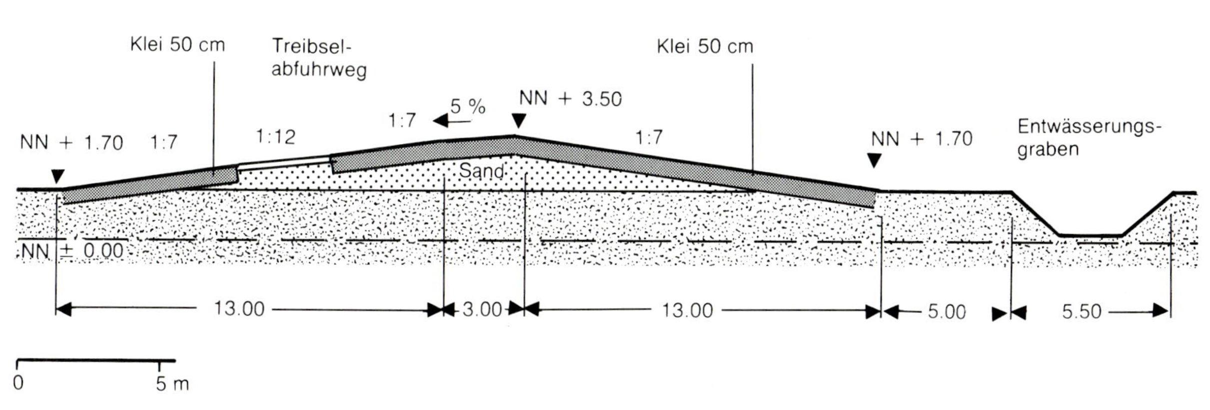

Früher sind die Sommerdeiche aus Klei gebaut worden. Deiche neueren Datums bestehen vielfach aus einem Sandkern, der mit Klei abgedeckt ist (50 bis 80 cm), analog der heutigen Bauweise von Hauptdeichen. Die Begrünung erfolgt durch Rasensoden oder durch Ansaat. Die Siele der Sommerdeiche sind so bemessen, daß der Koog nach einer Überflutung innerhalb von ein bis zwei Tagen wieder entleert werden kann.

83.1 Siel in einem Sommerdeich, Hallig Langeneß. Die Oberkante des neuen Siels, das hier von den Behörden übernommen wird, entspricht der Höhe des Sommerdeichs. Die Sommerdeiche an der Festlandküste sind in der Regel etwas höher gebaut.

Deichquerschnitt

„... Denn sie (die Deiche, Anm. Verf.) sind gewöhnlich vom Kamm bis zum Fuß sechs oder acht, ja sogar zwölf Ellen hoch und dick und etwa von dieser Gestalt (Fig. 1) ... Vom Kamm bis zum Fuß beträgt die Breite stellenweise 32 Ellen (etwa 19 m, Anm. Verf.), und der Deichfuß ist an der flachen Seite nächst dem Wasser mit Holz und großen Pfählen dicht zusammengefügt, innen mit Brettern und vorgelegten Rasen gedichtet, damit die zusammengebrachte Erde durch das anstürmende Wasser nicht so bald ausgespült und weggeschwemmt werde. Am gleichen Ort nächst dem Wasser sind die gestackten Deiche drei, vier, fünf, ja an einigen Stellen sechs Ellen hoch ..." So schrieb der Chronist Johannes Petreus (= Petersen), von 1565 bis zu seinem Tode im Jahre 1603 (1605?) Pastor in Odenbüll auf Nordstrand (Abb. 85.1, 85.2).

Die Stackdeiche mit ihrer senkrechten Holzwand boten dem anbrandenden Meer großen Widerstand, weshalb sie praktisch bei jeder stärkeren Flut beschädigt wurden. Auch die Innenböschung war wegen ihrer Steilheit (1:0,5) wenig widerstandsfähig. Schossen bei starker Flut die Wellen über, was bei der geringen Deichhöhe oft der Fall war, so wurde die Böschung durch das fallende Wasser ausgeschwemmt und der Deich von der Innenseite her zerstört. Die Instandhaltung der Stackdeiche war zeitraubend und kostspielig, die Sicherheit bei Sturmfluten sehr gering. Findige Köpfe suchten deshalb nach neuen Deichprofilen mit viel flacherer Böschung, nicht nur see-, sondern auch binnenseits, doch wurden ihre Pläne anfänglich mit Skepsis aufgenommen.

„Aber dein Profil:" sprach ein dritter, was Neues auf die Bahn bringend: „Der Deich wird ja auch an der Außenseite nach dem Wasser so breit, wie Lawerenz sein Kind nicht lang war (der Ausdruck soll aus Hamburg stammen, wo um 1600 ein Bürger namens Laurentius Damm einen Sohn hatte, der bei seiner Konfirmation 10 Fuß weniger 2 Zoll maß, das sind rund 2,8 m. Anm. Verf.)! Wo soll das Material herkommen? ..." Und weiter: „Aber wozu die unnütze Arbeit; der Deich soll ja nicht höher werden als der alte", rief eine neue Stimme: „und ich mein, der steht schon über dreißig Jahre!" „Da sagt ihr recht", sprach Hauke, „vor dreißig Jahren ist der alte Deich gebrochen; dann rückwärts vor fünfunddreißig, und wiederum vor fünfundvierzig Jahren; seitdem aber, obgleich er noch immer steil und unvernünftig dasteht, haben die höchsten Fluten uns verschont. Der neue Deich soll aber trotz solcher hundert und aber hundert Jahre stehen; denn er wird nicht durchbrochen werden, weil der milde Abfall nach der Seeseite den Wellen keinen Angriffspunkt entgegenstellt ..." (Theodor Storm, „Der Schimmelreiter")

Trotz aller Widerstände hat sich die Vernunft nach und nach durchgesetzt. Die Stackdeiche, wie sie noch bis Ende des 17. Jahrhunderts gebaut wurden, sind zu imposanten, sturmflutsicheren Profilen herangewachsen mit sanft geneigten Böschungen und einem Mehrfachen an Querschnittfläche. „Trutz, blanke Hans!" (Abb. 86.1).

Deiche sind aus zwei Gründen ausgesprochene Individualisten: Erstens sind die lokalen Verhältnisse (Bodenstruktur, Tragfähigkeit des Untergrundes, Verlauf der Uferlinie, bestehende Siedlungen und Anlagen, Fluthöhen, Wellenauflauf, Strömungen, Umfang des Sicherheitsbedürfnisses usw.) von Küstenabschnitt zu Küstenabschnitt meist derart unterschiedlich, daß sich nur durch einen Deich „nach Maß" ein Optimum hinsichtlich Aufwand und Wirkung erreichen läßt. Zweitens ist das heute bestehende Gesamtdeichwerk das Produkt jahrhundertelanger Entwicklung und Arbeit. Jede Zeit mit ihrer eigenen Auffassung über das beste Deichprofil, ihren technischen Möglichkeiten und ihrer besonderen politischen, wirtschaftlichen und finanziellen Situation hat ihren spezifischen Deichtyp hervorgebracht. Spätere Anpassungen (Verstärkungen, Erhöhungen) haben die Deiche vollends zu Einzelstücken geprägt.

Ein schematischer Deichquerschnitt kann nur über einige grundsätzliche Begriffe und Konstruktionsmerkmale Auskunft geben (Abb. 86.2). In den Einzelheiten sind sich kaum zwei Deiche gleich. Selbst die Regelprofile von Deichbauvorhaben bedürfen meistens der Ergänzung durch Detailpläne für die einzelnen Bauabschnitte, oder es sind sogar innerhalb desselben Projekts unterschiedliche Regelprofile nötig. Darüber hinaus bestehen auch Unterschiede bezüglich der Benennungen, die zum Teil dialektgebunden sind oder die durch die regionale Entwicklung des Deichbaus und des Deichrechts entstanden sind.

Der Deich besteht aus Deichkern und Deichbedeckung (Deichhaut, Deichoberfläche). Sicherungswerke dienen dem Schutz und der Erhaltung des Deichkörpers. Zu den seeseitigen Sicherungswerken gehören die Außenberme (der untere Teil der Außenböschung), Deckwerke des Deichfußes und die unmittelbar davorliegenden Buhnen. Das Sicherungswerk auf der Binnenseite wird durch die Innenberme mit dem Deichlängsweg und dem Innendeichgraben gebildet. Die Bermen waren ursprünglich besondere Bauelemente, die seit etwa Beginn des 19. Jahrhunderts zur Erhöhung der Standfestigkeit der Deiche angelegt wurden (Abb. 87.1). Bei modernen Deichprofilen sind sie nicht mehr „Zubehör", sondern Bestandteil des Deiches. Während sich die

Abb. 85.2 Detail zum Stackdeich, ausgegraben bei Halbmond-Südermarsch/Husum, 4. 5. 1977

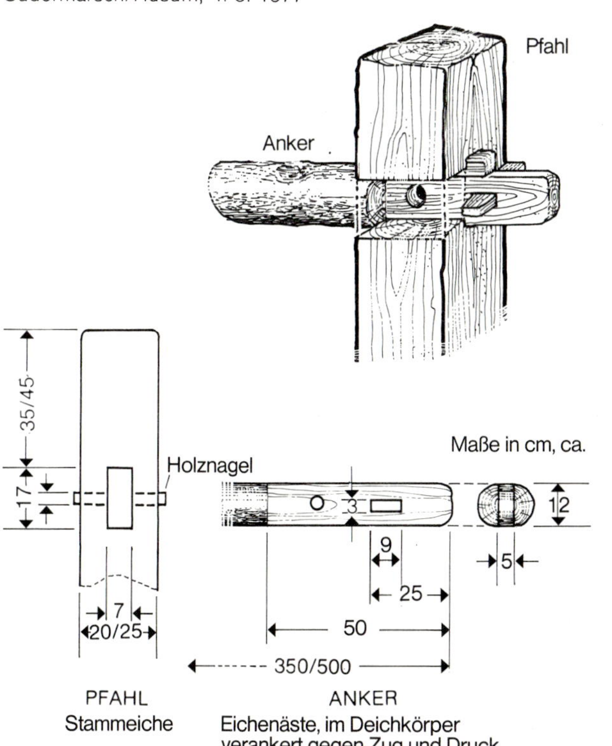

Innenberme mit dem Deichlängsweg deutlich von der inneren Böschung des Deiches abhebt, ist die Außenberme in der Regel nicht mehr als besonderer Teil erkennbar. Als unterer Streifen der Außenböschung mit einer meist geringen Neigung von 1:10 bis 1:20 dient sie vielfach als Treibselabfuhrweg.

Schardeiche stehen direkt am Watt. Ihr seeseitiger Fuß wird bei jedem Hochwasser überspült. Im Unterschied dazu liegen die sogenannten Vorlanddeiche hinter einem Streifen schützenden Vorlandes. Das Deichvorland wie auch die Anlagen, die seiner Erhaltung dienen (Deckwerk an der Vorlandkante, Buhnen, Lahnungen, Sommerdeiche, in seltenen Fällen auch Wellenbrecher) werden als Deichschutzwerke bezeichnet.

85.1 Modell eines Stackdeiches. Am 4. Mai 1977 konnte südwestlich von Husum bei Halbmond-Südermarsch eine kurze Strecke eines alten Stackdeiches freigelegt werden. Die Pfähle aus Stammeiche werden durch Zuganker je oben und unten festgehalten (Abb. 85.2). Diese Anker bestehen aus 3 bis 5 m langen Eichenästen (im Modell gelb), die im Deichkörper mit Hilfe von Pflöcken und Querhölzern gegen Zug und Druck gesichert sind. Die Stirnfront des Deiches, hier rund 2 m hoch, wird durch Tannenbretter gebildet. Der Abstand von Pfahl zu Pfahl beträgt etwa 1,5 m. Es läßt sich vorstellen, welche Mengen an Holz für den Bau und die Unterhaltung derartiger Deiche aufgewendet werden mußten.

Abb. 86.1 Entwicklung der Deichprofile

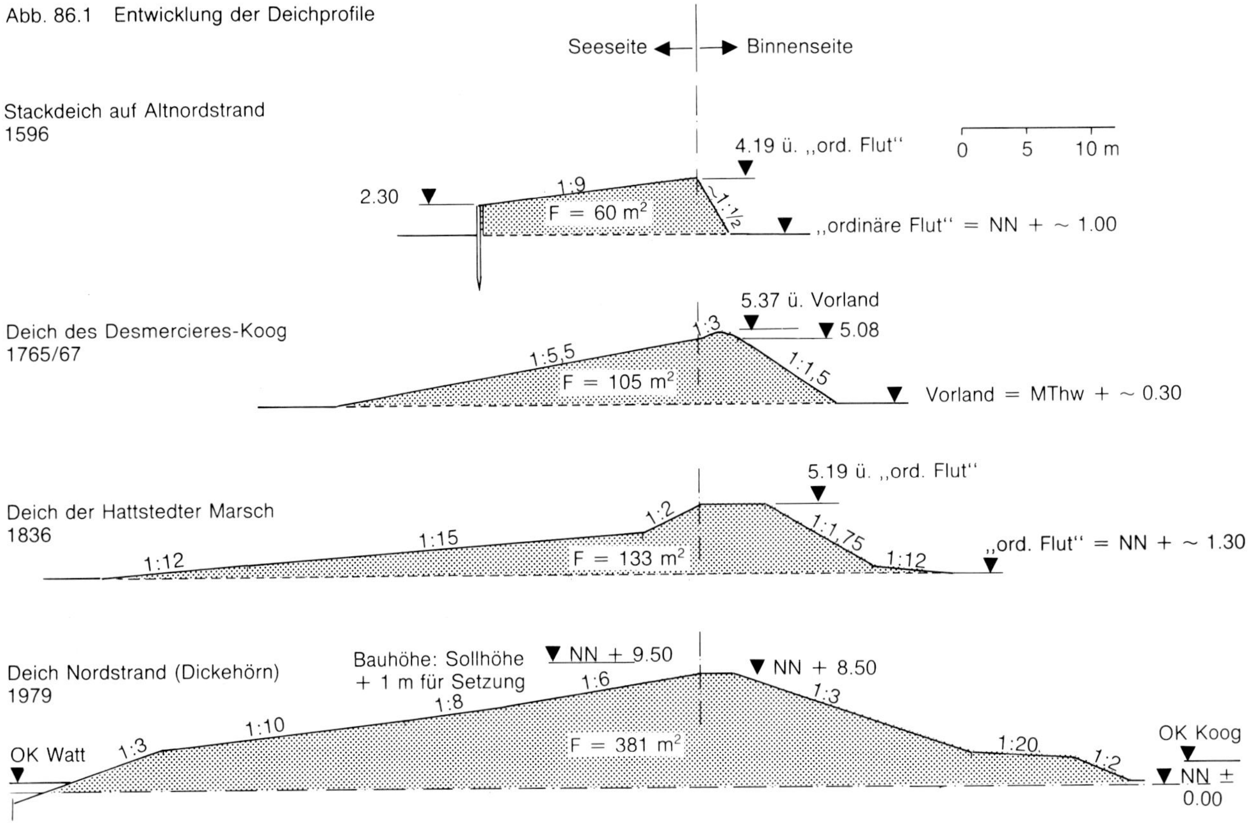

Seeseite
Binnenseite
Stackdeich auf Altnordstrand
1596
4.19 ü. „ord. Flut"
0 5 10 m
2.30
1:9
F = 60 m²
1:1½
„ordinäre Flut" = NN + ~ 1.00
Deich des Desmercieres-Koog
1765/67
5.37 ü. Vorland
1:3
5.08
1:5,5
F = 105 m²
1:1,5
Vorland = MThw + ~ 0.30
Deich der Hattstedter Marsch
1836
5.19 ü. „ord. Flut"
1:2
1:15
1:12
F = 133 m²
1:1,75
1:12
„ord. Flut" = NN + ~ 1.30
Deich Nordstrand (Dickehörn)
1979
Bauhöhe: Sollhöhe
+ 1 m für Setzung
NN + 9.50
1:6
NN + 8.50
1:8
1:3
1:10
OK Watt
1:3
F = 381 m²
1:20
1:2
OK Koog
NN ±
0.00

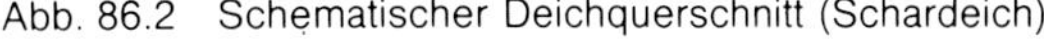

Abb. 86.2 Schematischer Deichquerschnitt (Schardeich)

SCHARDEICH
MThw
Watt
VORLANDDEICH
MThw
Vorland
Schutzwerke
Außenböschung
Deichkrone
Innen-
böschung
Innen-
berme*
Deichhöhe auf
NN bezogen
Deichlängsweg
maßgebender
Sturmflutwasser-
stand
Treibsel-
abfuhrweg
NN ± 0.00
OK Watt
MThw
1:4 bis 1:6
1:3
Fußlinie der
Innenböschung
OK Koog
1:8 bis 1:10
Bedeckung
1:10 bis 1:20
Kleidecke
Deichkern
1:15 bis 1:20
Sand
Deichkörper
Deich-
fuß
Untergrund
Deckwerkfuß
Deck-
werk
Außen-
berme
Deich-
fuß
Innen-
deichgraben
Sicherungswerke
– Außenberme
– Deckwerke
– Buhnen (bis zu 50 m)
Sicherungswerke
Basisbreite
*) Auch „Binnen . . ."

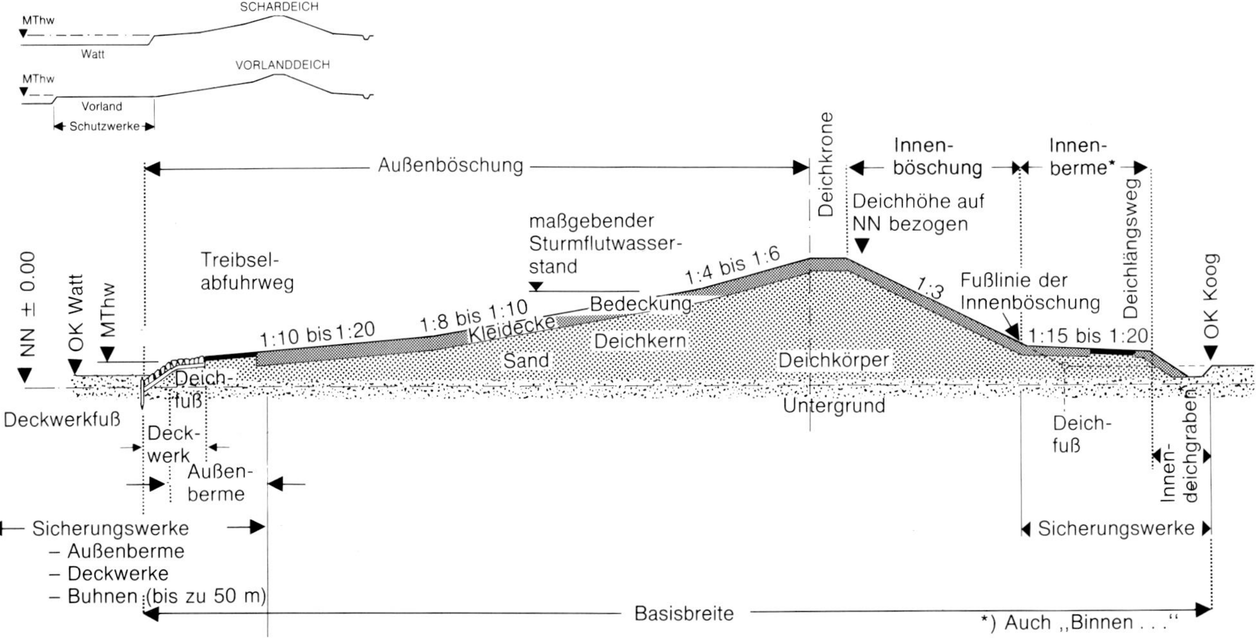

Die Deichhöhe wird im Prinzip von zwei Seiten her bestimmt. Das Bedürfnis nach absoluter Sicherheit ruft, ungeachtet der Kostenfrage, nach einem möglichst hohen, sturmflut- und bruchsicheren Deich, wie er heute technisch durchaus zu realisieren ist. Aus der Sicht volkswirtschaftlicher Überlegungen muß der Deich aber auch finanziell tragbar sein, in Bau *und* Unterhaltung. Die Deichhöhe ist demnach vielfach das Ergebnis eines Kompromisses unter ausgewogener Berücksichtigung des Bedrohungsgrades, des Sicherheitsbedürfnisses und der finanziellen Aspekte, wobei dem Schutzanspruch der Bevölkerung wo immer möglich Priorität eingeräumt wird. Der Deichbauingenieur sucht in Funktion zu diesen Tatsachen das praktisch realisierbare, zweckmäßigste Deichprofil. Es wäre verhältnismäßig einfach zu finden, wenn sich mit genügender Sicherheit die „höchstmögliche Sturmflut" vorausberechnen ließe. Erfahrung und Untersuchungen haben aber gezeigt, daß zu viele, im einzelnen nicht vorausberechenbare Elemente beim Zustandekommen einer Sturmflut zusammenspielen. So auch der Minister für Ernährung, Landwirtschaft und Forsten des Landes Schleswig-Holstein im Sommer 1980 in einem Pressereferat zu den geplanten Vordeichungen im Bereich des Nordfriesischen Wattenmeeres: „Mit den heute vorliegenden Erkenntnissen ist es nicht möglich, die u. a. von meteorologischen und hydrographischen Bedingungen abhängige theoretisch denkbar höchste Sturmflut vorauszuberechnen und der Bemessung der Deiche zugrunde zu legen. Der Bemessung wird deshalb hilfsweise ein Sturmflutereignis zugrunde gelegt, das einmal in hundert Jahren auftritt. Das Risiko, das kurzfristig möglicherweise auch höhere Fluten eintreten, muß dabei in Kauf genommen werden. Weiter ist zu beachten, daß jedes technische Bauwerk, so auch ein Deich, mit dem unvermeidlichen Risiko behaftet ist, daß es unter Extrembelastung versagt." Aus der Praxis heraus entstand der Begriff der *„maßgebenden Sturmfluthöhe"* ($SFH_{maßg.}$). Sie setzt sich aus dem *„maßgebenden Sturmflutwasserstand"* und dem *„maßgebenden Wellenauflauf"* zusammen.

Sturmfluten werden durch meteorologische Bedingungen, durch Sturmflutwetterlagen verursacht, wobei vor allem der Wind (Sturm!) für die hohen Wasserstände verantwortlich ist (der vom Wind erzeugte Stau ist etwa dem Quadrat der Windgeschwindigkeit proportional, dagegen umgekehrt proportional zur Wassertiefe).

Der Unterschied zwischen der vorausberechneten astronomischen Gezeitenkurve und der Kurve der wirklich eingetretenen Wasserstände wird als *Stau* oder Windstau bezeichnet, wobei der Ausdruck Windstau mißverständlich ist. Die Fluthöhe wird in der Regel außer dem Wind auch durch andere Elemente mehr

Abb. 87.1 Bermen

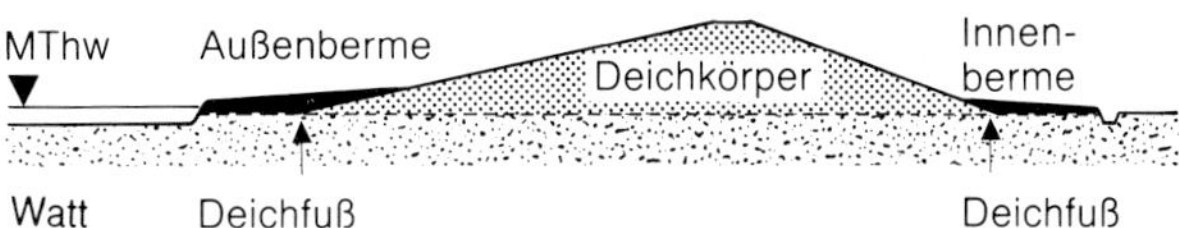

oder weniger stark beeinflußt, positiv wie negativ, so durch Fernwellen aus dem Atlantik (bei der Sturmflut vom 16./17. 2. 1962 überlagerte sich dem Windstau eine Fernwelle von 80 cm Höhe), durch den Luftdruck (statischer Luftdruck, zeitliche Veränderungen des Luftdrucks), durch Temperaturfaktoren (Wassertemperatur, Temperaturdifferenz zwischen Luft und Wasser) und auch durch die örtlichen morphologischen Gegebenheiten.

Der Stau drückt die Höhendifferenz in einem bestimmten Zeitpunkt aus. Die Größe dieser Maßzahl sagt wenig aus über die effektive Gefahrensituation am Deich, wie das folgende Beispiel zeigt (Abb. 87.2): Im Laufe der Sturmflut vom 3. Januar 1976 wurde am Pegel Husum-Schleuse der größte Stau von 483 cm kurz nach einsetzender Flut gegen 10 Uhr gemessen. Zur Zeit des Hochwassers, 15.08 Uhr, das gemäß astronomischer Gezeitenkurve eine Höhe von PN +662 cm hätte erreichen sollen, betrug der Stau 440 cm. Wäre der Scheitelwert der Windstaukurve mit dem Tidehochwas-

Abb. 87.2 Stau, Sturmflut vom 3. Januar 1976, Pegel Husum Schleuse

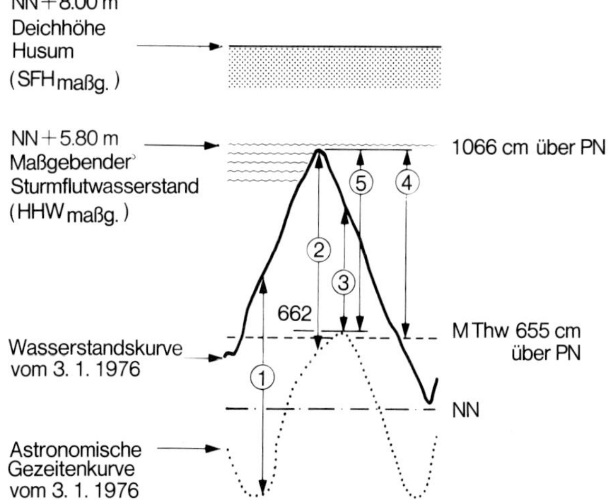

ser zusammengefallen, so hätte sich in diesem Zeitpunkt eine Sturmfluthöhe von PN +1145 cm (662 cm + 483 cm) ergeben, das sind 65 cm *über* dem für Husum maßgebenden Sturmflutwasserstand.

Die Sturmflut vom 3. 1. 1976 erreichte in Husum um 13.40 Uhr ihre Spitze mit PN +1066 cm. Die eigentliche *Sturmfluterhöhung* (gelegentlich vereinfachend als „Windstau" bezeichnet), d. h. die Differenz zwischen eingetretenem Wasserstand und ordentlichem Tidehochwasser, betrug 404 cm (zeitunabhängiger Wert).

Der *„maßgebende Sturmflutwasserstand"* ($HHW_{maßg.}$) ist der höchste Sturmflutwasserstand, mit dem im laufenden Jahrhundert gerechnet wird (wellenfreier Ruhewasserstand). Er ist also ein theoretischer, errechneter Bemessungswert, festgelegt auf Grund von Erfahrungswerten, Studien in Katastrophengebieten und physikalischen wie auch statistischen Überlegungen. Nicht zuletzt spielt auch die Ansicht der Fachleute eine gewisse Rolle. Der zur Zeit gültige $HHW_{maßg.}$, der für jeden Küstenort besonders festgelegt wird, beträgt für Husum PN +10,80 m = NN +5,80 m. Am Sturmfluttag vom 3. Januar 1976 stand das Wasser am Deich vor Husum nur noch 14 cm unter diesem Grenzwert.

Der maßgebende Sturmflutwasserstand ist die eine Komponente für die Festlegung der Deichhöhe, mit welcher die Tidewasserstände, der Stau, der säkulare Meeresanstieg wie auch besondere Sicherheitsfaktoren berücksichtigt werden. Er gibt die Fluthöhe als einen theoretischen Ruhewasserstand an, als einen Zustand also, von dem die See bei Windstärken 9, 10 und mehr Bft (Stärkegrad des Windes nach Beaufort) weit entfernt ist (Abb. 88.1). Die in der Januarflut 1976 beobachteten Wellenhöhen betrugen in der offenen Nordsee bis 9 m und vor den Deichen bis über 3 m.

Der Seegang, dessen Stärke u. a. vom Wind und von den Sturmböen wie auch von der Wassertiefe abhängt, verursacht an den Deichen einen *Wellenauflauf*, der als senkrechter Abstand zwischen dem Ruhewasserstand und den höchsten Wellenspitzen an der Deichaußenböschung angegeben wird. Die Höhe der Wellenspitzen, die am Deich auflaufen, läßt sich beobachten, mit besonderen Geräten messen und auf Grund der Treibselkante nachträglich einmessen. Die Höhe des Wellenauflaufs hängt sehr stark von den örtlichen Verhältnissen ab: Lage des Deiches zur Windrichtung, Höhe und Breite des Watts oder des Vorlandes vor dem Deich sowie Profil, Neigung und Oberflächenrauhigkeit der Deichaußenböschung. Auch die Wassertiefe spielt eine wesentliche Rolle (der Anstieg des Wasserstandes um 1 m kann eine Erhöhung des Wellenauflaufs um 50 bis 60 Prozent bewirken). Wie für den Sturmflutwasserstand wird auch für den Wellenauflauf auf Grund von örtlichen Beobachtungen, Modellversuchen und Be-

Abb. 88.1 Windstärkenskala nach Beaufort

Stärkegrad des Windes nach Beaufort	Bezeichnung	Untere und obere Grenzen der Geschwindigkeitsstufen		
		nach dem Meteorologischen Kongreß 1926 in m pro Sek.	nach dem Schiffsschlüssel 1949 in km pro Std.	sm pro Std.
0	Windstille = C (Calme)	0,0– 0,2	unter 1	unter 1
1	Leiser Zug	0,3– 1,5	1– 5	1–3
2	Leichte Brise	1,6– 3,3	6– 11	4–6
3	Schwache Brise	3,4– 5,4	12– 19	7–10
4	Mäßige Brise	5,5– 7,9	20– 28	11–15
5	Frische Brise	8,0–10,7	29– 38	16–21
6	Starker Wind	10,8–13,8	39– 49	22–27
7	Steifer Wind	13,9–17,1	50– 61	28–33
8	Stürmischer Wind	17,2–20,7	62– 74	34–40
9	Sturm	20,8–24,4	75– 88	41–47
10	Schwerer Sturm	24,5–28,4	89–102	48–55
11	Orkanartiger Sturm	28,5–32,6	103–117	56–63
12	Orkan	32,7–36,9	über 118 118–132	über 64
13	—	37,0–41,4	133–148	—
14	—	41,5–46,1	149–165	—
15	—	46,2–50,9	166–182	—
16	—	51,0–56,0	183–202	—
17	—	>56,1	über 203	—

rechnungen ein maßgebender Wert festgelegt. Für die Seedeiche im Raume des Kreises Nordfriesland liegt der *„maßgebende Wellenauflauf"* ($A_{maßg.}$) zwischen 1,9 und 3,4 m (Husum Hafenschleuse: 2,2 m).

Die Deichhöhe (Höhe der Deichkrone über NN) wird nach verschiedenen Berechnungsverfahren unter Berücksichtigung ozeanographischer, physikalischer und meteorologischer Erkenntnisse festgelegt (Abb. 89.1). Ergeben die einzelnen Verfahren unterschiedliche Resultate, so wird für das Deichbestick in der Regel der höhere Wert eingesetzt. Für die Berechnung des maßgebenden Sturmflutwasserstandes (Bemessungswasserstand, wellenfreier Ruhewasserstand) sind gegenwärtig vor allem die beiden folgenden Verfahren gebräuchlich: Einzelwertverfahren („a-b-c-d-Verfahren") und „HHThw+Zuschlag-Verfahren" (Zuschlag für künftigen säkularen Wasseranstieg, besondere Lage usw.) Wird zum maßgebenden Sturmflutwasserstand die maßgebende Wellenhöhe addiert, so ergibt sich als Endresultat die *maßgebende Sturmfluthöhe*, die *Sollhöhe der Deichkrone*. Beim Bau eines Deiches muß in der Regel ein Höhenzuschlag für Setzungen und Sackungen einberechnet werden. Er liegt in einer Größenordnung von 10 bis 15 Prozent und ist auf die einzelnen Deichstrecken derart angesetzt, daß dann, wenn sich der Deich stabilisiert hat, durchgehend eine gleichmäßig hohe Deichkrone gewährleistet ist (Beispiel Deichverstärkung Nordstrand/Faulehörn, 1980: Sollhöhe NN +8,5 m, Bauhöhe NN +9,5 m). Die für

Abb. 89.1 Festlegung der Deichhöhe

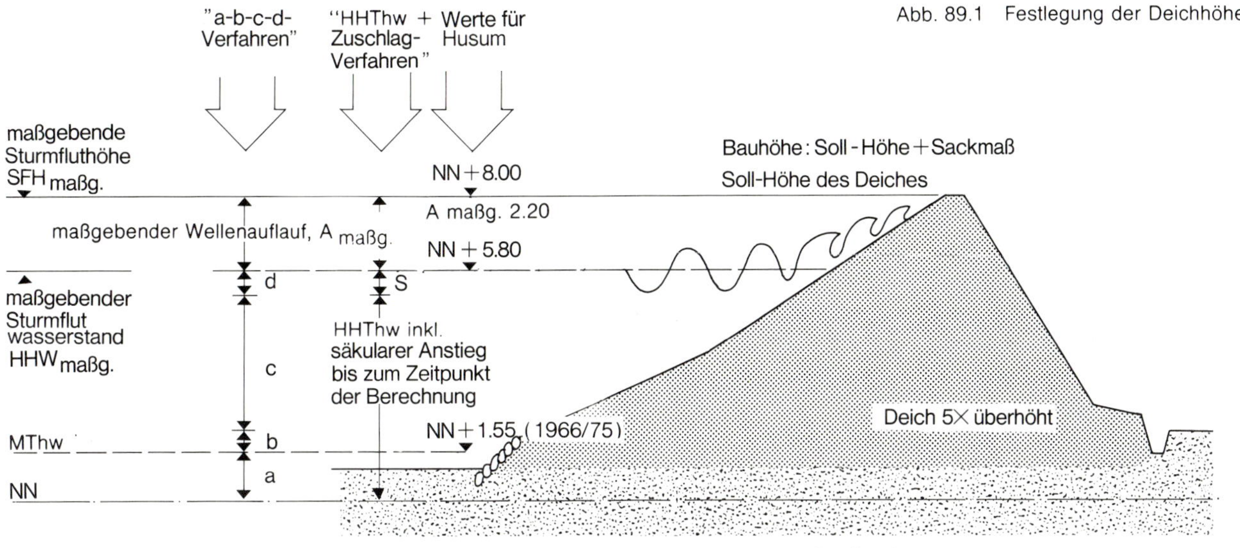

s Sicherheitszuschlag: künftiger säkularer Anstieg, Lage usw.

d säkularer Meeresanstieg (25 – 30 cm)
c HHThw - MThw: größter Stau über MThw
b HHSpThw - MThw: größte Springerhöhung über MThw
a MThw über NN

den säkularen Wasseranstieg eingesetzten 25 bis 30 cm stellen einen verhältnismäßig geringen Wert dar im Vergleich zur Unsicherheit, mit welcher die Maßzahl für den maßgebenden Wellenauflauf belastet ist. Wie genau die Einhaltung der festgelegten Sollhöhe der Deichkrone genommen wird, geht beispielsweise aus § 5 des Niedersächsischen Deichgesetzes hervor: „(2) Eine Deichstrecke, die . . . mehr als 20 cm von ihrer vorgeschriebenen Höhe verloren hat, ist entsprechend . . . zu erhöhen.“

Für den Schutz des Binnenlandes ist nicht allein die Deichhöhe maßgebend, sondern ebensosehr die Profilgestaltung und die Beschaffenheit des Deichbaumaterials, denn von ihnen hängt die Widerstandsfähigkeit des Deiches gegen äußere Belastungen ab. Nicht zuletzt spielt auch die Tragfähigkeit des Untergrundes eine erhebliche Rolle. Weicht das Bodenmaterial infolge Überlastung durch den Deich seitlich aus, so kommt es zu einem sogenannten Deichgrundbruch. In Extremfällen kann eine betroffene Deichstrecke völlig in den Untergrund versinken.

89.2 Früher sind die Deiche in der Regel als homogene Kleideiche gebaut worden, meist mit einer zu steilen Deichinnenböschung. Bei Deichverstärkungen, die vielfach Deichneubauten gleichkommen, wird der nun eingespülte Sandkern mit dem bereits vorhandenen Klei abgedeckt.

Deiche aus Klei und Sand

Die Widerstandsfähigkeit eines Deiches gegen den durch Wasserstand und Wellengang erzeugten Angriff einer Sturmflut hängt einerseits von der Form des Deichprofils ab und andererseits von der Qualität des Baugrundes, des Deichbodens und der Deichhaut. Nach der Art des für den Bau des Deichkörpers verwendeten Materials werden (homogene) Kleideiche und Sanddeiche sowie Deiche mit Sandkern und Kleiabdeckung unterschieden. „Grüne Deiche" sind von einer Grasnarbe, „schwarze Deiche" von einer Asphaltdecke überzogen.
Bis in unser Jahrhundert hinein sind die meisten Deiche als homogene Kleideiche (Erddeiche) gebaut worden. Mit dem Klei der Marschgebiete an der deutschen Nordseeküste stand ein bindiger Boden mit hoher Widerstandsfähigkeit gegen die Erosionswirkung anbrandender und auflaufender Wellen zur Verfügung, wobei

Abb. 91.1 Schneidkopfsaugbagger

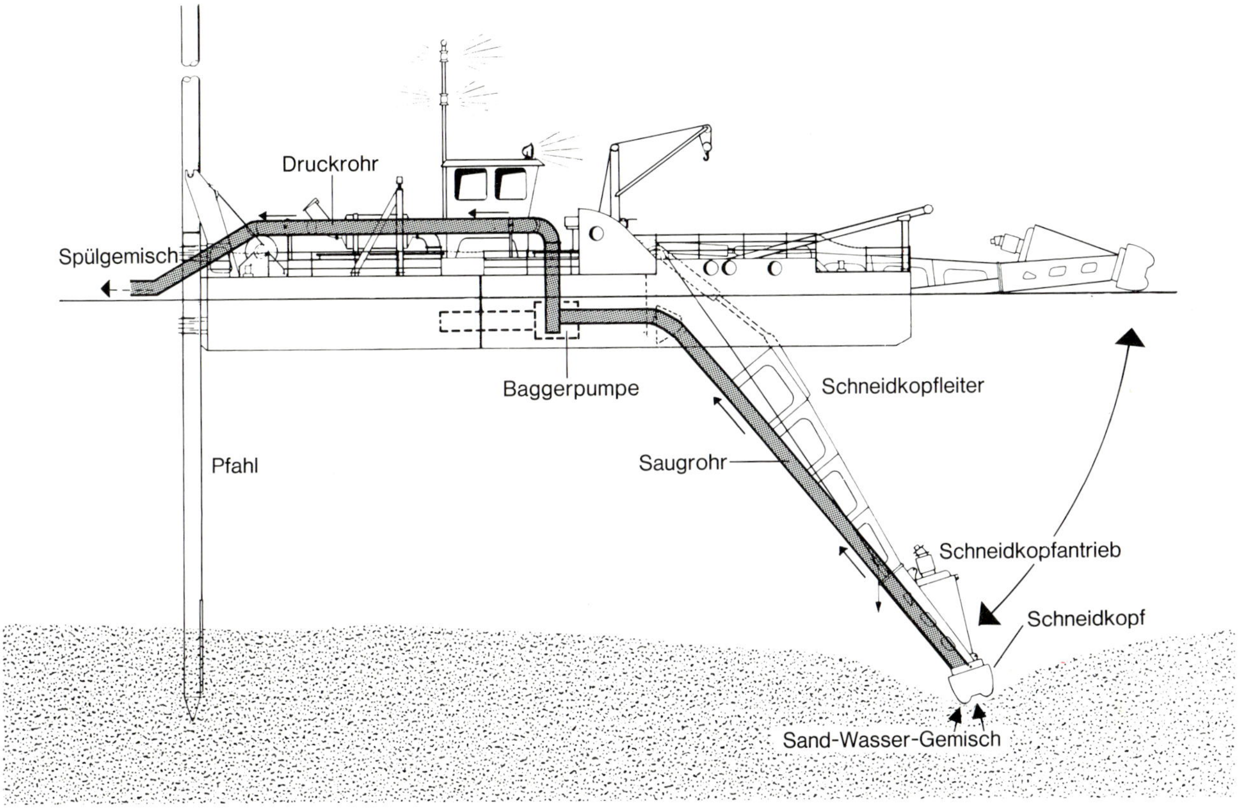

allerdings zu beachten ist, daß die Bezeichnung Klei lediglich auf den etwa gleichartigen Entstehungsvorgang einer Bodenart hinweist, deren physikalische und chemische Eigenschaften und damit auch die Eignung für den Deichbau im einzelnen jedoch erheblich differieren können. Die Kleientnahme erfolgte – wie heute

90.1 Baggerloch, Meldorfer Watt, Sommer 1977. Die Materialentnahme für die Aufspülung des Sandkerns eines neuen Deiches erfolgt in der Regel draußen im Watt mit Hilfe von Schwimmbaggern. Das Baggerloch kann Tiefen bis zu 30 und mehr Metern aufweisen. Eine Rohrleitung für den Transport des Sandes führt vom Bagger direkt zur Baustelle.

90.2 Baggerlöcher und Spülfelder können für den Unkundigen lebensgefährlich sein.

91.2 Schneidkopf des Schneidkopfsaugbaggers „Gotland", O & K (maximale Baggertiefe: 22 m, max. Fördermenge: 8640 m^3/h, max. Förderweite: 3200 m, ∅ Druckrohr: 800 mm). Durch den Schneidkopf wird das benötigte Bodenmaterial gelöst. Starke Pumpen saugen das Wasser-Sand-Gemisch (Naßbaggerverfahren) an und pumpen es über die Druckleitung auf das Spülfeld.

noch – im Binnenland oder im Vorland, auch sind alte Schlafdeiche abgetragen worden.*

,,Und Hauke breitete die Karte des neuen Deiches auf dem Tisch aus: ,,Es hat vorhin einer gefragt'', begann er, ,,woher die viele Erde nehmen? – Ihr seht, so weit das Vorland in die Watten hinausgeht, ist außerhalb der Deichlinie ein Streifen Landes freigelassen; daher und von dem Vorlande, das nach Nord und Süd von dem neuen Kooge an dem Deich hinläuft, können wir die Erde nehmen; haben wir an den Wasserseiten nur eine tüchtige Lage Klei, nach innen oder in der Mitte kann auch Sand genommen werden!'' (Theodor Storm, ,,Der Schimmelreiter'')

In harter, mühseliger Arbeit fuhren die Männer das schwere, zähe Material in ihren Schubkarren an den Deich, wo es von anderen Gruppen mit Spaten verteilt und eingeebnet wurde. Fuder von Stroh halfen mit, den oft glitschigen Boden zu binden. So nahm das Werk langsam Gestalt an. Zum Schutz gegen die Wellen wurde die Außenböschung mit Rasensoden bedeckt und vielfach zusätzlich mit Stroh bestickt.

Die Szenerie auf den Deichbaustellen hat sich inzwischen gründlich geändert. Das Heer an Männern, die sich in Schlick, Wasser und aufgeweichtem Boden placken mußten, ist einem imponierenden Park an modernen Baumaschinen gewichen. Von der Technik her sind dem Deichbau kaum mehr Grenzen gesetzt.

Moderne Deiche mit Querschnittflächen bis zu 400 m^2 und darüber (Hauke-Haien-Koog-Seedeich, 1959 gebaut: 460 m^2) erfordern Unmengen an Material. Da Klei nicht in beliebigem Umfang verfügbar ist, mußte nach neuen Lösungen Ausschau gehalten werden. Sand, in praktisch unbeschränkten Mengen direkt ,,vor der Türe'' greifbar, drängte sich als Baustoff geradezu auf. Eine neue Deichgeneration wurde geschaffen: Deiche mit Sandkern und Kleiabdeckung. Ihre Vorteile sind nicht zu übersehen: Einfachere Materialbeschaffung für das Hauptvolumen des Deichkörpers, kürzere Bauzeit, geringere Baukosten. Zwei Baustoffe werden in idealer Weise kombiniert eingesetzt: Sand läßt sich leicht gewinnen, transportieren und einbauen, entwässert sich rasch und wird fest und befahrbar, Klei schützt den Deich durch seinen hohen Erosionswiderstand gegen den Wellenangriff.

Der für den Deichbau benötigte Sand wird aus dem Watt bis in Tiefen von 30 m und mehr und aus Strömen, gelegentlich auch aus dem Binnenland gewonnen. Der Einbau erfolgt in der Regel im Naßbaggerverfahren (Abb. 90.1, 91.1, 91.2). Saugbagger mit einer Schneidekopfeinrichtung (Schneidekopfsaugbagger, Cutter) wühlen den festgepreßten Sandboden auf und pumpen das dabei entstehende Gemisch von Wasser und Sand, wenn nötig über Zwischenstationen, durch oft kilometerlange, zum Teil schwimmende Rohrleitungen (Abb. 92.1, 92.2) von 40, 60 und mehr cm Durchmesser auf das Spülfeld (Abb. 90.2, 93.1, 93.2) (hydraulischer Feststofftransport), das durch Sandwälle, Spülzäune, Buschdämme, Spülschläuche oder Steinpackungen eingefaßt oder durch Deiche umschlossen ist. Je nach Baggertyp liegt die stündliche Förderleistung bei einigen hundert bis einigen tausend Kubikmetern Spülgemisch. Die einzelnen Stücke der Leitung, aus zwei, drei oder mehr Rohren zusammengesetzt, sind durch Kugelgelenke oder durch Gummischläuche miteinander

* Klei für den Deichbau sollte in der Regel einen Tonanteil (Korngröße unter 0,002 mm) zwischen 10 und 40 % aufweisen. Magerer Klei (Tonanteil unter 20 %) ist weniger bindig. Sehr fetter Klei (Tonanteil über 30 %) weist wohl eine hohe Bindigkeit auf, neigt jedoch zu starker Rißbildung in Trockenzeiten und erschwert die Verarbeitung (u. a. bleibt der Boden an den Geräten hängen). Wenn nötig, kann der Klei ,,verschnitten'' werden.

92.1 Abzweigung einer Rohrleitung. Vielfach sind über die gleiche Rohrleitung mehrere Spülfelder einer Baustelle zu bedienen. Abzweigungen und Schieber sorgen für die Regelung der Sandzufuhr und die richtige Zuweisung des anfallenden Materials, das nicht immer den Wünschen des Spülfeldmeisters entspricht. Schon am Klopfen und Rauschen im Rohr kann er mit seinem geübten Ohr in etwa die Zusammensetzung des durchfließenden Spülgutes erkennen.

92.2 Defekte an der Spülrohrleitung sind bei der nächsten sich bietenden Gelegenheit zu reparieren. In der Regel ist dies die Zeit des nächsten Niedrigwassers. Selbst mitten in der Nacht (hier 23 Uhr) rückt die Mannschaft aus und behebt den Schaden. Für den Bau des Deiches stehen nur wenige kurze Sommermonate zur Verfügung. Auf dem Spülfeld wird deshalb in Tag- und Nachtschicht gearbeitet, wenn nötig auch über das Wochenende.

93.1 Im Spülfeld besorgen Planierraupen vorweg die gleichmäßige Verteilung des anfallenden Sandes. Säuft die Raupe im schluffigen Brei ab, so wird sie mit Hilfe einer zweiten Raupe oder eines Baggers wieder flott gemacht.

93.2 Abflußrinne im Spülfeld. Der Wall, der das Spülfeld seeseitig abgrenzt, weist Durchlässe auf, durch die das Wasser, das den Hauptteil des Spülgemisches ausmacht, ins Watt abfließt.

verbunden, was der gesamten Transportleitung die notwendige Flexibilität verleiht (Gewicht eines Rohres von 12 m Länge, 70 cm Durchmesser und 16 mm Wandstärke: rund 3 t!). Das Spülgemisch besteht zu einem großen Teil aus Wasser: 6 bis 10 m^3 auf 1 m^3 Sand.

Ist der eingespülte Sand genügend entwässert und getrocknet, formen ihn Greifbagger und Planierraupen zum Kern des künftigen Deiches. Sobald der Kern bis etwa auf halbe Höhe aufgespült und profiliert ist, wird vom Deichfuß her mit dem Bau des Deckwerks und der Abdeckung mit Klei begonnen, denn der Deich muß bis zum Herbst fertiggestellt und bereits im anschließenden Winter voll wehrfähig sein (Abb. 94.1, 100.1). Die Kleidecke,die den Sandkern abdeckt und schützt, weist je nach Böschungsneigung und Qualität des Bodens auf der Außenseite eine Dicke von 1 bis 2 m auf, während auf der Binnenseite 0,5 bis 1,5 m genügen (Deichverstärkung Nordstrand/Faulehörn, 1980: Außenböschung und Krone 1,1 m, Innenböschung und Innenberme 0,55 cm Kleidecke).

Bei vielen Deichbauvorhaben, so vor allem bei Projekten zur Verkürzung der bisherigen Hauptdeichlinie im Rahmen des aktiven Küstenschutzes oder zur Gewinnung von Speicherbecken zur Regelung des Wasserhaushalts in den Kögen und in der Marsch, führt der neue Deich meist, mindestens streckenweise, durch das Watt (Vordeichung Speicherkoog Dithmarschen, Dithmarscher/Meldorfer Bucht, abgeschlossen 1978:14,8 km; geplante Vordeichung Nordstrander Bucht, gemäß „Generalplan 1977": 16,7 km), d. h. es werden größere Flächen miteingedeicht, die unter MThw und damit noch voll im Einflußbereich der Gezeiten liegen. Zweimal täglich pendeln Millionen von Kubikmetern Tidewasser in das einzudeichende Gebiet ein und aus, auch dann noch, wenn die Lücke zwischen den vorgetriebenen neuen Deichstücken eng und enger wird. Erst durch den Deichschluß wird die neue Grenzziehung zwischen Meer und Land vollzogen. Gelingt es nicht, die letzte Lücke bis zum Herbst zu schließen, so besteht Gefahr, daß durch die Winterstürme erhebliche Teile des halbfertigen Werkes wieder zerstört werden.

Deichschlüsse werden nach verschiedenen Methoden durchgeführt, die sich vom zeitlichen Ablauf her in zwei Gruppen unterteilen lassen: Bei den einen erfolgt die Schließung der letzten Deichöffnung stufenweise von der Sohle her (sukzessive Erhöhung der Schwelle über Tage oder Wochen durch Einspülen von Sand, Einbringen von Steinen oder beispielsweise von Nylonsäcken, die mit Sand gefüllt sind, usw.) oder von den Flanken her (sukzessive Einengung durch den seitlichen Deichvortrieb), bei den andern wird die Deichschlußöffnung „schlagartig" verbaut (Abb. 94.2). Dazu werden vielfach

LIEBHERR

Hilfsbrücken gebaut mit Tafeln oder Schotten, die im vorgesehenen Zeitpunkt bei Niedrigwasser eingesetzt, eingehängt oder eingeklappt werden und den Querschnitt des Durchlasses schließen (Abb. 95.1). Dann rollen auf der Brücke die Materialzüge heran und kippen die Verschlußtafeln seeseitig mit Klei oder Steinen ein, während mit Spülbaggern Sand an die Verschlußwand gespült wird. In neuerer Zeit werden für den Deichschluß vermehrt Schwimmkästen eingesetzt, die an der Durchlaßstelle abgesenkt werden. Es sind auch Verfahren mit Kunststoffschläuchen in Entwicklung (Abb. 94.3).

Ungeachtet der Methode und der Mittel, die für den Deichschluß gewählt werden, bleibt diese entscheidende Bauphase nach wie vor ein heikles Unternehmen, das minuziöse Vorbereitung erfordert (in besonderen Fällen sind sogar Modellversuche unerläßlich). Auch dann kann es vorkommen, daß zu einem Deichschluß mehr als einmal angesetzt werden muß. Es darf nicht wundern, wenn in alten Zeiten etwa versucht wurde, dem Glück mit sonderbaren Mitteln nachzuhelfen. Theodor Storm schildert im „Schimmelreiter", wie beim Deichschluß zwischen Klei und Stroh ein kleiner Hund in die noch offene Schlucht geworfen wird. Keiner will es gewesen sein: „Ich tat es nicht, Deichgraf", sagte er und biß von einer Rolle Kautabak ein Endchen ab, das er sich erst ruhig in den Mund schob; „aber der es tat, hat recht getan; soll Euer Deich sich halten, so muß was Lebendiges hinein!" – „Was Lebendiges? Aus welchem Katechismus hast Du das gelernt?" – „Aus keinem, Herr!" entgegnete der Kerl, und aus seiner Kehle stieß ein freches Lachen; „das haben unsere Großväter schon gewußt, die sich mit Euch im Christentum wohl messen durften! Ein Kind ist besser noch; wenn das nicht da ist, tut's auch wohl ein Hund!"
Lange Zeit herrschte der Glaube, der Erfolg bei einem Deichbauunternehmen sei nur sicher, wenn ein Arbeiter von den Fluten des Meeres verschlungen worden sei, d. h. wenn das Meer sein Opfer erhalten habe.

94.1 Bau des Deichfußes, auslegen der Filtermatte. Sobald der untere Teil des Deiches aufgespült und profiliert ist, wird das Deckwerk des Deichfußes erstellt, denn schon im kommenden Herbst muß der Deich abwehrfähig sein.

94.2 Deichschluß, Speicherkoog Dithmarschen, nördlicher Teil, 15. 8. 1978. Pausenlos wird durch Spülrohre Sand auf die Deichschlußstelle gebracht, der mit Planierraupen und Baggern verteilt und zum Deichkern aufprofiliert wird. Wenn die nächste Flut aufkommt, das ist in wenigen Stunden, muß der Deich geschlossen sein.

94.3 Deichschluß, Speicherkoog Dithmarschen, 28. 7. 1978. Ein Versuch, den Deichschluß mittels Kunststoffgewebeschläuchen zu bewerkstelligen. Es ist 16.00 Uhr. 16.02 Uhr platzen die Schläuche, der Deichschluß ist gescheitert. Er wird drei Wochen später mit Hilfe von Planierraupen und Baggern erfolgen (Abb. 94.2).

95.1 Deichschluß, Hauke-Haien-Koog, 21. 9.1959. Die letzte Deichlücke ist mit Bretterwänden dicht gemacht. Ununterbrochen bringen die Lorenzüge Klei heran, der von der Hilfsbrücke aus vor den Verschluß gekippt wird.

Deichoberfläche

Sanft steigt die Deichaußenböschung vom Deichfuß zur Höhe der Deichkrone, von wo die etwas steilere Deichinnenböschung zur flachen Innenberme mit dem Deichlängsweg abfällt. Der Deichinnengraben grenzt den Deich gegen den Koog oder die Marsch ab.So präsentiert sich das ordentliche Regelprofil eines modernen Seedeiches an der deutschen Nordseeküste.
Die alten Stackdeiche, wie sie manchenorts bis in die zweite Hälfte unseres Jahrtausends hinein gebaut wurden, waren mit ihrer senkrechten Stirnseite der vollen Wucht der anbrandenden Sturmsee und der Sturzbrecher ausgesetzt. Schwere Sturmflutschäden am Deichwerk und gelegentliche Deichbrüche gehörten zum Selbstverständlichen. Erst nach und nach haben sich die Deichprofile mit konkaver, schwach geneigter Außenböschung durchgesetzt, da sich gezeigt hat, daß diese Deiche den Strömungs- und Druckkräften einer Sturmflut besser widerstehen. Die Regelprofile von Deichneubauten und Deichverstärkungen weisen im unteren Bereich der Außenböschung (auch als Außenberme bezeichnet) eine flache Neigung von etwa 1:20 bis 1:10 auf. Hier wird vielfach der Treibselabfuhrweg angelegt. Gegen die Deichkrone hin nimmt die Neigung zu, 1:8, 1:6 (z. B. Deichverstärkung Nordstrand/Faulehörn, 1980), gelegentlich auch noch 1:4, oder es wird für die ganze Außenböschung eine durchgehende Neigung z. B. von 1:10 eingehalten (Vordeichung Tonderner Marsch, 1981 vorgesehen), wodurch die bei Sturmfluten besonders verletzlichen Knickstellen wegfallen.
Sind beispielsweise wegen Raumknappheit steilere Außenböschungen unumgänglich, so werden sie durch massive Deckwerke geschützt. Böschungen bis maximal etwa 1:6 haben den Vorteil, daß die brandenden Wellen auf das noch rückfließende Wasser der vorangehenden Welle treffen, wodurch die Wirkung von Druckschlägen* auf die Deichböschung vermindert wird.
Moderne Deiche sind so angelegt, daß die Wellen vielfach bereits vor der Böschung brechen, meistens über dem Deckwerk am Deichfuß (Abb. 96.1). Die Beanspruchung der Deichaußenböschung erfolgt dann primär durch die nach dem Brechen aufschießenden und zurückfließenden Wellen. Die Energie der harten Druckschläge ist in sanftere Strömungsenergie umgesetzt worden.
Die Deichkrone ist in der Regel 2,0 bis 2,5 m breit. Zur besseren Wasserabführung erhält sie eine leichte Neigung gegen außen oder eine leichte Wölbung.
Die Bedeutung der Deichinnenböschung ist bis in unser Jahrhundert hinein oft unterschätzt worden. Bei älteren Deichen weist sie vielfach noch eine Steilheit von 1:2 bis 1:0,5 auf, was sich in doppelter Hinsicht nachteilig auswirkt. Zum einen ist unter diesen Umständen eine Beweidung durch Schafe und Jungrindvieh (in Schleswig-Holstein ist die Beweidung durch Rinder nicht ge-

* Druckschläge treten auf, wenn die überfallenden Wassermassen der Sturzbrecher (Brandungswellen) auf die Böschung schlagen. Sie können bei Sturmfluten zu schweren Beschädigungen am Deich führen. Wasserüberdeckungen von nur wenigen cm vermögen die Wirkung von Druckschlägen bereits erheblich zu dämpfen.

stattet) nicht oder nur unzureichend möglich. Wo aber die Beweidung fehlt, kann der Boden nicht genügend gefestigt werden, so daß Rutschungen, zu denen der Deich durch sein ungünstiges Profil ohnehin disponiert ist, erst recht zu erwarten sind, und die Grasnarbe erhält nie die Eigenschaft einer verbissenen, teppichartigen Rasendecke. Zum anderen besitzt eine zu steile Innenböschung wenig Widerstandsfähigkeit gegen überströmendes Wasser, mit dem bei schweren Sturmfluten zu rechnen ist. Die Folge davon sind Kappenstürze (Abrut-

96.1 Betonhöcker als Rauhigkeitselemente, aufgeklebt auf die Asphaltbetondecke der Außenberme. Die Höhe des Wellenauflaufs hängt wesentlich vom Profil und von der Rauhigkeit der Deichaußenböschung ab.

96.2 Überschießendes Wasser, 3. 1. 1976, Süderhöft/Eiderstedt. Wenn das Wasser über den Deich zu strömen beginnt, besteht die Gefahr eines Deichbruchs von innen. Rechts der überschießenden Wellenzunge sind erste Rutschungen direkt unter der Deichkrone zu erkennen.

97.1 Kammsturz, Grothusenkoog/Eiderstedt, 3. 1. 1976. Die Innendeichböschung ist infolge des überfließenden Wassers abgerutscht. Nur wenig hat gefehlt zum Deichbruch.

97.2 Sodenverband. Die Schnittsoden werden mit versetzten Querstößen angedeckt und anschließend derart angeklopft oder gewalzt, daß eine ebene, dichte Rasendecke entsteht, die den Wellen möglichst keine Angriffspunkte bietet.

97.3, 97.4 Schnittsodengewinnung im Vorland. Die Soden werden mit dem Sodenpflug oder Sodenmesser geschnitten (schräger Schnitt in einem Winkel von etwa 60 Grad zur Bodenebene) und dann mit dem Sodenheber abgehoben. Die Dicke beträgt rund 10 cm.

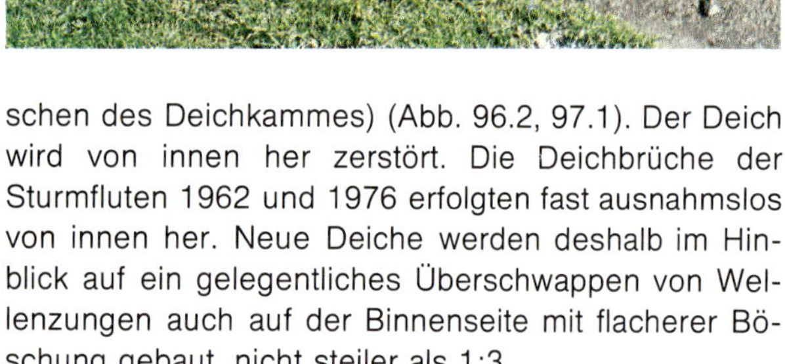

schen des Deichkammes) (Abb. 96.2, 97.1). Der Deich wird von innen her zerstört. Die Deichbrüche der Sturmfluten 1962 und 1976 erfolgten fast ausnahmslos von innen her. Neue Deiche werden deshalb im Hinblick auf ein gelegentliches Überschwappen von Wellenzungen auch auf der Binnenseite mit flacherer Böschung gebaut, nicht steiler als 1:3.

Die Deichhaut schützt den Deichkörper vor Einflüssen der Witterung, Erosion durch Wellenschlag und Strömung, Beschädigung durch Treibsel und – bei Kleideichen – vor dem Austrocknen. Die Abwehrkraft eines Deiches hängt deshalb wesentlich von der Beschaffenheit und vom Zustand der Deichoberfläche ab.

Die meisten Deiche sind „grüne", mit einer Grasnarbe bedeckte Deiche. Die Begrünung erfolgt durch Soden oder durch Ansaat. Da ein Seedeich unmittelbar nach seiner Fertigstellung Schutzfunktion übernehmen muß, bleibt zumindest für den unteren Teil der Deichaußenböschung keine Zeit, eine Pflanzendecke durch Ansaat heranzubilden. Die Böschung wird deshalb, soweit sie nicht durch massives Deckwerk geschützt ist, mit Rasensoden angedeckt. Dazu werden fast ausschließlich Schnittsoden verwendet, in neuerer Zeit zusätzlich auch Rollsoden, die aus dem Vorland innerhalb oder außerhalb der neuen Deichlinie oder aus dem binnenseits des bisherigen Hauptdeiches gelegenen Weideland stammen. Die Zusammensetzung der Pflanzengesellschaft spielt im Hinblick auf den künftigen neuen Standort der Soden eine wesentliche Rolle. Andelsoden des Vorlandes eignen sich besonders für den unteren Bereich der Außenböschung, da sie dem marinen Charakter ihres neuen Standortes angepaßt sind und eine gelegentliche Überspülung durch Salzwasser unbeschadet überstehen.

Nach oben folgen Salzrotschwingelsoden und anschließend Süßgrassoden, sofern die Begrünung nicht durch Ansaat entsprechender Grasarten erfolgt.

Die *Schnittsoden*, 30 cm ×30 cm ×10 cm, werden wenn möglich im höher gelegenen Vorland gewonnen. Der Boden dieser Zone zeigt geschichteten Aufbau, der auf Sturmflutablagerungen zurückgeht (Abb. 97.2, 97.3, 97.4). Diese Schichtung ist von grundlegender Bedeutung für die bautechnische Güte der Soden. Da die Vegetationsdecke des Vorlandes mit der fortschreitenden Aufhöhung des Bodens nach jeder Sturmflut in die Höhe wächst, entsteht eine lückenlose Durchwurzelung des ganzen Profils von unten bis oben. Die Soden lassen sich daher auf keiner Schichtebene horizontal trennen. Durch die natürlichen Wachstumsvorgänge der einzelnen Pflanzen entsteht neben der senkrechten auch eine horizontale Durchwurzelung des Bodens. Das dichte, zusammenhängende Netzwerk der Wurzeln verleiht den hier geschnittenen Soden den vom Deichbau geforderten hohen Bauwert. Die Ränder der Schnittsoden werden leicht schräg geschnitten, in einem Winkel von etwa 60 Grad, damit sich nach dem Andecken des Sodenverbandes durch das senkrechte Wurzelwachstum möglichst rasch eine enge Verbindung benachbarter Soden bildet.

Seit Anfang der sechziger Jahre gelangen im Deichbau vermehrt auch *Rollsoden* zur Anwendung (Abb. 98.1). Sie werden maschinell geschnitten, in Bahnen von 25 bis 30 cm Breite, 3 cm Dicke und einer Länge von 60 bis 160 cm. Der Vorteil der Rollsoden liegt vor allem in

der rationellen Gewinnung und Verlegung. Doch sind auch die Nachteile nicht zu übersehen. Die Deiche erhalten die für die Grasnarbe notwendige Feuchtigkeit nur durch Niederschläge und Tau. Der tonige Boden der Kleidecke vermag wohl einen gewissen Wasservorrat zu speichern, der unter normalen Bedingungen für die Erhaltung einer festgewachsenen Rasendecke ausreicht. Neuangedeckte Soden sind jedoch gegen Austrocknung besonders empfindlich. Die Rollsoden aber verfügen wegen ihrer geringen Dicke nur über eine kleine Feuchtigkeitsreserve, weshalb sie während der Anwachszeit sehr wetterabhängig sind. Der Einbau solcher Soden ist daher in der Regel nur im Frühling (z. B. für Flickstellen) und im Herbst erfolgversprechend, wenn mit einer ausreichenden Befeuchtung durch Nie-

98.1 Rollsoden, maschinell geschnitten. Rollsoden weisen den Vorteil der rationelleren Gewinnung und Verlegung auf, hingegen sind sie wegen ihrer geringen Dicke besonders empfindlich gegen Austrocknung.

98.2, 99.1 Die Begrünung moderner Deiche mit ihren enormen Dimensionen erfolgt heute meist nur noch im unteren Bereich der Außenböschung durch Soden, im übrigen aber durch Ansaat. Die Ansaatmenge beträgt im Normalfall rund 15 bis 20 g/m^2, das sind 3 bis 4 Samen je cm^2.

99.2 Asphaltdeich, Eiderabdämmung. „Schwarze Deiche" werden in der Regel nur dort gebaut, wo besondere Verhältnisse es erfordern.

99.3, 99.4 Einbau der Asphaltbetondecke. Der Einbau des Mischgutes erfolgt bei Temperaturen von 140 bis 180 Grad Celsius. Die Stärke der ein- oder mehrschichtigen Asphaltdecken liegt bei 20 bis 40 cm am Deichfuß und 15 bis 10 cm gegen die Deichkrone hin.

derschläge gerechnet werden kann (im Herbst muß das Verlegen allerdings frühzeitig genug erfolgen, so daß die Soden noch vor den Sturmfluten des Winterhalbjahres mit dem Deichboden verwachsen können).

Durch die Vergrößerung der Deichprofile ist die Nachfrage nach Rasensoden rapid angestiegen, während in der Folge umfassender Neueindeichungen und Küstenschutzprogramme das zur Sodenentnahme geeignete Vorland eher spärlicher wurde. Um Material wie auch Kosten einzusparen, erhalten die neuen, bis acht und mehr Meter hohen Deiche nur noch im unteren und mittleren Bereich ihrer Außenböschung eine Sodendecke. Der obere Teil der Außenböschung, ab etwa NN +4 bis +5 m, die Deichkrone und die Binnenböschung mit der Binnenberme werden heute meist durch *Ansaat* geeigneter Grasarten begrünt (Abb. 98.2, 99.1). Das Saatgut besteht aus vier bis fünf Gräserarten (Gemeines Kammgras, Rotschwingel, Deutsches Weidelgras, Wiesenlieschgras und Wiesenrispengras), wobei die Mischung entsprechend den lokalen Bodenverhältnissen und im Hinblick auf die vorgesehene Art der Beweidung bzw. Bewirtschaftung variiert. Die Ansaatmenge beträgt im Normalfall rund 15 bis 20 g/m^2 (30 000 bis 40 000 Samen/m^2 = 3 bis 4 Samen/cm^2).

Vereinzelt finden sich an der deutschen Nordseeküste „schwarze Deiche", Deiche mit einem Sandkern, dessen gesamte Oberfläche von einer Decke aus Asphaltbeton überzogen ist (Abb. 99.2). Aus Gründen des Landschaftsschutzes werden Asphaltdeiche in der Regel nur gebaut, wenn besondere Verhältnisse es erfordern, beispielsweise bei außerordentlicher Belastung durch Wasserdruck und Wellenangriff. Der Deichkörper wird aus Sand aufgespült und nach einigen Tagen der Trocknung profiliert. Anschließend erhält er einen ein- oder mehrschichtigen Belag aus Asphaltbeton (Abb. 99.3, 99.4). Das Mischgut setzt sich aus Bitumen (5 bis 10 Prozent, Gewichtsprozent), Füller (Gesteinsmehle mit Korngrößen unter 0,09 mm, 5 bis 15 Prozent) und Natursteinschotter, -splitt, -kies und -sand verschiedener Korngröße zusammen. Der Einbau erfolgt bei 140 bis 180 Grad Celsius. Die Stärke der Asphaltdecke liegt am Deichfuß bei 20 bis 40 cm. Gegen die Deichkrone hin verjüngt sie sich auf 15 bis 10 cm.

100.1, 100.2 Kleidecke der Außenböschung. Der aufgespülte Sandkern des Deiches erhält eine Decke aus Klei (Außenböschung 1 bis 2 m, Innenböschung 0,5 bis 1,5 m). Ein Jahr später weist der untere, mit Schnittsoden angedeckte Teil der Deichaußenböschung eine geschlossene Grasnarbe auf. Der obere Bereich, die Deichkrone und die Innenböschung sind durch Ansaat begrünt worden. Zur Bildung einer festen Rasendecke werden zwei bis drei Jahre benötigt (Abhängigkeit u. a. von der Art und der Zusammensetzung des Bodens und vom lokalen Wetterverlauf).

Sicherungs- und Schutzwerke

Zum *Deichsicherungswerk* gehören jene Anlagen, die unmittelbar der Standfestigkeit des Deiches dienen. Seeseitig sind es bei scharliegenden Deichen die Außenberme, das Deckwerk der Außenböschung und des Deichfußes sowie Buhnen, bei Vorlanddeichen der Außendeichgraben. Das binnenseitige Deichsicherungswerk setzt sich aus der Innenberme und dem Innendeichgraben zusammen. Als *Deichschutzwerk* werden jene Anlagen bezeichnet, die mittelbar der Sicherung der Hauptdeichlinie dienen, indem sie dazu beitragen, die Angriffskräfte des Wassers (Strömung, Wellenschlag, Eis) von den Deichen fernzuhalten oder doch zu mindern. Dazu gehören das Vorland sowie eine Reihe von Anlagen, die nebst der Deichsicherung teils auch der Vorlandgewinnung bzw. -erhaltung dienen können: Deckwerke der Vorlandkante (dort, wo keine weitere Auflandung erfolgt und die Vorlandkante vor Zerstörung bewahrt werden muß) (Abb. 101.1), Buhnen, Lahnungen, Sommerdeiche und – in seltenen Fällen – auch Wellenbrecher.

Bermen sind ursprünglich als besondere, schwach geneigte Böschungsabsätze beiderseits der Deiche angelegt worden, um die Standfestigkeit des Deichkörpers zu erhöhen. Bei modernen Deichprofilen ist die Außenberme derart in die Deichaußenböschung integriert, daß sie nicht mehr als besonderes Bauelement erkennbar und benannt ist. Wenn der Deichbauingenieur heute von der Außenberme spricht, so meint er damit den unteren, flach geneigten Bereich der Außenböschung (Neigung 1:10 bis 1:20), der bei Schardeichen bisweilen als Fahrweg für die Treibselabfuhr angelegt ist. Die Asphaltdecke schützt gleichzeitig die Außenböschung gegen das häufige Spritzwasser, dem eine Grasnarbe auf die Dauer nur schwerlich zu widerstehen vermag.

Im Unterschied zur Außenberme setzt sich die Innenberme auch bei modernen Deichquerschnitten als flacher Absatz mit einer Neigung von 1:10 bis 1:15 deutlich von der Innenböschung (1:3) (Abb. 102.1) ab. Sie wird heute im allgemeinen in einer Breite von 7 bis 10 m erstellt und derart gebaut, daß sie den Deichlängsweg (Deichverteidigungsweg, Katastrophenschutzweg) aufnehmen kann. Damit auch im Katastrophenfall, wenn der Koog hinter dem Deich überschwemmt ist, Men-

101.1 Deckwerk der Vorlandkante. Auf dem mittleren, überhöhten Streifen des Deckwerks sind die Steinblöcke einzeln gesetzt, Spitze nach oben. Die dadurch erzielte hohe Rauhigkeit dämpft den Wellenauflauf.

Abb. 102.2 Seeseitiger Fuß mit Deckwerk eines Seedeiches

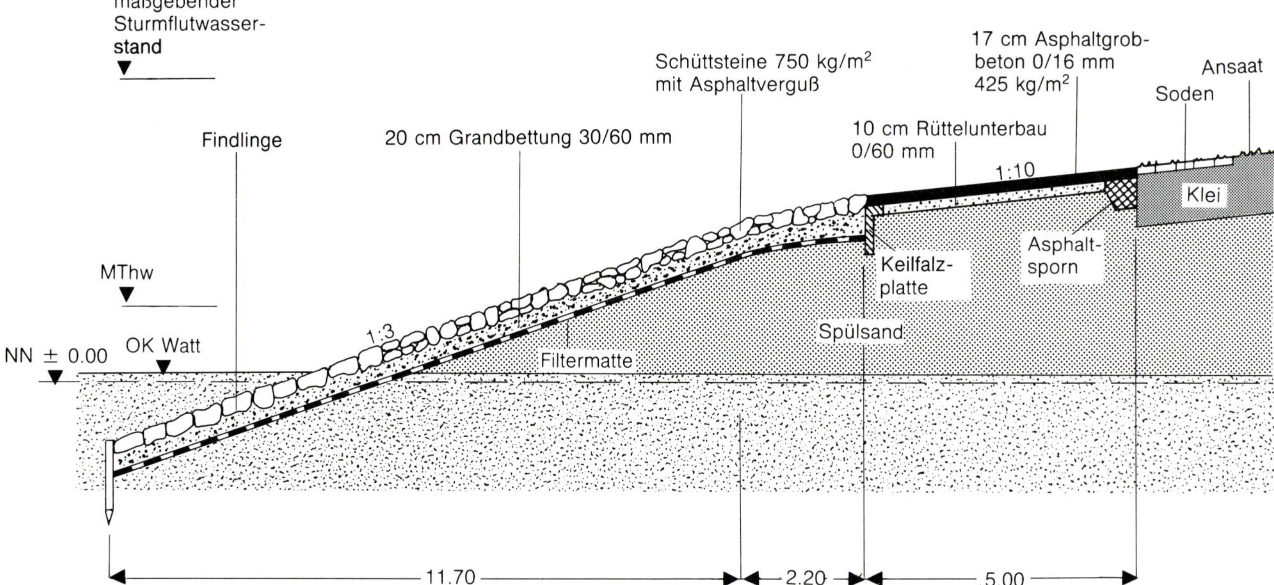

schen, Maschinen und Material rasch und ungehindert an den Deich gebracht werden können, wird eine Mindesthöhe von rund 50 bis 75 cm über dem MThw angestrebt. Dem Deichverteidigungsweg kommt bei extremen Sturmfluten außerordentliche Bedeutung zu. In der Regel führt die erste Flutspitze einer Sturmflut nicht sofort zum Bruch eines Deiches, sondern sie verursacht vorerst mehr oder weniger gefährliche Beschädigungen in Form von Löchern (Ausschlägen) in der Grasnarbe und im Deckwerk der Außenböschung und von Rutschungen auf der Binnenseite. Wenn es gelingt, die Schäden bis zu nächsten Sturmflutspitze (das kann innerhalb von 12 Stunden oder auch von Tagen und Wochen sein) mindestens behelfsmäßig zu beheben, so läßt sich ein Deichbruch in vielen Fällen verhindern. Eine der Voraussetzungen, diesen Kampf gegen Uhr und Wasser zu gewinnen, sind genügend ausgebaute Deichlängswege, die zum kritischen Zeitpunkt der Belastung durch die schweren Fahrzeuge gewachsen sind. Im Katastropheneinsatz werden die Deichverteidigungswege in der Regel im Einbahnverkehr verfahren. Eine genügend breite Berme ermöglicht den Bau von Ausweichstellen und bietet Platz zur Lagerung des benötigten Materials zur Behebung der Schäden (Pfähle, Faschinen, Sandsäcke, Draht usw.). Den baulichen Abschluß des Deichwerks binnenseits bildet der *Innendeichgraben*, durch den die Entwässe-

102.1 Mit der Innenberme und dem Innendeichgraben schließt der Deich binnenseits ab. Die Innenberme trägt den Deichlängsweg, der im Bedrohungsfall den raschen Transport von Einsatzkräften und Material ermöglicht.

102.3 Das Deckwerk des Deichfußes besteht hier aus drei Schichten: Filtermatte, 20 cm Grandbettung mit Korngröße 30 bis 60 mm und Schüttsteindecke mit Asphaltverguß, 750 kg/m².

rung der Innenböschung und der Innenberme erfolgt, und der auch bei Sturmfluten gelegentlich überschießendes Wasser auffängt. Er ist den lokalen Gegebenheiten und Bedürfnissen entsprechend dimensioniert und dient vielfach auch als Siel-Speicherbecken oder, bei Schöpfwerken, als Mahlbusen.
Die rechtliche Begrenzung der Landesschutzdeiche ist durch Gesetze und Verordnungen geregelt. Nach der „Landesverordnung über den Schutz der Deiche und der Küsten" vom 19. Dezember 1980 des Landes

103.1, 103.2 Basaltblöcke. Früher ist für den Deckwerkbau der schwere Basalt bevorzugt worden. Die einzelnen Blöcke wiegen 30 bis 50 kg (Dichte: um 2900 kg/m^3). Aus Kostengründen werden heute vorwiegend Granitsteine verwendet (Dichte: um 2700 kg/m^3).

103.3 Einbau eines Setzsteinpflasters. Je geringer die Fugen zwischen den einzelnen Steinen sind, desto kleiner ist die Gefahr, daß bei Sturmflut durch Brandung und Druckschlag Steine herausgeschlagen werden.

Schleswig-Holstein gehören ein innerer Schutzstreifen von 10 m und ein äußerer Schutzstreifen von 20 m zum „Deichzubehör". Darüber hinaus ist im Landeswassergesetz von 1971 in Paragraph 62 a festgelegt, daß „in einer Entfernung bis zu 50 m vom Fußpunkt der Innenböschung von Landesschutzdeichen" keine baulichen Anlagen errichtet oder wesentlich verändert werden dürfen (Ausnahmen vorbehalten!). Das Niedersächsische Deichgesetz enthält in § 16 eine analoge Bestimmung.

Die besonders gefährdeten Teile scharliegender Deiche (Deichfuß und unterer Bereich der Außenböschung) sind in der Regel durch massive Decken aus Natursteinen, Betonformsteinen oder Asphalt verstärkt und gegen die Angriffe von Wasser und Eis geschützt (Abb. 102.2, 102.3).
Natursteindecken werden in Setzstein- oder in Schüttsteinbauweise hergestellt. Zur Sicherung erhält die Decke meist einen Asphaltverguß. Bei Setzsteinpflastern werden die Steine einzeln eingepaßt, spitze Steine mit der Spitze nach oben. Das Blocksteinpflaster besteht aus 30 bis 50 kg schweren geschlagenen quaderförmigen Basalt- oder Granitsteinen, die mit möglichst geringen Fugen versetzt werden, damit sie durch Brandung und Druckschlag der Wellen nicht ausgeschwemmt werden können. Früher sind für die Deckwerke vorwiegend schwere Basaltsteine verwendet worden, die von weit her herangeführt werden mußten (Abb. 103.1, 103.2). An ihre Stelle treten in zunehmendem Maße die billigeren Granitsteine (Granit von Findlingen, aus Kiesgruben oder eingeführt, besonders aus Bornholm) wie auch Betonformsteine (Abb.

103.3, 104.1). Das wechselweise Vorhandensein von Basalt und Granit, wie man es da und dort trifft, ist nicht technisch, sondern „entwicklungsgeschichtlich" bedingt: Bereits vorhandene Basaltblöcke finden bei Ausbesserungs- und Verstärkungsarbeiten selbstverständlich wieder Verwendung.

Beim Bau von Deichsicherungswerken gelangen heute vermehrt auch Betonformsteine zum Einsatz, die stumpf aneinandergestoßen oder als Verbunddecke verlegt werden. Betonhöckersteine verleihen der Decke die nötige Rauhigkeit zur Verminderung des Wellenauflaufs (die Höhe der Rauhigkeitselemente sollte mindestens 20 cm betragen, auch bei Natursteindecken).

Wo die Sicherheit des Deiches durch längs zur Küste laufende starke Strömungen gefährdet ist, kann das Deichschutzwerk durch *Buhnen* ergänzt werden (Abb. 104.2) (Dämme aus Holz, Stein, Beton, Stahl oder Asphalt). Sie stehen mehr oder weniger senkrecht zur Uferlinie und reichen mit ihren Köpfen 50 m, 100 m und weiter ins Watt hinaus. Ihre Funktion besteht in erster Linie darin, Ströme, die zu einer Erosion des Bodens vor dem Deich und damit zur Unterspülung des Deichfußes führen könnten, vom Ufer abzudrängen. Darüber hinaus können sie als Sand- und Schlickfänger dienen. Die Bemessung und Konstruktion der Buhnen richtet sich nach den örtlichen Verhältnissen und nach Erfahrungswerten.

Den wohl besten Schutz eines Seedeiches bildet ein genügend breiter und hoher Streifen *Vorland*. Durch die Anlage von Landgewinnungsfeldern und durch die Förderung der natürlichen Verlandungstendenz wird deshalb wo immer möglich versucht, Vorland in einer Breite von 200 bis 400 m zu gewinnen. Wo sich, bedingt durch ungünstige Strömungsverhältnisse oder tiefe Wattlage, kein natürliches Vorland bilden kann, besteht in bestimmten Fällen die Möglichkeit der Schaffung eines künstlichen Vorlandes durch Sand- und Schlickaufspülung oder durch Materialaufschüttung von der Landseite her (z. B. Verhüttungsrückstände).

104.1 Betonsteinpflaster. Deckwerke werden heute vielfach mit Betonformsteinen gebaut. Ein Vollverbund (Verbund in horizontaler und in vertikaler Richtung) verhindert, daß einzelne Steine nach oben oder seitlich herausgelöst werden. Die Deckengewichte liegen je nach der zu erwartenden Beanspruchung und der Böschungsneigung bei 300 bis 1000 kg/m², die einzelnen Steine sind entsprechend zwischen 12 bis 40 cm dick. Wo Decken besonders starker Beanspruchung ausgesetzt sind, werden die Fugen mit einer Vergußmasse geschlossen.

104.2 Steinbuhne. Die senkrecht zur Uferlinie stehende Buhne hält längslaufende Strömungen von der Küste ab, dämpft aber auch den Wellengang und fördert so die Ablagerung von Sinkstoffen.

Abb. 105.2 Längsschnitt (vereinfacht) eines Sieles in einem Seedeich

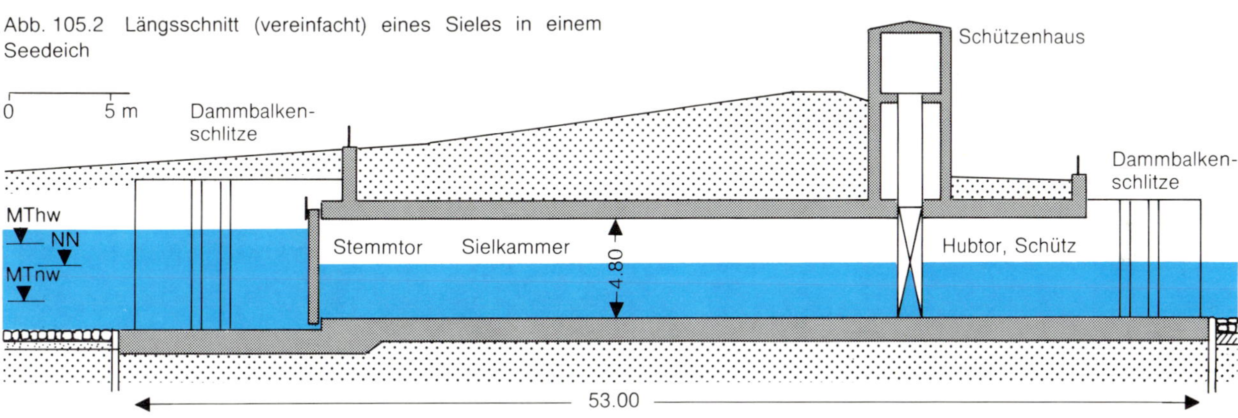

Entwässerung der Marsch und der Köge

„Versupt wi nich in Soltwater, versupt wi in Sötwater (Ersaufen wir nicht im Salzwasser, ersaufen wir im Süßwasser)!“ Eine Übertreibung?

Seit Tagen schon hat es fast ununterbrochen geregnet. Das Wasser in den Vorflutern und in den Grüppen innerhalb der Deiche steht längst bis zum Rand. Auch die Sielbecken und die zusätzlich geschaffenen Speicherbecken sind gefüllt. In der tieferliegenden Marsch steht das Wasser da und dort bereits fußtief auf den Feldern. Die Bäche und Flüsse aus dem Hinterland und von der Geest sind angeschwollen und bringen Wasser, Wasser, Wasser. Draußen auf dem Meer tobt der Sturm. Die Winde und Böen drücken die Flut gegen die Küste. Die Wellen schlagen hart gegen die Deiche und spritzen hoch auf. Zur Ebbzeit weicht das Wasser kaum zurück. Die Sieltore haben sich in den letzten beiden Tagen nur für kurze Zeit halbwegs geöffnet. Das wenige Binnenwasser, das ins Watt abfließen konnte, brachte in der Marsch und in den Kögen keine spürbare Entlastung. Und zu all dem: In den Vorhersagen des Warndienstes des DHI werden noch höhere Wasserstände gemeldet, wird vor schwerer Sturmflut gewarnt. Wenn es bös kommt, bleiben die Sieltore für eine oder mehrere Tiden sogar ganz geschlossen. Nur die Pumpwerke vermögen dann noch einen Teil des Wassers aus dem Koog wegzubringen. „Versupt wi . . .“

Die Seedeichlinie bildet die Grenze zwischen zwei völlig unterschiedlichen Wassersystemen. Beiden, dem Meer mit seiner Urgewalt, seinen Gesetzmäßigkeiten

105.1 Siel, Seedeich Hattstedtermarsch. Die Deichlinie muß Durchlässe aufweisen, durch die der Abfluß des Binnenwassers erfolgen kann.

und seiner Unberechenbarkeit, wie auch den Gewässern des Binnenlandes – fließende, stehende, natürliche, künstliche – mit ihren spezifischen Eigenheiten und ihren Funktionen im Rahmen des gesamten Wasserhaushalts ist bei der Projektierung und Realisierung von Deichwerken gleichermaßen Rechnung zu tragen. Der Deich muß einerseits dicht sein, den Fluten des Meeres das Einströmen ins Binnenland verwehren und andererseits Durchlässe aufweisen zur Entwässerung des Landes.

Die Wasserverhältnisse vor und hinter dem Deich sind grundsätzlich verschieden. Seeseits sind sie vom Rhythmus der Tiden geprägt. Zweimal täglich ist hoher, zweimal niedriger Wasserstand. Dazu ist mit gelegentlichen Sturmfluten zu rechnen, die hohe Wasserstände über mehrere Tiden bringen können. Demgegenüber weist die Binnenseite keinen rhythmischen Wasseranfall auf. Der Wasserstrom Richtung Meer ist mehr oder weniger kontinuierlich, mit jahreszeitlich bedingten Schwankungen und gelegentlichen Spitzen bei längerem Regenwetter, nach Gewittern oder zur Zeit der Schneeschmelze. Durchlässe in den Deichen müssen derart konstruiert und bemessen sein, daß sowohl die geregelte tägliche Entwässerung des Binnenlandes wie auch die Sicherheit der Deichlinie in Notsituationen gewährleistet ist. Solche Werke heißen Siel (Abb. 105.1, 105.2). Sie bestehen aus einem tunnelartigen Durchlaß im Deichkörper, der durch verschiedene Vorrichtungen dicht gemacht werden kann.

Größere Deichsiele weisen in der Regel vier Verschlußmöglichkeiten auf: den Balkenverschluß seeseits, die Stemmtore (Abb. 106.1), das Schütz (Abb. 106.2) und den Balkenverschluß auf der Landseite.

Die Stemmtore öffnen und schließen sich selbsttätig durch Wasserdruck. Während der Hochwasserzeit der Tiden werden die Torflügel durch das Außenwasser gegen den Betonrahmen der Sielkammer gepreßt (Abb. 106.3). Es ist *Sielschlußzeit.* Auf der Binnenseite des Siels steigt der Wasserstand, da die dem Koog zufließenden Wassermassen nun keinen Abfluß finden. Das anfallende Wasser muß für Stunden gespeichert werden, einerseits in den Vorflutern oder in besonderen Sielbecken, andererseits aber auch im gesamten Grabensystem der Marsch, das rund 10 bis 15 Prozent der Gesamtfläche ausmacht. Die Höhe des Wasserstandes am Ende der Stauperiode wird *Stauspiegel* genannt. Der Stau während der Sielschlußzeit wirkt sich je nach Gelände bis mehrere Kilometer landeinwärts aus, besonders dort, wo weite Marschflächen knapp um NN oder darunter liegen. Wenn sich die Sieltore wegen anhaltender Sturmflut über mehrere Tiden kaum oder überhaupt nicht mehr öffnen, besteht die Gefahr von weiträumigen Überflutungen durch Binnenwasser. Wo

mit großen Staumengen zu rechnen ist, werden deshalb besondere Speicherbecken geschaffen. Die Becken bei Schlüttsiel (nördlich von Husum) beispielsweise fassen bei einer Fläche von 7 km² rund 7 000 000 m³ Wasser.

Setzt die Ebbe ein, beginnt der Seespiegel langsam zu fallen. Die Sielschlußzeit geht dem Ende entgegen. Sinkt der äußere Wasserspiegel unter den inneren, werden die Tore durch den nun binnenseits größeren Wasserdruck aufgestoßen. Es beginnt die *Sielzugzeit*, die Zeit der Vorflut (Wasserabzug). Die ordentliche Entwässerung der Marsch ist gewährleistet, wenn die Tideleistung eines Sielwerks, d. h. die Menge des während einer Tide abgeführten Wassers im Mittel einiger aufeinanderfolgenden Tiden jener Wassermenge entspricht, die der Marsch oder dem Koog in dieser Zeitperiode durch Gewässer oder Niederschlag zugeführt wird.

106.1 Die Stemmtore seeseits der Sielkammer bestehen aus widerstandsfähigen, harten Hölzern (Eiche oder tropische Harthölzer). Sie werden durch Wasserdruck automatisch geöffnet und geschlossen.

106.2 Schütze eines Deichsiels, Schlüttsiel/Hauke-Haien-Koog. Die Schütze werden durch freie Steuerung gehoben und abgesenkt. So kann der Wasserhaushalt im Koog nach Bedarf geregelt werden.

106.3 Sielschlußzeit. Die Stemmtore werden durch das Außenwasser gegen den Betonrahmen der Sielkammer gepreßt. Der Durchlaß ist geschlossen.

107.1 Dükersche Steuerklappe. Die schweren Stemmtore sind mit einer relativ leichten Steuerklappe aus Metall ausgerüstet. Sie wird vom ersten einfließenden Flutwasser ausgeschwenkt und beginnt das schwere Tor an der Kette in die anfänglich noch geringe Strömung hineinzuziehen, durch die das Tor nun allmählich geschlossen wird. Ohne Steuerklappe besteht die Gefahr, daß die Tore zu spät eindrehen und dann durch die schon starke Strömung knallend zugeschlagen werden.

Mit steigender Flut rückt der Zeitpunkt heran, in dem die Strömung im Priel vor dem Deichsiel Richtung Land kentert. Durch das zwischen Betonwand und Torflügel strömende Flutwasser werden die beiden Flügel mehr und mehr in den Wasserstrom hineingedreht, bis sie schließlich knallend zuschlagen. Jetzt ist wieder Sielschlußzeit.

Die Stemmtore aus Eichenholz oder aus tropischen Harthölzern sind 20 bis 30 cm stark. Um ihnen eine wirtschaftliche Lebensdauer zu sichern, sollte vor allem das Zuknallen bei Sielschluß möglichst abgedämpft werden. Dazu sind die schweren Holztore mit einer abgewinkelten Steuerklappe (Dükersche Steuerklappe) aus Metall ausgerüstet, die durch ein Scharnier unten an der Innenseite der Torflügel angebracht ist (Abb. 107.1). Eine Kette begrenzt den Schwenkbereich. Die leichten Klappen, die erheblich empfindlicher reagieren als die vielfach tonnenschweren Tore, werden schon bei geringer Strömung ausgeschwenkt. Je mehr sie in die Strömung zu liegen kommen, desto größerem Druck sind sie ausgesetzt. Bei gespannter Kette beginnen sie die Sieltore in die noch mäßige Strömung des Flutwassers hineinzuziehen. Die Tore schließen sich ohne knallhartes Zuschlagen.

Im Unterschied zu Stemmtoren und Klappen, die sich je nach der Differenz zwischen Außen- und Binnenwasser selbsttätig öffnen oder schließen, werden *Schütze* durch freie Steuerung hochgezogen oder gesenkt. In größeren Sielwerken können diese Hubtore mitunter recht beachtliche Dimensionen aufweisen. Die Schütze des Deichsiels am Hauke-Haien-Koog-Seedeich (Schlüttsiel) wiegen bei 6,5 m Breite, 5 m Höhe und 30 cm Stärke je 16 Tonnen. Sie bestehen aus einem sehr harten tropischen Holz. Das Heben und Senken durch starke Elektromotoren wird von einer Kommandozentrale aus gesteuert.

Schütze dienen einerseits als Sicherung und weitere Absperrmöglichkeit im Falle eines Schadens an den Stemmtoren, andererseits aber können sie durch die Möglichkeit der freien Steuerung auch wesentliche Aufgaben bei der Regelung der wasserwirtschaftlichen Verhältnisse erfüllen. Viele Außentiefs weisen vor den Deichsielen Auflandungstendenz auf (als Außentief wird die außendeichs liegende Fortsetzung des Hauptvorfluters, des Binnentiefs, genannt, der das Binnenwasser zum Deichsiel oder Schöpfwerk führt). Durch die strömungsstärkere Flut werden erhebliche Mengen an Sinkstoffen in den Priel eingeschwemmt, die sich zur Kenterzeit absetzen und durch den schwächeren Ebbstrom nur teilweise wieder ausgeräumt werden. Je höher das Außentief dabei zu liegen kommt, desto ungünstiger entwickeln sich die Entwässerungsverhältnisse am Siel und damit auch im Koog, bis eine

Abb. 108.2 Längsschnitt (vereinfacht) eines Schöpfwerkes in einem Seedeich

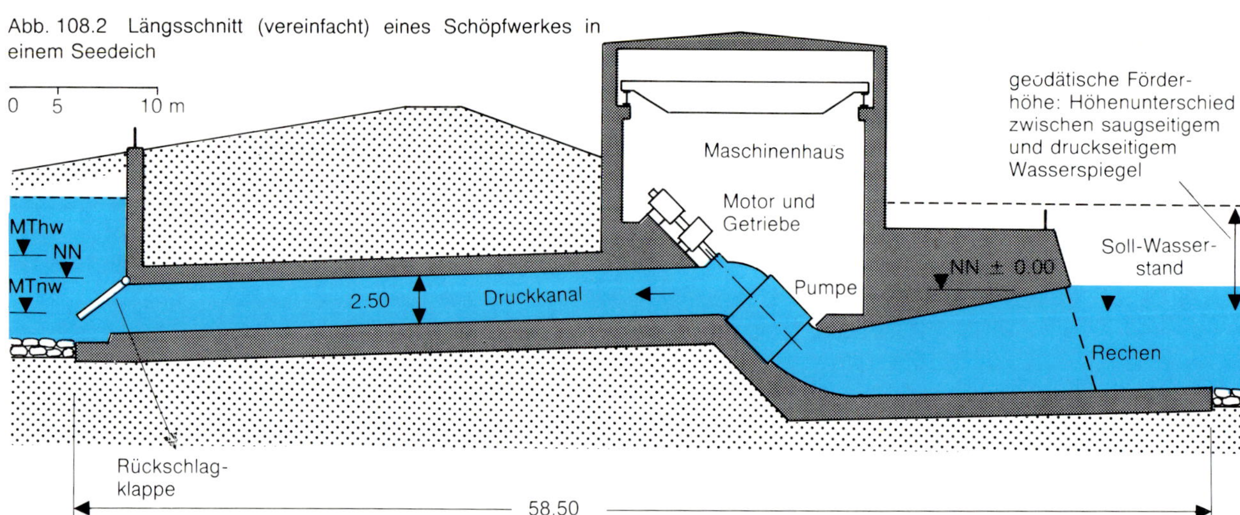

genügende Vorflut überhaupt nicht mehr möglich ist. Der Auflandung kann vielfach begegnet werden, indem die Hubtore nach Eintritt der Ebbe noch längere Zeit geschlossen bleiben, bis zwischen Außen- und Binnenwasser ein genügend hohes Gefälle entstanden ist. Werden die Schütze nun gehoben, vermag die jetzt kräftigere Vorflut den Priel wieder auszuräumen. Diese Art des Sielzuges wird vielerorts regelmäßig durchgeführt. Sie setzt allerdings genügende Speichermöglichkeiten für das anfallende Binnenwasser voraus. Wo diese Methode nicht angewendet werden kann oder nicht zum gewünschten Erfolg führt, werden die Außentiefs durch Räumboote, manchmal auch durch Bagger vom Schlick befreit.

Die Entwässerung der Köge und der Marschgebiete hinter den Deichen erfolgt normalerweise durch Deichsiele (überdeckte Deichdurchlässe) oder bei größeren Flüssen und Strömen durch offene Schleusen. Bei außergewöhnlichen Sturmflutlagen mit hohen Außenwasserständen kann der Fall eintreten, daß der Sielzug über eine oder mehrere Tiden nur noch in ungenügendem Maße erfolgt oder überhaupt unterbleibt. Das Binnenland läuft Gefahr, im Süßwasser zu ertrinken. Für derartige Notsituationen sind in der Hauptdeichlinie nebst den Sielen zusätzlich Deich- oder Entlastungs-

108.1, 109.1, 109.2 Deichschöpfwerk, Arlau-Schöpfwerk. Im Maschinenraum des Schöpfwerks stehen vier Pumpen (2 mit Diesel-, 2 mit Elektromotoren). Ihre Förderleistung hängt von der geodätischen Förderhöhe ab. Bei $H_{geo} = 2$ m beispielsweise beträgt sie 7 m^3/s je Dieselpumpe. Die Druckleitungen werden seeseits mit Rückschlagklappen verschlossen. Auf dem vorliegenden Foto ist das Außentief bis zur Höhe der Rückschlagklappen verschlickt. Binnenseits des Schöpfwerkes der Mahlbusen (Speicherbecken).

schöpfwerke gebaut worden (Abb. 108.1, 108.2, 109.1). Sie werden in Betrieb gesetzt, wenn die normale Entwässerung über die Siele nicht mehr ausreicht.

Die mit Diesel- oder Elektromotoren betriebenen Propeller- oder Rohrschraubenpumpen weisen ein spezifisches Leistungsprofil auf: große Fördermenge bei relativ geringer Förderhöhe. Die Abmessungen eines Entlastungsschöpfwerks richten sich nach dem in Krisensituationen zu erwartenden Wasseranfall, aber auch nach wirtschaftlichen Erwägungen. Die Pumpen arbeiten bis zu einer vorgesehenen geodätischen Förderhöhe (Differenz zwischen Außen- und Binnenwasserstand). Wird diese Höhe bei Sturmfluten überschritten, so muß der Pumpenbetrieb vorübergehend eingestellt werden. Je nach Sturmflutverlauf können dies einzelne bis mehrere Stunden sein. Solche Einschränkungen aus Rentabilitätsgründen sind durchaus tragbar, wenn ausreichende Speichermöglichkeiten vorhanden sind.

Deichverteidigung

Wie ein Teppich zieht sich die Grasnarbe eines gepflegten Deiches vom Deichfuß über die Krone zur Binnenberme. Ihre Widerstandsfähigkeit gegen Strömung und Druckschlag der auflaufenden und brechenden Wellen bestimmt in hohem Maße die Abwehrkraft eines Deiches bei Sturmflut.

Eine kräftige, intakte Rasendecke ist kein Geschenk der Natur, sondern das Ergebnis intensiver, dauernder Pflege. In der Regel werden die grünen Deiche durch Schafe oder Jungrindvieh beweidet (in Schleswig-Holstein findet Beweidung nur durch Schafe statt, während im niedersächsischen Küstenraum auch Jungrindvieh zugelassen ist; Pferde, Schweine und Gänse dürfen nicht auf die Deiche). Der Verbiß durch die Weidetiere führt zu einer dichten, geschlossenen, widerstandsfähigen Grasnarbe. Die ordnungsgemäße Unterhaltung der Rasendecke erfordert unablässige, oft aufwendige Arbeit: Wegräumen von Treibsel (Abb. 110.1, 110.2), wie es von den bei Sturmfluten aufschießenden Wellenzungen vielfach in meterbreiten Streifen auf die Deichböschung gespült wird (bleibt das Angespül liegen, erstickt die darunter liegende Grasnarbe; tierische Schädlinge, vor allem Mäuse finden willkommenen Unterschlupf), Behebung von Brandungsausschlägen und sonstigen Schäden (Abb. 110.3), Kampf gegen Unkraut . . . Die Deichverteidigung beginnt mit der Deichpflege!

Das Kurzhalten der Gräser und Kräuter durch Beweidung oder Mähen (Abb. 111.1) hat nicht allein den Zweck, eine widerstandsfähige Grasnarbe zu erhalten. Je höher das Gras, desto ungestörter fühlen sich Wühltiere wie Mäuse und Maulwürfe, aber auch Kaninchen und gar Füchse. Sie machen sich den Deich zur Wohnstatt. Ihre Löcher, Gänge und Wohnhöhlen, die vorerst kaum erkennbar sind, haben bei hereinbrechender Sturmflut katastrophale Auswirkungen. Das in die Gänge eindringende Wasser durchnäßt den Deich und weicht ihn auf, was bei langer Dauer und außerordentlicher Höhe der Fluten zu Rutschungen und schließlich zum Deichbruch führt, wie dies vor allem in der Februarflut 1962 vielerorts der Fall war. Wöchentlich, zuweilen täglich zieht deshalb der Deichaufseher, ein Beauftragter des zuständigen Baubezirks oder Deichverbandes, mit Gift und Fallen gegen die Schädlinge ins Feld (die Deichunterhaltung obliegt in Niedersachsen den Deichverbänden, in Bremen, Hamburg und Schleswig-Holstein staatlichen Institutionen) (Abb. 111.3, 111.4). Geübte Fallensteller sollen es auf Tagesleistungen von 30 bis 60 Tieren bringen. Kaninchen und Füchse werden abgeschossen.

110.1 Die Treibselkanten geben Auskunft über den höchsten Wellenauflauf der beiden letzten Fluten, die bis auf das Deichvorland gestiegen sind. Das Material sollte möglichst bald weggeräumt werden, da sonst die Grasnarbe leidet.

110.2 Treibselabfuhrgerät. Das eigens für die Deichpflege entwickelte Gerät ermöglicht ein rasches und rationelles Wegräumen des Treibsels.

110.3 Wenn nötig, werden schadhafte Stellen der Deichaußenböschung behelfsmäßig gesichert, bis die Reparaturarbeiten fachgerecht ausgeführt werden können. Sturmfluten können ausnahmsweise auch in den Sommermonaten auftreten.

111.1 Heuernte am Deich. Das Kurzhalten der Grasnarbe auf den Deichen wird in Nordfriesland in der Regel durch Schafe besorgt, dem Tier mit dem goldenen Huf und dem scharfen Zahn. Nur in besonderen Fällen muß gemäht werden.

111.2 In den durch Schafe verursachten Trampelpfaden wird die Grasnarbe nach und nach zerstört, was die Abwehrfähigkeit des Deiches vermindert.

111.3, 111.4 Der Deichaufseher hält den Deich in Ordnung. Schädliche Unkräuter, darunter auch Disteln, werden gemäht oder gestochen, tierische Schädlinge mit Gift und Fallen bekämpft. Heute wird diese Arbeit durch das ALW besorgt. Damit entfallen auch die Bußen, mit denen die zur Deichpflege Verpflichteten früher rechnen mußten,wenn bei der Deichschau ,,schädliche Unkräuter angetroffen'' wurden: 0,10 DM je Stengel Senf oder Hedrich, höchstens jedoch 30,– DM je ha (Sönke-Nissen-Koog, Satzung 1957).

Abb. 112.1 Organisation der Katastrophenabwehr im Kreis Nordfriesland, Schleswig-Holstein

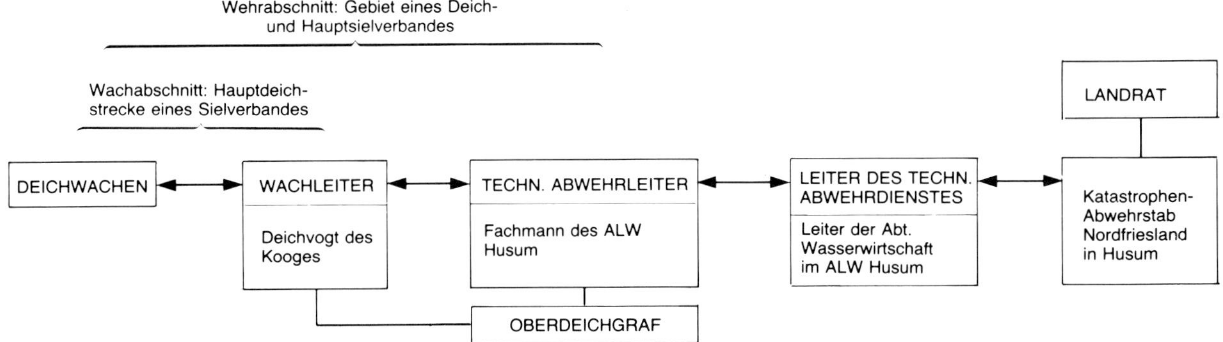

Nicht allein Wildtiere schwächen den Deich. Auch die zur Beweidung eingesetzen Schafe und Rinder verursachen mitunter erhebliche Schäden. In ihren Trampelpfaden wird die Grasnarbe zerstört, wodurch der Deich gegen Wellenangriffe nicht mehr ausreichend geschützt ist. Beweidung durch Großvieh kann sogar zu eigentlichen Profilveränderungen führen, indem die Deicherde von den schweren Tieren nach unten getreten wird (Abb. 111.2).

Auch nach neuesten Erkenntnissen gebaute und ordnungsgemäß unterhaltene Deiche können bei sehr schweren Sturmfluten beschädigt werden oder beim Zusammentreffen einer Reihe außergewöhnlicher, unglücklicher Umstände sogar brechen. Deichpflege kann demnach nur die eine Seite der Deichverteidigung sein, die andere Seite heißt ,,Katastrophenabwehr'', d. h. personelle, materielle und organisatorische Vorbereitung für den Fall ernsthafter Bedrohung. In der Katastrophen-Alarm-Ordnung des Kreises Nordfriesland vom 1. März 1972 ist festgelegt: ,,Die Aufgabe der Katastrophenabwehr besteht in der Einleitung von Maßnahmen gegen Gefahren für Deiche, Dämme und Hinterland. Der Gefahr soll schnell und wirksam entgegengetreten werden. Bereits eingetretene Schäden müssen bis zum Aufkommen der nächsten Flut wenigstens behelfsmäßig ausgebessert worden sein, damit katastrophale Folgen vermieden werden. Sind diese nicht zu verhindern, muß die ganze Aufmerksamkeit der Abwehr den Mitteldeichen zugewandt werden. Sie bilden die zweite Abwehrlinie.''

Hinter dieser knappen Formulierung steht eine enorme Organisation, angefangen mit der Frühwarnung für die Halligen, wenn die Wasserstandsvorhersage MThw +0,5 m meldet, über die Auslösung des Voralarms bei MThw +2,0 m und des Sturmflutalarms bei MThw +2,5 m bis zum Einsatz aller verfügbaren Kräfte im Katastrophenfall (Abb. 112.1).

Bei drohender Gefahr werden die *Wachabschnitte*, das ist je die Hauptdeichstrecke eines Sielverbandes, besetzt. Der *Wachleiter*, in der Regel der Deichvogt des Kooges, kontrolliert mit seinen *Deichwachen*, bestehend aus je zwei Männern, den Deich, beobachtet den Verlauf der Sturmflut und orientiert laufend den Technischen Abwehrleiter.

Das Gebiet eines Deich- und Hauptsielverbandes bildet einen *Wehrabschnitt*, dem der Oberdeichgraf vorsteht. Ein Wehrabschnitt kann einen, zwei oder auch mehr Wachabschnitte einschließen.

Dem *Technischen Abwehrleiter*, einem Fachmann des Amtes für Land- und Wasserwirtschaft, sind mehrere Wehrabschnitte zugeteilt. Er sorgt dafür, daß Schadenstellen an den Deichen möglichst rasch mindestens behelfsmäßig gesichert werden. Über weitere Maßnahmen, wie etwa Verstärkung des Warnpostendienstes, heranführen von Baumaterialien, Verstärkung der Abwehrkräfte usw., berät er sich mit dem Oberdeichgrafen des betroffenen Gebietes. Mit ihm nimmt er auch Rücksprache, bevor die Schließung der Stöpen angeordnet wird (Abb. 113.1). Die Stöpen werden geschlossen, wenn mit einem Bruch des Hauptdeiches zu rechnen ist. Vorher sind die Bewohner der betroffenen Köge zu warnen und möglicherweise auch zu evakuieren. Der Technische Abwehrleiter steht in direkter Verbindung mit dem *Leiter des Technischen Abwehrdienstes* (im Bereich der Landesschutzdeiche ist dies der Leiter der Abteilung Wasserwirtschaft im Amt für Land- und Wasserwirtschaft). Ihn informiert er über die Lage und über die getroffenen Maßnahmen, von ihm fordert er nötigenfalls Hilfe an.

An der Spitze der Organisation steht der *Landrat**. Als Katastrophenabwehrleiter ist er für alle Maßnahmen der Katastrophenabwehr verantwortlich. Er verfügt über eine Reihe von Führungsorganen, so in erster Linie

* Leiter der Deichverteidigung bzw. der Katastrophenabwehr: Niedersachsen = Zuständiger Oberkreisdirektor – Schleswig-Holstein = Zuständiger Landrat – Bremen = Senator für Inneres – Hamburg = Senator für Inneres.

über seinen Katastrophen-Abwehrstab. Im Notfall kann er Hilfskräfte mobilisieren: die Bewohner der bedrohten Gebiete, Einheiten der Berufs- und Freiwilligen Feuerwehr, Einheiten des Technischen Hilfswerks, sonstige Hilfsorganisationen des betreffenden Kreises, die Polizei usw. Auf Anforderung stehen ihm auch Kräfte der Bereitschaftspolizei, des Bundesgrenzschutzes und der Bundeswehr zur Verfügung.

Die Deichverteidigung muß derart organisiert sein, daß Schadenstellen an den Deichen, die während einer Sturmflut entstehen, rasch und nachhaltig gesichert werden können (Abb. 113.2). Dieser Kampf gegen die Zeit und das Wasser kann nur gewonnen werden, wenn es gelingt, rechtzeitig die nötigen Hilfskräfte und das benötigte Material an den Einsatzort zu bringen. An geeigneten Stellen werden deshalb Katastrophenschutzmateriallager (Sturmflutgerätelager) angelegt, wo Faschinen, Pfähle, Draht, Sandsäcke, Kunststoffmatten und Werkzeuge in greifbarer Nähe lagern (Abb. 113.3, 113.4). In der Januarsturmflut 1976 wurden allein im Kreis Nordfriesland zur vorläufigen Sicherung der Schadenstellen rund 50 000 Pfähle, 250 000 Sandsäcke und 8000 m^3 Faschinen benötigt.

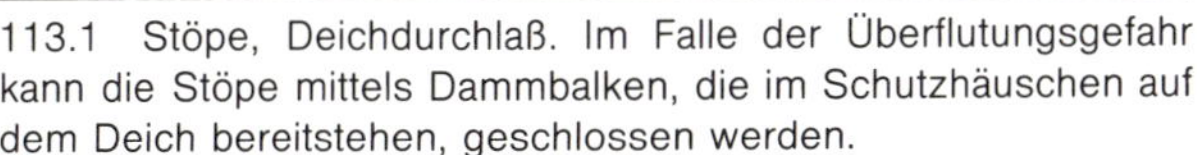

113.1 Stöpe, Deichdurchlaß. Im Falle der Überflutungsgefahr kann die Stöpe mittels Dammbalken, die im Schutzhäuschen auf dem Deich bereitstehen, geschlossen werden.

113.2 Die Sturmflut hat dem Deich hart zugesetzt. Nur wenig hat zu einem Deichbruch gefehlt. Mit Faschinen und Sandsäcken werden die Schadstellen möglichst rasch mindestens behelfsmäßig gesichert. Schon morgen kann die nächste schwere Sturmflut da sein, welcher der geschwächte Deich keinen nennenswerten Widerstand mehr entgegenzubringen vermöchte.

113.3, 113.4 Katastrophenschutzmateriallager. Auf dem Bauhof des ALW lagern Zehntausende von Pfählen und Berge von Faschinen. Wenn der ,,blanke Hans" wütet, beginnt der Kampf gegen Zeit und Wasser. Soll er gewonnen werden, muß das benötigte Material rechtzeitig und in ausreichender Menge zur Verfügung stehen.

Sturmflut

„Bereits in den frühen Morgenstunden werden viele durch den stärker aufkommenden Sturm geweckt. Während des Melkens flackert schon einige Male das Licht, für Augenblicke erlischt es ganz. Man schafft die Arbeit gerade noch. Dann gegen 8 Uhr fällt der Strom völlig aus: Rund 20 km von der See entfernt ist das Heider Umspannwerk funktionsunfähig geworden. So sehr hat der Sturm Salzwasser ins Binnenland gesprüht. Über Kofferradio hört Peter Maaßen, Bürgermeister von Nordermeldorf, die ersten Orkanmeldungen mit konkreten Sturmflutwarnungen. Um 10.30 Uhr fährt er an den Deich. Das Wasser brodelt schon am Deichfuß, und erst in dreieinhalb Stunden soll Hochwasser sein! Wird das gutgehen? Die Situation ist kritisch. Um 11.15 Uhr bekommt er einen Anruf vom Amt Meldorf-Land: Der Katastrophenabwehrleiter des Kreises hat Voralarm gegeben. Daraufhin benachrichtigt er sofort den Gemeindewehrführer, der gerade dabei ist, mit einem Teil seiner Wehr auszurücken, um Hilfe zu leisten. Auch bei ihm hat es nämlich schon Schadensmeldungen gegeben. Und dann bekommt noch der Dorfschmied Bescheid, daß er das Magnophon bereithalten soll.
Dabei handelt es sich um ein transportables Gerät zum Auslösen von Katastrophenalarm. Es wird mit einer Kohlensäurefüllung betrieben und immer eingesetzt, wenn die elektrischen Sirenen wegen Stromausfalls nicht in Betrieb genommen werden können. Nach der 62er-Flut hatte man das Magnophon angeschafft. Bei einer Funktionsüberprüfung im Oktober 1975 stellte man schließlich fest, daß überhaupt keine Kohlensäure vorhanden war. Ob jemand geahnt hat, daß das Gerät nur ein Vierteljahr später zum Einsatz kommen sollte?
Um 11.45 Uhr ist es soweit: Meldorf-Land gibt Vollalarm! Der Bürgermeister von Nordermeldorf löst mit dem Magnophon Katastrophenalarm aus. Doch das Ventil von der Kohlensäureflasche vereist laufend, und so kommt kein Dauerton von einer Minute zustande. Aber die Bevölkerung begreift trotzdem den Ernst der Lage. Und die Feuerwehrmänner sind ohnehin schon angetreten und sofort zur Stelle. Busunternehmer zur Evakuierung des Christianskooges werden benachrichtigt. Die Wagen haben sich bei der Gastwirtschaft „Zur Nordsee" einzufinden. Dort hat sich der örtliche Krisenstab eingerichtet. Es dauert lange, bis die Busse eintreffen; sie fahren noch im Linienverkehr. Das Landesamt für Zivilschutz und Katastrophenabwehr informiert die Bevölkerung über den Rundfunk. Genau eine Stunde nach dem Alarm beginnt dann die Räumung des Kooges. Je ein ortskundiger Mann wird mitgeschickt, damit ja kein Haus vergessen wird. Voraus fahren Einsatzwagen der Polizei. „Achtung! Achtung! Hier spricht die Polizei! Es ist Katastrophen-Alarm ausgelöst. Es besteht die Gefahr von Deichbrüchen. Verlassen Sie den Koog! Fahrzeuge zur Räumung stehen bereit. – Achtung! Achtung! Hier spricht die Polizei!"
Der Augenblick einer schweren Entscheidung ist gekommen. Nicht alle sind bereit zu kapitulieren. Wer der Aufforderung folgt, hat Tränen in den Augen. Kranke, Alte, Frauen und Kinder werden abgefahren. Auffangstelle ist die Hauptschule in Meldorf. Ohne Licht und Heizung werden die Evakuierten dort vom DRK betreut. Ein Teil kommt bei Bekannten und Verwandten in der Umgebung unter. Die Bauern aber weichen keinen Schritt vom Hof: Ihr Vieh steht noch in den Ställen.
Inzwischen kann man sich dem Deich schon fast nicht mehr nähern. Der ganze Schutzwall ist eine Schaum- und Wasserfront. In voller Länge flutet die Nordsee an der Innenseite herunter. Die Wellen wühlen sich ins Erdreich, fressen Löcher in den Deich. Sandig-braun färbt sich der spritzende Gischt. Höchste Eile ist geboten. Dann fällt ganz langsam der Wasserstand. Ist das Schlimmste vorüber? Trotzdem soll das Vieh abtransportiert werden. Bauern mit Frauen und Helfern haben schon zur Eigeninitiative gegriffen. Aber mit kleinen Fahrzeugen bringt das nicht viel. Von Amts wegen werden die entsprechenden Fuhrunternehmer mit Spezialfahrzeugen benachrichtigt. Doch sie können nicht anrücken, weil die Fahrer der Lkws an den Deichen kämpfen und erst mühevoll gesucht werden müssen.
Was den Verantwortlichen immer wieder zu schaffen macht: Die Telefonleitungen sind derart überlastet und gestört, daß man sich nur durch Direktabsprachen verständigen kann, wenn man nicht über Funk verfügt. So muß Bürgermeister Maaßen als Mitglied des örtlichen Krisenstabes den ganzen Koog immer wieder mit dem Auto abfahren. Wertvolle Zeit geht dabei verloren.
Irgendwann sickert dann die Meldung durch: Der Deich ist gebrochen (Abb. 116.1)! Jetzt wissen die Männer, warum der Wasserstand an einigen Stellen leicht abgesunken ist. Zum erstenmal in der Geschichte des Kooges hat der „blanke Hans" den schützenden Erdwall zerschlagen, sichergeglaubtes Menschenwerk ist von vernichtendem Untergang bedroht. Millionen Kubikmeter Meerwasser brodeln durch die Lücke im Deich, schießen in die Gräben und überfluten das flache Land. Schnell sucht sich das Wasser die tiefliegenden Gebiete. Deshalb sind Häuser in einigen hundert Metern Entfernung vom Deich nicht unmittelbar gefährdet. Aber der Deich ist an seiner Bruchstelle nicht zu halten. Sandsäcke werden herbeigeschafft, in die Löcher geworfen, von der nächsten wütenden Welle einfach weggespült. 1300 Rinder und 400 Schweine warten gedul-

dig auf Rettung vor dem Ertrinkungstod. Dann kommen endlich die ersten Lastkraftwagen. Sie werden nach der Dringlichkeit zu den tiefgelegenen Höfen beordert. Das Wasser steigt zusehends. Die Fahrer sehen von der Straße nur noch die Begrenzungspfähle. Doch es geht alles gut. Feuerwehrmänner und andere Freiwillige verladen das Vieh zügig. Es gibt keine Komplikationen. Bis auf die Schweine. Die Ferkel würden, aus einem warmen Stall kommend, den Kälteschock nicht überstehen. Doch wohin mit den geborgenen Tieren? Für das Milchvieh werden Ställe gebraucht, die eine Melkanlage besitzen. Dürftig werden sie in Notunterkünften für eine Nacht untergebracht, irgendwo im Osten, weg von der Nordsee. In der Zwischenzeit erfährt das ganze Land **durch Rundfunk-Sondermeldungen: Im Christianskoog ist der Deich gebrochen*.“**

Für das Auftreten und die Höhe einer Sturmflut sind verschiedene Faktoren maßgebend: Meteorologische Einflüsse (Stärke, Richtung und Dauer des Windes, Luftdruckverhältnisse, Temperaturverhältnisse im Wasser und in der Luft), Zustand der Gezeit (Springtide oder Nipptide), Verlauf der Küstenlinie und Profil des Küstensaumes, Fernwellen aus dem Atlantik, interne Schwingungen in der Nordsee.

Der Wind ist die dominierende sturmfluterzeugende Komponente, daher der Name „Sturm“-Flut. Der vom Wind erzeugte Stau ist etwa dem Quadrat der Windgeschwindigkeit proportional. Eine Zunahme der Windgeschwindigkeit auf das Dreifache beispielsweise bewirkt eine Erhöhung des Staus auf etwa das Neunfache. Der Wasserstand reagiert schon auf geringe Schwankungen der Windgeschwindigkeit, und zwar umso mehr, je größer die Windstärke ist. Für die Stauentwicklung spielt auch die Wirkdauer des Windes eine erhebliche Rolle, wobei nach einer gewissen Zeit ein Staumaximum erreicht wird (im Bereich der deutschen Nordseeküste bei gleichbleibender Windgeschwindigkeit nach etwa drei Stunden). Der Stau hängt außerdem auch von der Wassertiefe im Küstenraum und vom Winkel zwischen Windrichtung und Küste ab. In flachem Wasser werden erfahrungsgemäß größere Stauwerte erreicht als im tieferen Wasser, d. h. bei sonst gleichen Bedingungen

* „Trutz, blanke Hans“, Uwe Sönnichsen/Hans-Werner Staritz, Husum Druck- und Verlagsgesellschaft, Husum 1978

115.1 Morsum-Kliff, 3. 1. 1976. Gut 5 m über dem Strand steht das Haus auf dem Kliff nördlich von Morsum (Sylt). Die Gischt der Sturmflut schlägt rund 12 m hoch.

wird der Stau zur Niedrigwasserzeit größer sein als zur Hochwasserzeit.

Die vorliegenden Ausführungen zeigen, daß allein der durch den Wind erzeugte Stau, also der eigentliche Windstau, eine Größe ist, die durch recht komplizierte, teilweise lokal bedingte Zusammenhänge bestimmt wird. An der deutschen Nordseeküste sind positive Stauwerte (bei auflandigen Winden) bis 5 m und mehr, negative (bei ablandigen Winden) bis etwa 2,5 m beobachtet worden (Abb. 115.1). Der bisher höchste Stau an der Westküste von 5,7 m ist am 10. Februar 1949 in Husum gemessen worden.

Sturmflutwetterlagen werden in der Nordsee durch kräftige Tiefs erzeugt, die im nordatlantischen Raum in der Folge bestimmter atmosphärischer Zirkulationen entstehen (Zusammentreffen von warmer und feuchter subtropischer Luft mit polaren Kaltluftmassen), und die dann aus westlicher oder nordwestlicher Richtung in den Raum Nordsee-Südskandinavien einwandern. Dabei treten Zuggeschwindigkeiten bis zu 100 km/h auf. Im Zusammenspiel einer Reihe verschiedener Faktoren (z. B. Luftdruckverhältnisse in benachbarten Hochs, Luftdruck-, Temperatur- und Windverhältnisse in den höher gelegenen Schichten der Atmosphäre, astronomisch bedingte Wasserstandsverhältnisse usw.) können Sturmtiefs zu schwerem Sturm oder Orkan über der Nordsee und zu einer Sturmflut an der Küste führen. Nicht jede Sturmflutwetterlage verursacht demnach zwangsläufig eine Sturmflut. Auf Grund ihrer Zugbahnen lassen sich die Tiefs, die an der deutschen Nordseeküste zu schweren oder sehr schweren Sturmfluten führen, in drei Haupttypen einteilen:

Jütland-Typ: Der Kern des Tiefs zieht von West nach Ost, aus dem Raum Mittelengland nach Jütland, und weiter nach Ost oder Nordost. Er bringt über der Nordsee kurzen aber starken Sturm mit Winden zunächst aus Südwesten, dann aus Westen und schließlich aus Nordwesten. Die Windstaukurve steigt meist steil und hoch, aber nur für kurze Zeit an. Beispiel: Sturmflut 3. Januar 1976 (Abb. 117.1).

Skandinavien-Typ: Das Tief hat seinen Ursprung im Gebiet Grönland-Island, von wo es Richtung Südost wandert und dann Skandinavien auf der Breite zwischen

116.1 Deichbruch Christianskoog, Dithmarschen, 3. 1. 1976. Die Lücke im Deich wird mittels Faschinen und Sandsäcken behelfsmäßig geschlossen, um das weitere Einfließen von Salzwasser in den Koog, aber auch um eine Ausweitung der Deichbruchstelle zu verhindern.

Abb. 117.1 Zugbahn des Orkantiefs vom 3. 1. 76

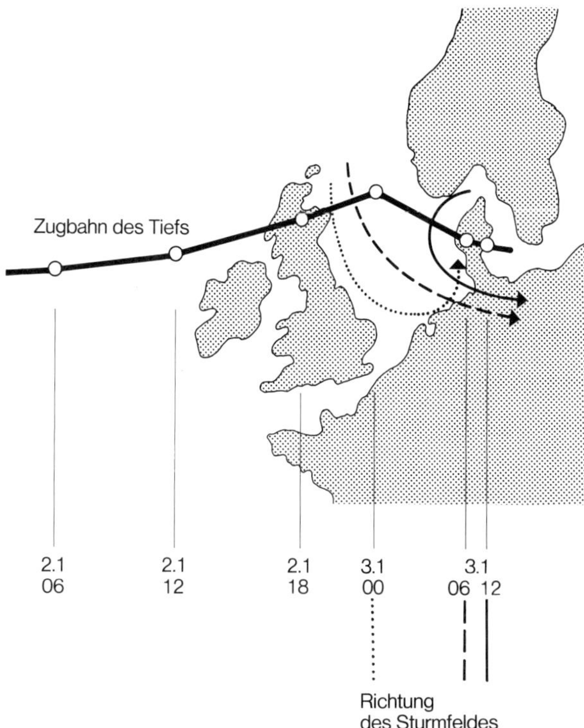

Abb. 117.2 Polarkoordinatensystem für Windstauwerte. Wenn Windrichtung und Windstärke bekannt sind, läßt sich aus der Darstellung der zu erwartende Windstau ablesen.

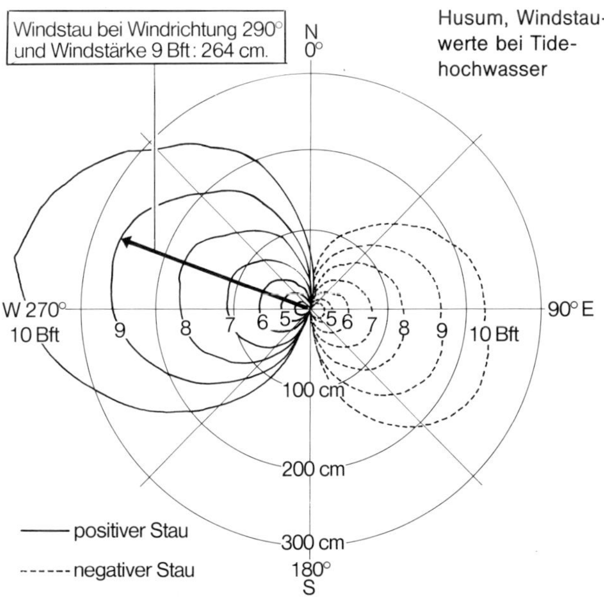

Oslo und Trondheim durchquert. Über der Nordsee verursacht es anhaltenden Sturmwind vor allem aus Nordwest. Die Windstaukurve steigt über mehrere Tiden relativ hoch an. Beispiel: Februarsturmflut 1962; Sturmflut 20./21. Januar 1976.

Skagerrak-Typ: Die Zugbahnen dieser Tiefs verlaufen etwa zwischen jenen des Jütland- und des Skandinavien-Typs und bringen nordwestlichen, im gesamten Raum auf die Küste zugerichteten Wind, der sich in seiner Wirkung vielfach mit der aus dem Atlantik einlaufenden Flutwelle addiert. Daraus können über längere Zeit anhaltende Sturmflutlagen mit sehr hohen Stauwerten resultieren. Die meisten schweren Sturmfluten in den vergangenen hundert Jahren sind durch den Skagerrak-Typ der Sturmtiefs verursacht worden.

Die örtlich ermittelten Stauwerte in Abhängigkeit von Windgeschwindigkeit und Windrichtung können in Polarkoordinatensystemen graphisch dargestellt werden, so daß sich umgekehrt jederzeit der bei einer bestimmten Windrichtung und Windstärke zu erwartende Stau ablesen läßt (Abb. 117.2).

Das Element „Luftdruck" weist zwei Komponenten auf: Wirkung des statischen Luftdrucks und Effekte, die durch raschen Druckwechsel am Ort erzeugt werden. Horizontale Verlagerungen von Luftmassen in der Atmosphäre verursachen Druckunterschiede an der Erdoberfläche. Steigender Luftdruck, der auf den Wasserspiegel drückt, bewirkt ein Ausweichen des Wassers in ein Gebiet niedrigeren Drucks, wo in der Folge der Wasserspiegel steigt (pro Millibar um etwa einen Zentimeter). Erfolgt der Druckwechsel sehr rasch, so werden zusätzlich freie Wellen erzeugt, deren Höhe ein Vielfaches der statisch bedingten Wasserstandsänderung ausmachen kann. Derartige Wellen, die vielfach als sogenannte Fernwellen aus dem Atlantik in die Nordsee eindringen, die ihren Ursprung aber auch in der Nordsee selbst haben können, vermögen Wasserstandsveränderungen bis zu einem Meter hervorzurufen.

Auch die Temperatur von Wasser und Luft bzw. die Temperaturdifferenz zwischen den beiden Medien spielt bei der Entwicklung einer Sturmflut eine gewisse, wenn auch minimale Rolle, da sie die Schubkraft des Windes auf die Wasseroberfläche beeinflußt. Je kälter die Luft und je größer die Temperaturdifferenz, desto wirksamer kann der Wind angreifen.

Die Gezeit ist zwar kein sturmfluterzeugender Faktor, aber die an der Küste resultierenden Wasserstandshöhen hängen in erheblichem Maße davon ab, in welchem Abschnitt der astronomisch bedingten Tidekurve der maximale sturmbedingte Stau auftritt und ob die Sturmflut in eine Nipp- oder eine Springperiode fällt (je nach Ort kann der Unterschied zwischen SpThw und NpThw bis zu einem halben Meter und mehr betragen). Im ungünstigsten Fall treffen maximaler Stau und Springtidehochwasser zeitlich zusammen.

Weder die Schwere noch der Zeitpunkt künftiger Sturmfluten lassen sich voraussagen. Die maximal mögliche schwerste Sturmflut, sozusagen der GAU unter den

Abb. 118.1 Füllungsgrad der Deutschen Bucht vor der schleswig-holsteinischen Küste am 3. 1. 76

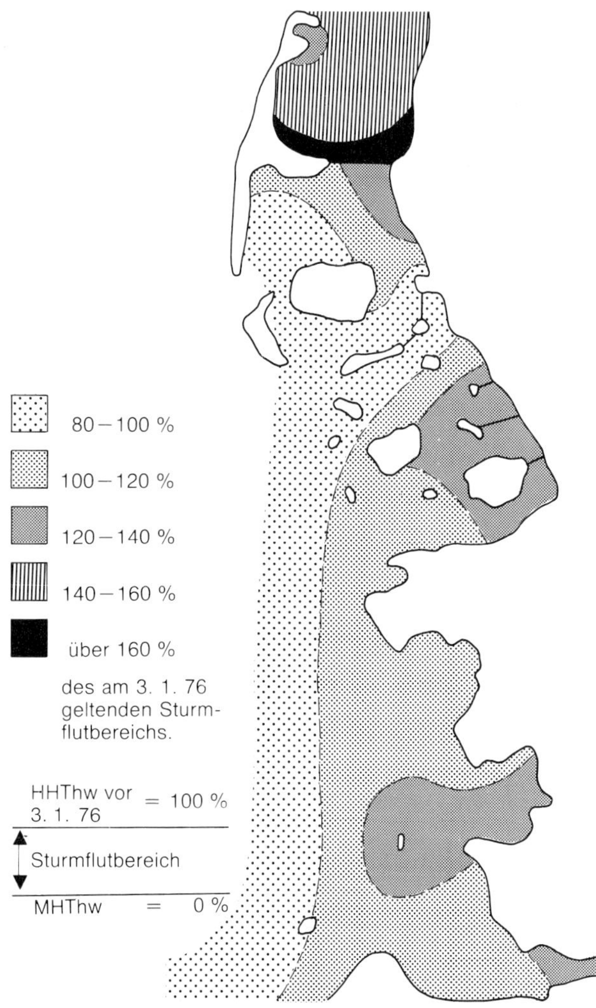

Sturmfluten (GAU = **g**rößter **a**nzunehmender **U**nfall, z. B. bei einem Kraftwerk) an einem bestimmten Betrachtungsort wird stattfinden, wenn alle sturmfluterzeugenden Faktoren maximal und gleichzeitig wirksam werden. Es bleibt zu hoffen, daß dieser Fall nie eintreten wird, denn eine derartige Kombination aller ungünstigen Umstände dürfte trotz des hohen Standes der Abwehrfähigkeit der Küstenschutzwerke zu einer unvorstellbaren Katastrophe führen.

Um eine jeweilige Sturmflut mit vorangegangenen Fluten vergleichen zu können, ist der Begriff des Füllungsgrades geschaffen worden (Abb. 118.1): der Bereich zwischen dem mittleren höchsten Tidehochwasserstand (MHThw) und dem bekannten Höchststand des Tidehochwassers (HHThw) wird als Sturmflutbereich definiert und der Höhenunterschied als 100 Prozent festgelegt. Steigt eine neue Flut über das bisherige HHThw, so ergeben sich Werte über 100 Prozent. Der Sturmflutbereich wird den neuen Werten entsprechend geändert.

1362, 16. Januar (?): 2. Marcellusflut, 1. große Manndränke. Die Flut zerstört weite Gebiete der nordfriesischen Marsch, das Meer dringt bis an den Geestrand vor. Originalberichte über diese Katastrophenflut bestehen keine. Später berichten die Chronisten von 100 000 Menschen, die im Raum zwischen der Elbe und der jütländischen Küste ertrunken sein sollen.

1634, 11. Oktober: Burchardiflut, 2. große Manndränke. Die Flut ist verheerend. Die meisten Deiche an der schleswig-holsteinischen Westküste brechen. Allein in Nordfriesland kommen über 9000 Menschen um (insgesamt sollen es zwischen 13 000 und 15 000 gewesen sein).

Die Deiche der Insel Alt-Nordstrand brechen an 44 Stellen. Das nach der Flut erstellte „Verzeichnis der Menschen, so den 11. October 1634 in der Nacht im Nordstrande in der hogen Wasserfluth jämmerlich ertrunken und umbgekommen, item was sonsten für Schaden daselbst geschechen" zählt die Verluste auf. Total: „6123 Menschen ertrunken und umbgekommen, darunter 9 Prediger, 12 Küster; 1139 Häuser ganz weggetrieben; 375 Hauswirte oder Landeigner und 58 Kötener (= Kötner, Kätner, Häusler, Tagelöhner mit kleinem Grundbesitz, Anm. Verf.) behalten, 28 Windmühlen weggetrieben; 6 Glockentürme weggetrieben . . . An Tieren und lebendiger Habe, als Pferde, Ochsen, Kühe, Schafe und Schweine sind ertrunken, mehr und nicht minder über 50 000 Stück." Dies die traurige Bilanz.

Und doch hatte man sich damals besonders sicher gefühlt hinter den Deichen. Aus der Nordfresischen Chronick des Nordstrander Pastors Antonius Heimreich, Schleswig 1666: „Daß Gott der Herr durch Auslassung des Wassers das Land könne umkehren, solches haben diese Nordfresischen Landschaften nebst allen an der Westsee liegenden Marschländern am Tage Burchardi des 1634sten Jahres besonders müssen erfahren, und zwar dazumal, wie man am sichersten gewesen, und die Deiche so wohl gestanden, daß Ocke Levesen in unserm Nordstrande sich vernehmen lassen, daß man nun einen eisernen Deich hätte, und Iven Acksen zu Rödemis gesaget, man könnte nun sicher hinter den Deichen schlafen, ja man hat auch wohl auf

119.1 Norderheverkoog-Seedeich/Eiderstedt, 16./17.2. 1962. Klägliche Deichreste zeugen von der Wucht der Sturmflut. Nur wenig hat gefehlt, und der Deich wäre völlig weggefegt worden.

119.2 Ülvesbüller Koog, Februar 1962. Der Deich ist in der Sturmflutnacht vom 16./17. Februar auf einer Breite von 80 m gebrochen. Fast drei Wochen vergingen, bis alles Meerwasser aus dem Koog entfernt war. Häuser und Einrichtungen haben schwer gelitten, die Wintersaat war vernichtet.

demselben getrotzet, wie der Deichgraf in Risummohr, nach verfertigtem Deiche den Spaten auf den Deich gesetzt, und vermeßlich gesaget: Trotz nun, blanke Hans!"

1962, 16./17. Februar: Ein ungewöhnlich schwerer Sturm tobt über der Nordsee und treibt das Wasser in die Deutsche Bucht und in die Strommündungen hinein. An der Küste werden Orkanböen mit Windgeschwindigkeiten bis zu 160 km/h gemessen, in Hamburg bis zu 135 km/h. Die Hauptsturmzeit dauert etwa 23 Stunden. Eine Fernwelle aus dem Atlantik, die gleichzeitig in die Nordsee eindringt, verursacht eine zusätzliche Erhöhung der Wasserstände bis um 1 m. Die Bilanz ist erschütternd: 335 Menschen verlieren ihr Leben, davon 315 allein in Hamburg, 7000 Stück Vieh ertrinken, 61 Deichbrüche in Niedersachsen, 60 in Hamburg, 7 in Schleswig-Holstein (Abb. 119.2), rund ein Viertel der Hauptdeichlinie entlang der Nordsee weist mittlere und schwere Schäden auf, die z. T. einen Neubau der Deiche erfordern, 720 km^2 Land werden überflutet . . .* (Abb. 119.1, 120.1).

1362, 1634, 1962, drei der hohen Fluten, die in den vergangenen 600 Jahren die friesischen Küsten heimgesucht haben. Im ganzen mögen es an die dreihundert gewesen sein. Allerdings haben nur einzelne von ihnen zu Katastrophen von größerem Ausmaß geführt, so – nebst jenen von 1362, 1634 und 1962 – beispielsweise die Sturmfluten vom 25. Dezember 1717 (von der niederländischen bis zur dänischen Küste verloren weit über 10 000 Menschen ihr Leben, in Nordfriesland stand die Flut zwei bis drei Fuß höhen als 1634), vom 4. Februar 1925 (diese Flut brachte in Nordfriesland die höchsten bekannten Wasserstände vor der Februarflut 1962), vom 1. Februar 1953 (in den Niederlanden büßten über 1800 Menschen ihr Leben ein).

In früheren Jahrhunderten brachen die Sturmfluten vielfach unvermittelt über die Küsten herein. Die Menschen konnten vor einer drohenden Katastrophe nicht gewarnt werden oder erst dann, wenn sie sich bereits abzuzeichnen begann. Aus einem Originalbericht des Tönninger Organisten Johann Hasse über die Dezemberflut 1717, aufgezeichnet 1724: „Die Heüser in der neüe Stadt liefen voll Wasser. Die meisten Leüte lagen in vollem Schlaf es wurde an die Thüren angeschlagen und also aufgeweckt. Wass es vor einen Erschrecken verursacht kan ein ieder gedenken. Vir die Bürgerschaft angesagt wart dass sie mit Secke und Schüfels und Molle bey der Schlüse erscheinen sollen lief ein ieder zu."

Auf Grund meteorologischer und hydrographischer Beobachtungen, Messungen und Berechnungen ist es heute möglich, eine Sturmflutgefahr um Stunden im voraus zu erkennen. Mittels der modernen Kommunikationssysteme kann eine entsprechende Warnung allen Interessierten in Kürze übermittelt werden. So besteht über Rundfunk und Fernsehen die Möglichkeit,

* Die bisher höchste bekannte Sturmflut war am 3. Januar 1976 zu verzeichnen. Obwohl die Wasserstände vielerorts erheblich höher standen als 1962, waren die Verluste und Zerstörungen weit geringer als damals. Die Küsten- und Hochwasserschutzprogramme, wie sie nach der Flut von 1953, besonders aber nach der Katastrophe von 1962 aufgestellt und inzwischen zu großen Teilen auch bereits in die Tat umgesetzt worden waren, haben sich ausbezahlt. In Niedersachsen brach die Hauptdeichlinie an drei, in Schleswig-Holstein an zwei Stellen. In Hamburg haben sich die nach 1962 gebauten Hochwasserschutzanlagen bestens bewährt. In Bremen sind die Wasserstände von 1962 nicht erreicht worden.

120.1 Neuenfelde/Hamburg, 16./17. 2. 1962: Fast 100 km landeinwärts hat die Sturmflut genau so verheerend zugeschlagen wie an der Küste. Mehr als ein Sechstel des Staatsgebietes von Hamburg wurde überflutet.

121.1 Bruch des Stördeiches bei Itzehoe, 16./17. 2. 1962. Unaufhaltsam ergießen sich die Wasser der Stör in die tiefergelegene Marsch. Am innern Deichfuß, wo nach und nach ein Kolk entsteht, spritzt das Wasser hoch auf.

fast die ganze Bevölkerung praktisch zeitverzugslos anzusprechen, sofern rechtzeitig die Erstellung der Empfangsbereitschaft erfolgt.

Zentrale Stelle für Sturmflutwarnungen ist der Windstau- und Sturmflutwarndienst des Deutschen Hydrographischen Instituts in Hamburg. Zweimal täglich werden die Wasserstandsvorhersagen über bestimmte Rundfunksender verbreitet. Steigt das Wasser voraussichtlich höher als 1 m über das MThw, entsteht definitionsgemäß eine Sturmflutlage. Der Windstaudienst wird zum Sturmflutwarndienst. Gewarnt wird in folgenden Spannen:

„etwa 1 m"	bedeutet 0,75 m bis 1,25 m
„1 m bis 1,5 m"	bedeutet 1,00 m bis 1,50 m
„etwa 1,5 m"	bedeutet 1,25 m bis 1,75 m
	voraussichtliche Überschreitungen des örtlichen MThw

Bei einer besonderen Gefahrenlage werden bestimmte Empfängerkreise (Behörden, Wasserbauämter, Deichverbände usw.) telegrafisch benachrichtigt (WOBS-Telegramme, siehe Fachwortverzeichnis). Im Kreis Nordfriesland bewirken diese Telegramme folgende Maßnahmen:

Wasserstandsvorhersage in Metern über MThw	Maßnahme
0,5 m oder mehr	Frühwarnung des Halliggebietes
1,5 m oder mehr	Erstellen erhöhter Bereitschaft, Verbindungsaufnahmen usw.
2,0 m oder mehr	Sturmflut-Voralarm
2,5 m oder mehr	Sturmflut-Alarm

Die WOBS-Telegramme können in der Regel zehn bis sechs Stunden vor dem Eintritt der zu erwartenden Wasserstände zugestellt werden.

Das Fazit der Sturmfluten vom 3. und 21. Januar 1976 an der Westküste Schleswig-Holsteins: 2 Deichbruchstrecken von zusammen 1 km Länge, weitere 6 km Deich derart beschädigt, daß eine sofortige Verstärkung notwendig war, 9 km Deich mit schweren, 23 km mit mittleren und leichten Schäden. Insgesamt sind 39 km Landesschutzdeiche beschädigt worden, das sind 20 Prozent der damals noch nicht verstärkten Deichab-

Abb. 122.1 Sturmflutschäden an Deichen

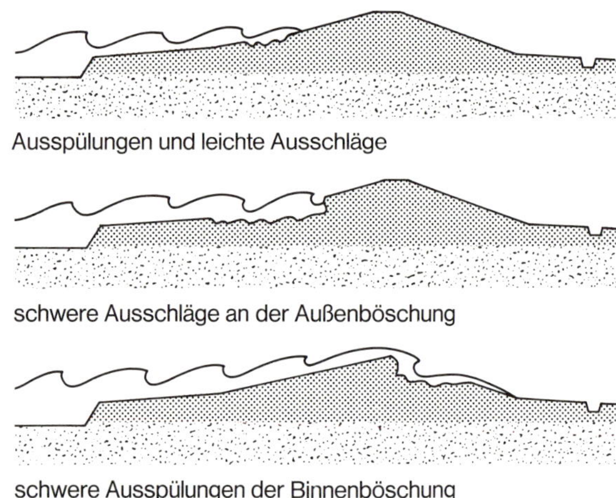

schnitte. An den nach 1962 verstärkten oder neu gebauten Deichen sind praktisch keine nennenswerten Schäden aufgetreten.

Bei einer Sturmflut sind die Deiche schwersten Belastungen ausgesetzt. Die durch die Fluten verursachten Schäden lassen sich wie folgt unterteilen (Abb. 122.1):

- *Flächenhafte Ausspülungen auf der Außenböschung:* größere Flächen der Grasnarbe sind zerstört, der Deich erscheint „abgeschält".
- *Ausschläge auf der Außenböschung* treten vorwiegend in der Höhe des Scheitelwasserstandes auf, besonders dann, wenn die Flut durch starken Windstau über mehrere Stunden praktisch auf gleicher Höhe gehalten wird. Löcher bis etwa 1 m^3/m Deich gelten als leichte und mittlere, Ausspülungen von mehr als 1 m^3/m Deich als schwere Schäden.
- *Schwere Ausspülungen auf der Deichinnenböschung* werden durch überschlagende Wellen und überströmendes Wasser verursacht, aber auch durch austretendes Sickerwasser.
- *Rutschungen der Innenböschung und Kappensturz* (Abrutschen der Deichkrone nach der Binnenseite)
- *Deichbruch*

Bricht der Deich, stürzen die Fluten mit zerstörender Wucht in die nun ungeschützte Niederung. Besteht keine zweite Deichlinie, sind weitflächige Überschwemmungen unvermeidlich. Erst, wenn das Wasser wieder abgeflossen ist, wird sich die Verheerung in ihrem vollen Ausmaß zeigen: Binnenseits der Deichbruchstelle ein tiefer Kolk (Abb. 121.1) (Wehl, Wehle), übersandete und verschlickte Fluren, versalzte Böden, verschlammte Entwässerungsgräben und verstopfte Dränrohre, von Getreibsel verfilzte Baumkronen, zerstörte und beschädigte Häuser, Fahrzeuge und Verkehrswege, gebrochene Wasserleitungen, zerrissene Strom- und Fernmeldekabel, tote Tiere . . .

Wehlen sind vielerorts Zeugen früherer Deichbrüche. Da größere Kolke meist nicht ausgefüllt werden konnten, wurden sie seeseitig umdeicht. Heute, im Zeitalter leistungsfähiger Baugeräte und Transportmittel ist die Wiederinstandsetzung beschädigter oder zerstörter Deiche und die Eindeckung von Wehlen in der Regel kein Problem.

122.2 Sturmflutstimmung über dem Wattenmeer.

Wer baut die Deiche?

Aus dem Wassergesetz des Landes Schleswig-Holstein, Neufassung vom 7. Juni 1971 (Landeswassergesetz), § 58 a Abs. 2: „Die Unterhaltung und Wiederherstellung von Landesschutzdeichen und von Deichen auf Halligen, soweit sie bisher Wasser- und Bodenverbänden obliegt, geht als öffentlich-rechtliche Verbindlichkeit am 1. Januar 1971 als geschlossener Teil dieser Verbände auf das Land über. Gleichzeitig geht das Eigentum der Wasser- und Bodenverbände an den Deichen unentgeltlich auf das Land über . . ." Das neue Gesetz bringt eine radikale Abkehr von Grundsätzen, wie sie während rund 1000 Jahren, seit in Nordfriesland die ersten Deiche gebaut wurden, Gültigkeit gehabt haben: Der Grundbesitzer in der Marsch und in den Kögen wird von der persönlichen Deichpflicht entbunden.

In den ersten Jahrhunderten der Geschichte des Deichbaus in Nordfriesland, die um die letzte Jahrtausendwende ihren Anfang nahm, sind die Deiche in bäuerlicher Gemeinschaft errichtet worden. Zunächst wurden die altbesiedelten wertvolleren Teile der Marsch durch einfache Deiche geschützt. Nach der „ersten großen Manndränke" von 1362 hatten Deichbauten dann in zunehmendem Maße zum Ziele, verlorengegangenes Land zurückzugewinnen bzw. neuentstandenes Land (Anwachs) dem Einfluß des Meeres zu entziehen und landwirtschaftlich nutzbar zu machen. Die zur Verfügung stehenden Hilfsmittel waren mehr als bescheiden. Die Erde (Klei) wurde ursprünglich auf Tragbahren herangebracht, in Notfällen von den Frauen auch in Schürzen und Körben (?). Später begann man damit, das Bodenmaterial auf Sturzkarren (Störten), von Ochsen oder Pferden gezogen, heranzuführen (die zweirädrigen Gefährte wurden durch kippen, „umstürzen", in der Art unserer Lastwagen entleert; nach ihnen ist der Störtewerkerkoog südöstlich von Niebüll benannt). Auf den Deichbaustellen waren oft Hunderte von Störten im Einsatz. Mitunter wurde dann das neugewonnene Land nach der Anzahl der gestellten Gefährte an die Interessierten verteilt. Zu Beginn des 17. Jahrhunderts erschien auf den Deichbaustellen an der Westküste Schleswig-Holsteins die Schubkarre (Karrette, in Nordfriesland 1610 eingeführt durch den holländischen Deichbauingenieur Johann Claussen Rolwagen), wie sie sich bis in unser Jahrhundert hinein als unentbehrliches Baugerät erhalten hat (Abb. 125.1).

Die geringen Hilfsmittel, die zur Verfügung standen, erlaubten keine Deichvorhaben von größerem Ausmaß. Allein die Instandhaltung der bestehenden, dauernd bedrohten Deiche erforderte einen unablässigen hohen Aufwand an Arbeit und Material, da die alten Deiche schon durch ihre Bauweise sehr schadenanfällig waren (die bis 4 m hohen seeseitigen Holzwände der Stackdeiche boten den anbrandenden Fluten eine allzugroße Angriffsfläche). Es kann deshalb nicht verwundern, wenn die Deiche nicht immer und überall in dem Zustand erhalten wurden, der für die volle Abwehrfähigkeit notwendig gewesen wäre. Gingen gar mehrere Jahre ohne größere Fluten ins Land, begannen Wachsamkeit und Gewissenhaftigkeit nur allzuleicht nachzulassen. Der auf Pellworm amtierende Pastor Kruse schrieb 1795: „Der Untergang der Insel (Alt-Nordstrand) hatte in nichts anderem seinen Grund wie in dem elenden Zustand der Deiche und des Deichwesens überhaupt. Die Deiche waren an manchen Stellen nicht mehr wie 10 Fuß über die tägliche Flut hoch, dazu schwach und hin und wieder aus schlechter, mooriger und sandiger Erde aufgeführt. Auch wurden sie so wenig wie die Schleusen beständig in gutem Zustand gehalten, und sollte eine wichtige Reparatur vorgenommen werden, so gab's nichts wie Zank und Zwiespalt . . ." Ob der Chronist wohl übertrieben hat? Wegen den gewaltigen Anstrengungen und Aufwendungen, die der Bau eines Deiches erforderte, sind neue Vorlandflächen in vielen Fällen in einem ersten Schritt nur durch einen Sommerdeich geschützt worden, der dann erst später zum Winterdeich aufgehöht wurde.

Waren ursprünglich die Bauern Träger der Deichbauwerke, so begannen sich ab etwa 1500 mehr und mehr die Landesherren und Fürsten für Landgewinnungs- und Deichbauvorhaben zu interessieren (später stiegen dann auch Großkaufleute und Handelsherren in das Geschäft „Landgewinnung" ein). Einerseits förderten und unterstützten sie die Arbeiten, andererseits nahmen sie den Anwachs als Regal, als nutzbares Hoheitsrecht in Anspruch und verkauften das Bedeichungsrecht gegen Geld oder Neulandanteile an kapitalkräftige Interessierte, vielfach landesfremde Geschäftsleute. Mit den „Oktrois", wie die Verbriefungen genannt wurden, waren in der Regel erhebliche Vorrechte verbunden, so beispielsweise Steuer- und Zollfreiheit für eine bestimmte Anzahl Jahre, Eigentumsrecht am künftigen Anwachs, Freiheit für den Betrieb von Wirtschaften, Brauereien und Mühlen, freie Jagd und Fischerei, Freiheit für den Bau von Kirchen und Schulen usw. Den „oktroyierten" Kögen wurde vielfach auch Selbstverwaltung sowie eigene Gerichtsbarkeit und Polizeigewalt gewährt.

Der Vorland-Kaufvertrag, den die Deichbaugenossenschaft Sönke-Nissen-Koog 1923 mit dem preußischen Staatsfiskus aushandelte, sah wegen der damals herrschenden Inflation eine nicht alltägliche Festlegung des Kaufpreises vor, nämlich in Zentnern Weizen je Hektar: 120 Zentner für deichreifes Vorland, sofern es nicht für die Deichgrundfläche und die Anlage der 18-Ruten* in Anspruch genommen wird, 60 Zentner für Wege und Wasserläufe außer den Hauptentwässerungsgräben, und 40 Zentner für nicht deichreifes Land (Watt) sowie für Deich- und 18-Ruten-Grundstück. Von Vorrechten, wie sie in den alten Oktrois üblicherweise gewährt wurden, ist im vorliegenden Vertrag keine Spur zu finden. Im Gegenteil, es werden recht handfeste Bedingungen aufgezählt: der Deichbau muß in drei Jahren beendet sein; kommt der Deichbau nicht zustande, so leistet der Fiskus keinerlei Ersatz für bereits getätigte Aufwendungen, auch nicht für eventuell bezahlte Vorland-Kaufpreisraten; die Domänenverwaltung behält am Deich fünf kleine Parzellen von insgesamt 3,5 ha als Stützpunkte für ihre weiteren Landgewinnungsarbeiten, beim Deichbau sind soweit möglich Erwerbslose im Akkord zu beschäftigen usw.

Das durch Neueindeichung gewonnene Land ist verpachtet oder verkauft worden, sofern es von den Deichbauunternehmern, vielfach Bauern, nicht selber bewirtschaftet wurde. Im 20. Jahrhundert sind in Nordfriesland noch drei Deiche auf privatwirtschaftlicher Grundlage gebaut worden: Trischen-Koog 1922/25, Neufelder-Koog 1923/25 und Sönke-Nissen-Koog 1924/26.

Mit der neuen Gesetzgebung, wie sie nach dem zweiten Weltkrieg ausgearbeitet wurde, ist das Zeitalter der Oktrois und der privaten Deichbauunternehmungen (gelegentlich auch Deichbauabenteuer!) zu Ende gegangen. Soweit es sich um Landesschutzdeiche handelt, ist der Staat Bauherr geworden, der seit 1971 auch die Unterhaltung und Wiederherstellung der Hauptdeichlinie als Aufgabe übernommen hat.

Der dauernde Existenzkampf der Marschenbauern gegen den blanken Hans hat schon in der Frühzeit des Deichbaus zu klaren, in ihrer Auswirkung oft unerbittlich harten Rechtsgrundsätzen hinsichtlich der Unterhaltung und der Wiederinstandsetzung von Deichen geführt. In den ersten Jahrhunderten ist dieses Deichrecht in mündlicher Überlieferung von Generation zu Generation weitergegeben worden. Erst ab dem 15. Jahrhundert tauchen in Nordfriesland die ersten schriftlich niedergelegten Anordnungen und deichrechtlichen Bestimmungen auf, so beispielsweise der ,,Spade-Land-Brief, das Teich-Wesen in der Wilster-Marsch betreffend" aus dem Jahre 1438.

Die unmittelbare Abhängigkeit der Bevölkerung in den Kögen und in der Marsch vom Zustand der Deiche, die das niedrig gelegene Land vor den Fluten schützen, hat zu zwei tragenden Grundsätzen geführt: zur Deichpflicht und zur Pflicht, Nothilfe zu leisten.

Die Deichpflicht bezog sich auf die Unterhaltung, Ausbesserung und Erneuerung der Deiche. Sie ruhte als dingliche Last auf dem in der Marsch oder im Koog gelegenen Grund und Boden und ließ sich durch keine Vereinbarung abgelten: ,,Kein Land ohne Deich und kein Deich ohne Land". Alle Landbesitzer, auch der Adel und die Geistlichkeit, ja selbst der König, waren deichpflichtig. Wer nicht mehr in der Lage war, den Deich instand zu halten, konnte vom Spatenrecht Gebrauch machen: Er steckte seinen Spaten auf das ihm zugeteilte Deichstück. Damit war er aller Verpflichtungen entledigt, verlor aber gleichzeitig seinen ganzen Landbesitz im Koog, nach dem Grundsatz, ,,De nich will diken, mutt wiken".

Die in den Deichordnungen enthaltenen Vorschriften mußten strikte eingehalten werden. Wer seine Deichpflicht nicht erfüllte, wurde mit Geldbußen oder auch Gefängnisstrafen belegt. Kam der Säumige seiner Pflicht trotzdem nicht nach (oder konnte er ihr aus finanziellen Gründen nicht nachkommen), so hatten die Deichrichter die Pflicht, den ,,Spaden auf den Teich" zu stellen. Nachsicht durften sich die Marschenbauern nicht leisten, denn das Versäumnis eines einzelnen konnte im Falle einer Sturmflut die ganze Bevölkerung in Not und Elend bringen.

Ständige Deichbrüche führten gelegentlich zu recht drakonischen Verordnungen. Nach dem Stedinger Deichrecht (1424, Raum Oldenburg-Bremen) beispielsweise sollte, wer sein Deichstück nicht in Ordnung hielt und dadurch zum Urheber eines Deichbruchs wurde, lebendig im Deich begraben werden.

Der Anteil an der Deichpflicht wurde ursprünglich allein nach der Größe der im Koog oder in der Marsch gelegenen Grundstücke bestimmt, ohne Rücksicht auf die Qualität des Landes. ,,Das Land muß deichen, Demat Demat gleich im Guten und im Argen**". Erst später wurde Land, das geringeren Ertrag einbrachte, von der Deichlast ganz oder teilweise befreit (z. B. ,,Moor hält keinen Deich").

Die Deichpflicht wurde als Pfanddeichung (partielle Deichung) oder als Kommuniondeichung erfüllt. Bei der *Pfanddeichung*, der ursprünglicheren Form, hatte der einzelne voll und allein für das ihm zugewiesene Deich-

* Nach altem Deichrecht gehörte ein Vorlandstreifen von 18 Ruten = 90,4 m zum Deich und damit zum dahinterliegenden Koog. Nach neuem Gesetz gehören zum Landesschutzdeich ein äußerer Schutzstreifen von 20 m (bei Seedeichen) und ein innerer Schutzstreifen von 10 m.

** Demat(h): Ursprünglich ein Stück Wiesland, das von einem Mann in einem Tag gemäht werden konnte, dann Ackermaß von unterschiedlicher Größe, je nach Landschaft. Beispiel nach Eiderstedter Maß:
1 Demat = 6 Saat = 216 Quadratruten = 4924,93 m^2 = ca. ½ ha. 1 Eiderstedter Rute = 4,775 m. 1 Rute gemäß Allgemeinem Deichreglement der Herzogtümer Schleswig und Holstein von 1803 = 5,022 m.

stück zu sorgen, und zwar anfänglich unter Einsatz seines ganzen im Koog gelegenen Vermögens. Erst später begann man, zwischen ordentlichen und außerordentlichen Arbeiten zu unterscheiden. Zu den ordentlichen Arbeiten zählte die jährliche Ausbesserung der Deichoberfläche mit Soden oder Stroh vom Fuß bis zum Kamm und die Instandhaltung der Deichfußsicherung. Als außerordentlich galten der Bau neuer und die Wiederinstandsetzung zerstörter Deiche sowie Deicherhöhungen und Lahnungsbau. Auch bezüglich der Kostenübernahme wurden nach und nach für den einzelnen tragbarere Lösungen gefunden. So übernahmen nun die Deichbände, gebildet durch die Marschen, Kommünen und Köge, die durch einen bestimmten Hauptdeich geschützt wurden, die Kosten für die außerordentlichen Arbeiten, und auch für die ordentlichen Arbeiten mußten der einzelne und die Deichgemeinde nur noch bis zu einem gewissen Höchstbetrag aufkommen.

Erst in den beiden vergangenen Jahrhunderten begann sich anstelle der Pfanddeichung die *Kommuniondeichung* durchzusetzen, d. h. die Deichkommünen, die ursprünglich wohl mit den Dorfschaften (Bauernschaften, Kirchspielen) zusammenfielen, sorgten nun als Gesamtheit für den Deich, wobei die Kosten bzw. die Arbeiten auch weiterhin auf die Deichpflichtigen nach Maßgabe ihres Grundbesitzes im Koog übertragen wurden.

Den zweiten fundamentalen Grundsatz des Deichrechts, der sich allerdings erst später durchsetzte, bildete die Pflicht zur Nothilfe. Die existentielle Gefahr, die durch einen Deichbruch entsteht, erfordert, daß unverzüglich alle verfügbaren Kräfte eingesetzt werden. Die Nothilfe bestand darin, Menschen, Vieh und Güter zu retten und mitzuhelfen, die Deichbruchstelle so rasch wie möglich zu „stopfen". Das „Allgemeine Deichreglement für die sämtlichen Marschcommünen, adelichen Marschgüter und oktroyirten Koege in den Herzogtümern" (Schleswig-Holstein) von 1803 bestimmte, daß die Nothilfe so lange zu leisten sei, bis das Land gegen das Eindringen der täglichen Flut gesichert ist. Wurde ein Deich völlig zerstört, so mußte die Nothilfe bei der späteren Arbeit geleistet werden, bis der Deich einer „gewöhnlichen Flut" widerstehen konnte. Eine Verweigerung der Nothilfe wurde in der Regel schwer bestraft. Als sich 1533 einige Friesen trotz Aufforderung nicht zur Hilfeleistung beim Deichbruch Buphever auf der Insel Pellworm einfanden, wurden alle „an den Hälsen gefällt".

Das erste große Deichbauunternehmen in Nordfriesland, bei dem nun der Staat als Bauherr zeichnete, war die Eindeichung des Friedrich-Wilhelm-Lübke-Kooges südlich des Hindenburgdammes in den Jahren 1954/55, als 86. Koog der Bedeichungsgeschichte seit 1362. Ein neueingedeichter Koog ist in der Regel vorerst ein recht buntscheckiges Stück Land: kräftiggrüne Andelwiese da, glatte, braune Vorlanderde dort, wo die Soden für die Deichböschung geschnitten wurden, hier ein Priel, ein Vorfluter, dort ein Stück Watt mit geschlossenem Quellerrasen, daneben eine Fläche mit allen Übergängen von der fortgeschrittenen Auflandung mit Queller- und Schlickgrashorsten bis zum vegetationslosen Sandwatt, Lahnungen und Grüppen ohne Ende . . . Von den 1300 ha eingedeichter Fläche am Hindenburg-

125.1 Bau des Nordstranderdammes, 1935. „Damals" war die 1610 in Nordfriesland eingeführte Schubkarre noch unersetzliches Requisit auf einer Deichbaustelle. Karre um Karre mußte der schwere Klei vom Vorland auf den Deich geführt werden.

damm entfielen 54 Prozent auf die Andelzone, d. h. auf über MThw gelegenes Land, je 23 Prozent waren Schlickwatt mit Queller bzw. vegetationsloses Watt. So übernahm die Schleswig-Holsteinische Landgesellschaft (Landgesellschaft, siehe Fachwortverzeichnis) am 1. Oktober 1955 den Koog mit der Aufgabe, ihn auszubauen, siedlungsfähig zu machen und zu besiedeln. Beim Friedrich-Wilhelm-Lübke-Koog haben sich 3000 Siedler um die 41 vorgesehenen Bauernbetriebe beworben.

Das neue Siedlungsland muß nicht nur erschlossen und für die wirtschaftliche Nutzung vorbereitet, sondern es muß auch politisch eingegliedert werden. Es bildet entweder eine eigene Gemeinde (z. B. Gemeinde Friedrich-Wilhelm-Lübke-Koog, gegründet am 8. Oktober 1957), oder es wird der nächstgelegenen Gemeinde angegliedert.

Die drei vergangenen Jahrzehnte haben nicht nur grundlegende deichrechtliche Neuerungen gebracht, sondern auch einen ebenso grundlegenden Wandel in den Zielsetzungen von Landgewinnungsarbeiten und Deichbauprojekten. Lag früher die Betonung auf „Landgewinnung" (Abb. 126.1, 127.1), so liegt sie heute auf „Küstenschutz". Damit unmittelbar verbunden ist der Schutz der Menschen, die in den hochwassergefährdeten Niederungen leben, und der Schutz der hier vorhandenen Wirtschaftsgüter. Bereits auf Grund der sehr schweren Sturmflut von 1953, die vor allem in Holland katastrophale Verluste und Schäden verursachte, sind in Schleswig-Holstein umfangreiche Arbeiten zur Erhöhung und Verstärkung der Seedeiche durchgeführt worden*. Die Katastrophenflut im Februar 1962 gab den Anlaß, aus „lebenswichtigen Gründen das Gesamtsystem der Schutzwerke zu überprüfen". Das Resultat dieser sorgfältig durchgeführten Überprüfung war der Generalplan „Deichverstärkung, Deichverkürzung und Küstenschutz in Schleswig-Holstein" vom 20. Dezember 1963, fortgeführt am 29. November 1977 (Abb. 128.1), nach einer erneuten „Jahrhundertflut" vom Januar 1976 (innerhalb von 23 Jahren die dritte sogenannte Jahrhundertflut; der blanke Hans hat die Sturmflutstatistik arg durcheinandergebracht!). Mit einem Aufwand von rund 1,5 Milliarden DM ist in den Jahren 1962 bis 1980 ein Großteil der Hauptwerke des Generalplans verwirklicht worden, darunter das Eidersperrwerk, die Abdämmung der Stör, die Abdeichung des Mündungsgebiets der Pinnau und der Krückau sowie die Vordei-

* Auch in Niedersachsen, Bremen und Hamburg sind auf Grund der Erfahrungen aus den Sturmfluten 1953 bzw. 1962 umfangreiche Programme zur Verbesserung des Küsten- und Hochwasserschutzes an die Hand genommen und inzwischen weitgehend ausgeführt worden.

chung in der Dithmarscher/Meldorfer Bucht (Speicherkoog Dithmarschen). Die vorgesehene Verkürzung der Landesschutzdeichlinie auf dem Festland zwischen Dänemark und Hamburg um 42 Prozent ist durch die Verwirklichung der vorgenannten Werke bereits weitgehend erreicht worden. Die Weiterführung des Küstenschutzprogramms erfordert bis 1986 jährliche Ausgaben von rund 100 Millionen DM. Die dann noch anstehenden weniger dringlichen Maßnahmen sind in der Planung 1977 mit rund 300 Millionen DM eingesetzt worden.

Als letzte große Werke des Generalplans vom 20. Dezember 1963 bzw. seiner Fortschreibung 1977 stehen in Schleswig-Holstein noch die Vordeichung der Tonderner Marsch (ein deutsch-dänisches Projekt zur Schaffung einer zweiten Deichlinie in diesem durch Sturmfluten stark gefährdeten Küstenabschnitt; Baubeginn Frühjahr 1981, Deichschluß vorgesehen Herbst 1981) und die Vordeichung der Nordstrander Bucht aus

126.1 November auf Nordstrand. Die Felder sind bestellt, das Wintergetreide wächst.

127.1 Sommer im Cecilienkoog. Schier unüberschaubar sind die Getreidefelder in den fruchtbaren Kögen Nordfrieslands. Landgewinnung bedeutete früher Gewinnung von landwirtschaftlich nutzbarem Boden.

(Abb. 128.2), in deren Zusammenhang ein Sicherungsdamm von rund NN+3 bis 3,5 m Höhe vom Festland zur Insel Pellworm gebaut werden soll. Der Damm wird eine massive Steindecke erhalten, um den Überflutungen bei schwereren Sturmfluten, die von vornherein einkalkuliert sind, standzuhalten. Durch die Verkleinerung des Flutraumes der beiden Wattströme Norderhever und Süderaue und die damit verbundene Verminderung ihrer Erosionswirkung soll einer weiteren flächenhaften Abtragung von Wattgebieten begegnet werden.

Das Projekt Nordstrander Bucht reicht in seinen ersten Ansätzen in die Jahre vor 1940 zurück, als im Zusammenhang mit den Diskussionen um den Friesendamm von W. Dix der nordfriesische Wattenraum bodenkundlich eingehend untersucht wurde. Im Prinzip stehen zwei Projektvarianten zur Diskussion, beide einschließlich eines Sicherungsdammes nach Pellworm:

– „Große Lösung": Bau eines neuen Deiches vom Hauke-Haien-Koog bis zum Elisabeth-Sophien-Koog auf Nordstrand. Mit diesem in der Fortschreibung 1977 des Generalplans 1963 vorgesehenen Projekt ließe sich die Deichverteidigungslinie um 10 km von 29,5 km auf 19,5 km verkürzen, und der Ockholmer Koog wie auch die Hattstedter Marsch erhielten die dringend erforderliche zweite Deichlinie.

Abb. 128.1 Generalplan Küstenschutz Schleswig-Holstein

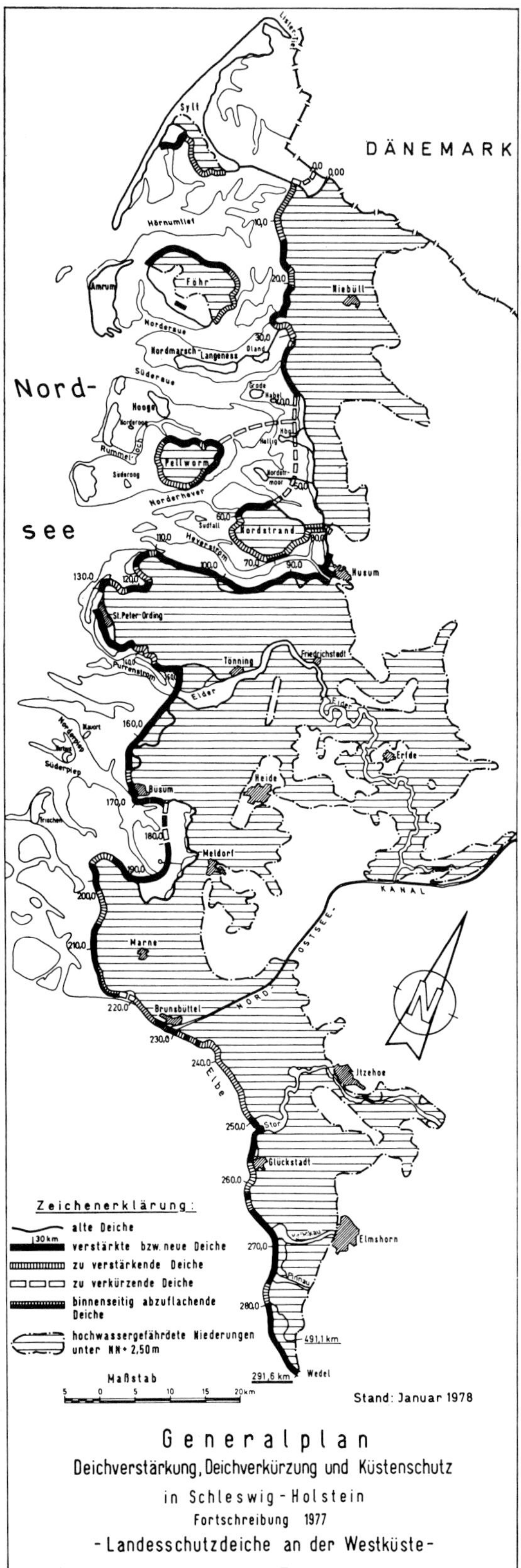

Abb. 128.2 Vordeichung Nordstrander Bucht

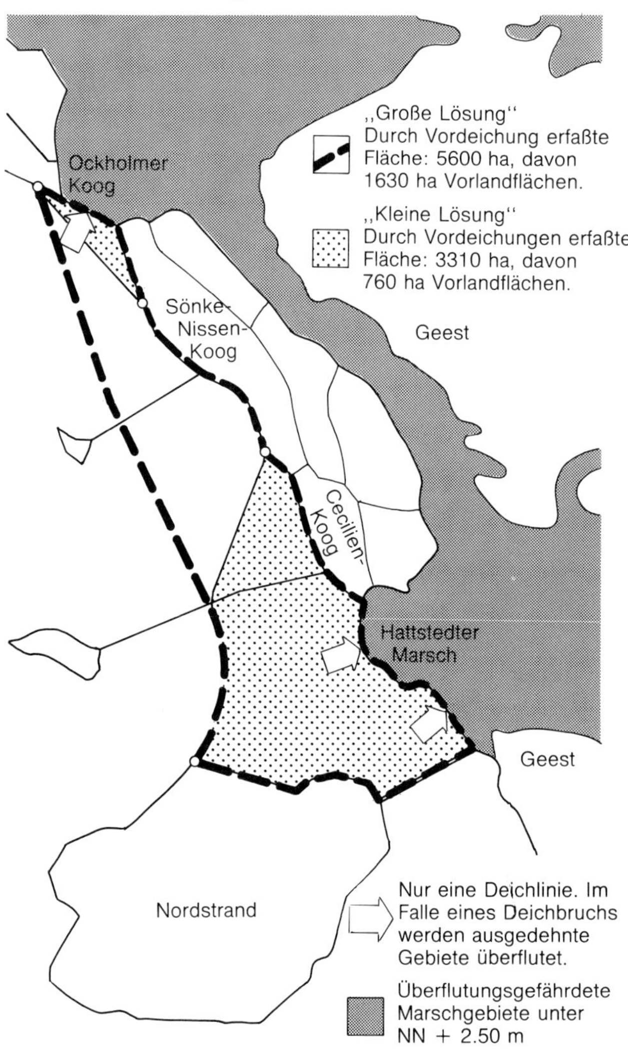

– ,,Kleine Lösung'': Bau eines neuen Deiches vom Südende des Sönke-Nissen-Kooges bis nach Nordstrand und Vordeichung vor dem Ockholmer Koog.

Mittels umfassender Vorabklärungen und sorgfältiger Planung wird jene Projektvariante gesucht, die dem Sicherheitsbedürfnis der Menschen in den betroffenen Gebieten wohl Vorrang einräumt, bei der aber auch die Belange des Naturschutzes in gebührendem Maße berücksichtigt werden. Eine Vorentscheidung der Landesregierung vom 8. Juli 1980 geht dahin, der ,,kleinen Lösung'' den Vorzug zu geben. Das Planfeststellungsverfahren soll 1981 durchgeführt werden. Der Baubeginn für die Vordeichung ist für 1982 vorgesehen. Die Bauzeit für den neuen Deich und die notwendigen Deichverstärkungen wird mit fünf bis sechs Jahren angesetzt. Anschließend soll der Pellwormer Damm gebaut werden.

Leben hinter den Deichen

Mit der Eindeichung und Besiedlung eines neuen Kooges ist eine bedeutende erste Runde erfolgreich abgeschlossen. Der Deich schützt gegen das Außenwasser, schafft aber gleichzeitig neue Probleme hinsichtlich des Binnenwassers. „Versupt wi nich in Soltwater, versupt wi in Sötwater! (Abb. 129.1)". Die ordnungsgemäße Entwässerung der Marsch ist für ein sicheres Leben und eine ertragreiche Bewirtschaftung ebenso unerläßlich wie der Schutz gegen Sturmfluten. Zur Bewältigung der wasserwirtschaftlichen Probleme schließen sich die Bauern der Köge zu Sielverbänden zusammen. Aus der Satzung des Sielverbandes Sönke-Nissen-Koog in der Gemeinde Reussenköge im Kreis Nordfriesland: „Der Verband hat folgende Aufgaben: 1. Gewässer und ihre Ufer auszubauen und in ordnungsmäßigem Zustande zu halten, 2. Grundstücke zu entwässern, zu bewässern und vor Überflutungen zu schützen." Ferner: „Zur Durchführung seiner Aufgaben hat der Verband die nötigen Arbeiten an seinen Gewässern vorzunehmen, Gräben, Brücken, Siele, Sielzüge, Dräne, Durchlässe, Pumpwerke, Stauanlagen herzustellen, zu unterhalten, zu betreiben und zu erhalten." Die Beiträge der Verbandsmitglieder in Form von Geldleistungen sind „im Verhältnis der Flächeninhalte ihrer zum Verband gehörenden Grundstücke ha-ha-gleich" zu erbringen.

Die Sielverbände sind in der Regel an eine übergeordnete größere Gemeinschaft angeschlossen, da bedeutendere Aufgaben, wie beispielsweise der Bau größerer Schöpfwerke, ihre finanzielle Kapazität übersteigen würde. Nach dem Grundsatz der Einheit von Wasser und Deich ist ein Sielverband entweder identisch mit einem entsprechenden Deichverband (Deich- und Sielverband) oder er schließt sich mit anderen Verbänden zu einem Deich- und Hauptsielverband zusammen, d. h. zu einem Wasser- und Bodenverband, dem auch deichrechtliche Aufgaben wie beispielsweise die Unterhaltung von Mitteldeichen obliegen. Der Vorsteher eines Deich- und Hauptsielverbandes trägt den Amtstitel Oberdeichgraf.

Der Vorsteher des Sielverbandes (da und dort führt er traditionsgemäß noch die Bezeichnung Deichvogt,

---

129.1 In der Weite der Landschaft verlieren die Deiche an Eindrücklichkeit, die Deichlinie wirkt schier bescheiden. Doch nur dank dieses Schutzwerks gegen den „blanken Hans" können weite Gebiete entlang der Marschenküste überhaupt bewirtschaftet und besiedelt werden.

wenn der Verband früher als Deich- und Sielverband auch Deichpflichten zu erfüllen hatte) wird durch die Verbandsmitglieder auf vier bis sechs Jahre gewählt. Die Amtszeit der Verbandsorgane und deren Wahlvorgang ist in den Satzungen enthalten, die vom Landrat nach Anhören der Verbände erlassen werden. In den meisten Fällen haben die Mitglieder Stimmenzahl je nach der Größe ihrer im Koog gelegenen Grundstücke: „Jeder angefangene Hektar ergibt eine Stimme. Niemand hat mehr als zwei Fünftel aller Stimmen".

An die Aufwendungen der Siel- bzw. der Deich- und Hauptsielverbände leistet das Land auf Grund des neuen Landeswassergesetzes erhebliche Zuschüsse. Sie betragen: 60 Prozent der Unterhaltungskosten für die Gewässer, 80 Prozent der Betriebs- und Unterhaltungskosten der Schöpfwerke. Im Unterschied zu den mit der Entwässerung zusammenhängenden Verbindlichkeiten, die auch heute noch bei den Verbänden liegen, hat das Land 1971 die Unterhaltung und Wiederherstellung von Landesschutzdeichen und von Deichen auf den Halligen, soweit sie bisher Wasser- und Bodenverbänden oblag, als Aufgabe übernommen, wobei gleichzeitig das Eigentum der Verbände an den Deichen unentgeltlich auf das Land überging (Landeswassergesetz Schleswig-Holstein, 1971, § 58a). Für die Unterhaltung und Wiederherstellung der „sonstigen" Deiche sind nach wie vor die bisher Unterhaltungspflichtigen verantwortlich, wobei das Land Zuschüsse in der Höhe von 60 Prozent der Aufwendungen gewährt (auf den Inseln in besonderen Fällen 80 Prozent).

Die Entwicklung wasserrechtlicher Bestimmungen über die Entwässerung des Landes geht analog der Entstehung des Deichrechts ebenfalls auf die Pionierzeit der Besiedlung der Marsch zurück. Schon im Spadelandrecht aus dem 16. Jahrhundert*, Art. 19, wird die Zusammengehörigkeit von Wasserrecht und Deichrecht klar ersichtlich: „Was hie bevor von Deichen, Dämmen, Deichrichtern und Eidigern angezeigt, dasselbige soll gleichmäßig von Sielen, Schleusen, Wegen und Stegen verstanden werden". Die mit der Wasserlösung, d. h. mit der Schaffung und Sicherung der Vorflut zusammenhängenden Bestimmungen basieren auf einigen wenigen Grundsätzen, wie dies beim Deichrecht der Fall ist: Der Oberlieger hat Maßnahmen zu unterlassen, durch die dem Unterlieger Wasser entzogen oder im Übermaß zugeführt wird, der Unterlieger seinerseits ist verpflichtet, den natürlichen Wasserzufluß aufzunehmen und abzuleiten, die Abzugsgräben sind derart instand zu halten, daß ein „gehöriger" Abfluß des Wassers möglich ist.

* Spadelandrecht: eine der ältesten Sammlungen deichrechtlicher Bestimmungen, die u. a. in den Distrikten des Herzogtums Schleswig galt, zusammengestellt um 1550, möglicherweise aber schon vor 1459.

Die landwirtschaftliche Nutzung der Marschflächen mit ihrer Höhenlage knapp über NN hängt wesentlich von der Regelung der wasserwirtschaftlichen Verhältnisse ab (Entwässerung, Bewässerung). Die Entwässerung erfolgt über ein dichtes Netz von Vorflutern und Gräben. Die Felder sind – vor allem in den älteren Kögen – in der Regel durch Grüppen in langgezogene, schmale Beete (Äcker) unterteilt. Die vielen Gräben erfordern nicht nur einen erheblichen Aufwand für die Instandhaltung (pe-

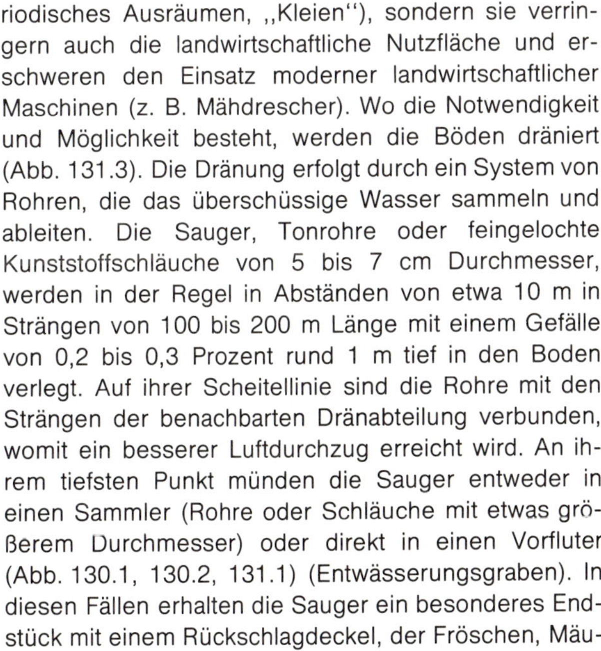

riodisches Ausräumen, ,,Kleien''), sondern sie verringern auch die landwirtschaftliche Nutzfläche und erschweren den Einsatz moderner landwirtschaftlicher Maschinen (z. B. Mähdrescher). Wo die Notwendigkeit und Möglichkeit besteht, werden die Böden dräniert (Abb. 131.3). Die Dränung erfolgt durch ein System von Rohren, die das überschüssige Wasser sammeln und ableiten. Die Sauger, Tonrohre oder feingelochte Kunststoffschläuche von 5 bis 7 cm Durchmesser, werden in der Regel in Abständen von etwa 10 m in Strängen von 100 bis 200 m Länge mit einem Gefälle von 0,2 bis 0,3 Prozent rund 1 m tief in den Boden verlegt. Auf ihrer Scheitellinie sind die Rohre mit den Strängen der benachbarten Dränabteilung verbunden, womit ein besserer Luftdurchzug erreicht wird. An ihrem tiefsten Punkt münden die Sauger entweder in einen Sammler (Rohre oder Schläuche mit etwas größerem Durchmesser) oder direkt in einen Vorfluter (Abb. 130.1, 130.2, 131.1) (Entwässerungsgraben). In diesen Fällen erhalten die Sauger ein besonderes Endstück mit einem Rückschlagdeckel, der Fröschen, Mäu-

130.1, 130.2, 131.1 Dränung der Marsch. Die Sauger, früher Tonrohre, heute Kunststoffrohre, wie sie hier in einen frisch ausgehobenen Vorfluter münden, müssen alle 10 bis 20 Jahre durchgespült oder ersetzt werden, da sie nach und nach versanden und verschlämmen. Auch Verwachsungen in den Rohren durch Wurzeln und Pilzwucherungen können die Dränwirkung stark beeinträchtigen.

131.2 Früher wurden die Gräben für die Dränrohre von Hand ausgehoben, in neuerer Zeit werden die schlitzartigen Gräben mit Fräsketten maschinell aus dem Boden gefräst (sofern die Verlegung der Rohre nicht grabenlos erfolgt).

Abb. 131.3 Dränung

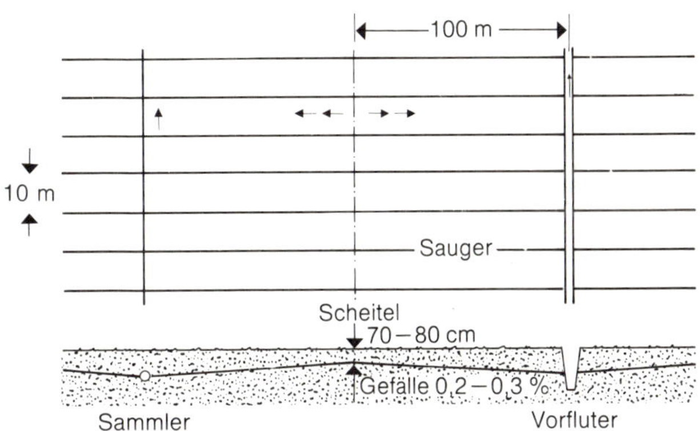

sen und anderen Kleintieren das Eindringen in die Rohre verwehrt. Die Dränrohre,die nicht nur der Regelung des Wasserhaushalts sondern auch der Durchlüftung des Boden dienen, verschlammen nach und nach. Je nach Bodenart müssen sie alle 10 bis 20 Jahre durchgespült oder ersetzt werden. Das Verlegen der flexiblen Kunststoffrohre erfolgt heute vielfach durch grabenlos arbeitende Dränmaschinen, die den Boden mit einem Grabschwert schlitzen und gleichzeitig das Rohr einbringen (Abb. 131.2, 132.1).

Die landwirtschaftliche Nutzung der Köge hängt wesentlich von der Beschaffenheit des Bodens und der Regelung des Wasserhaushalts ab. Wer an einem schönen Sommertag durch die neuen Köge Nordfrieslands fährt, wird staunen ob der Vielzahl und Größe der prächtigen Getreidefelder, die ihrer Reife entgegengehen (Abb. 132.2, 133.1). Dicht und kräftig stehen die

Ähren, Rekorderträge verheißend. Und in der Tat, der Schein trügt nicht. Während die Durchschnittserträge für Hafer, Gerste und Weizen in der Bundesrepublik zwischen 30 und 35 q/ha (1 q = 100 kg) liegen, werden hier in günstigen Jahren Erträge von 60 und mehr q/ha erzielt. Dieser Reichtum ist nun freilich nicht ein Geschenk der Natur, sondern in erster Linie der Erfolg intensiver Bewirtschaftung. Allein für Düngung (Stalldung und künstlicher Dünger mit Kali, Stickstoff und Phosphor) und Pflanzenschutzmittel müssen jährlich pro Hektar zwischen 400 und 500 DM eingesetzt werden. Die Ernte wird mit modernen Mähdreschern eingebracht.

Die Anbaufläche eines neuen Kooges kann in der Regel schon im ersten Jahr nach der Eindeichung umgebrochen werden. Durch mehr oder weniger tiefes Pflügen (in aufgeschlicktem Watt nimmt der Sandgehalt des Bodens mit der Tiefe rasch zu) ist es möglich, die Zusammensetzung des künftigen Ackerbodens bis zu einem gewissen Grad zu beeinflussen. Vorerst werden Raps, Hafer und Gerste angepflanzt. Im dritten/vierten Jahr folgt dann auch schon Weizen. Daneben werden Rüben und Ackerbohnen (Viehfutter), Rotklee (Stickstoffsammler) und, bei günstigen Bodenverhältnissen, gelegentlich auch Kartoffeln in die Fruchtfolge einbezogen.

Wesentlich andere Verhältnisse sind in den meisten alten Kögen mit ihren kalkarmen, schweren, kaum zu pflügenden Böden anzutreffen. Die weiten, durch Grüppen und Vorfluter gemusterten Flächen werden vorwiegend durch Weidewirtschaft genutzt. Da es sich vielfach um tieferliegende Köge mit ungünstigen wasserwirtschaftlichen Verhältnissen handelt, steht eine andere Bewirtschaftung in der Regel gar nicht zur Diskussion. Im übrigen wird die Frage, ob Ackerbau oder Weidewirtschaft, nicht allein durch die Beschaffenheit des Bodens, sondern oft durch marktpolitische oder betriebswirtschaftliche Überlegungen entschieden.

Und die Leute, die in den Kögen und in der Marsch hinter den Deichen leben? Daß sie Menschen sind wie wir, mit ihren Tugenden und kleinen Lastern, mit ihren Freuden und Nöten, sei durch die folgende kurze Geschichte belegt. Sie beginnt 1873 (?) im Elisabeth-Sophien-Koog auf der Insel Nordstrand, als der Bauer Peter Georg Johannsen seine Tochter Helena Petra durch den auf der Insel amtierenden Pastor Bleyer taufen ließ. Wie üblich sind die Verwandten, Freunde und Nachbarn nach vollzogener Amtshandlung zu fröhlichem Beisammensein bei Speis und Trank geladen worden. Böse Zungen behaupten nun, die Nordstrander hätten damals weit mehr dem Genuß alkoholischer Getränke gefrönt, als durch das gelegentlich rauhe Klima und die harte Arbeit begründbar und entschuldbar gewesen sei, ein Umstand, der auch dem Pfarrer zu schaffen gemacht habe. Verschiedentlich soll er von der Kanzel herab vehement gegen den Alkoholmißbrauch gepredigt haben. Dies mag unseren Gastgeber dazu bewogen haben, den Kaffee vorerst ohne „Zugabe" servieren zu lassen, gewiß auch in der Hoffnung, der Herr Pfarrer würde nicht allzulange bleiben, so daß sich das Versäumte dann rasch nachholen ließe. Doch er täuschte sich. Der geistliche Herr blieb – ob, weil es ihm in der gemütlichen Gesellschaft gefiel, ob, weil er das Trinken hintertreiben wollte, darüber liegen keine zuver-

132.1 Grabenlose Dränrohrverlegung. Seit Anfang der 60er Jahre werden grabenlos arbeitende Dränmaschinen eingesetzt, welche in *einem* Arbeitsgang den Boden mit einem Dränwerkzeug aufschlitzen und das Rohr in den Boden einbringen. Beim Verlegen der Rohre wird das Grabschwert unter der Fahrerkabine entsprechend der Verlegetiefe in den Boden eingesenkt. Die Tiefenregelung kann eingestellt werden und erfolgt dann selbsttätig.

132.2, 133.1 Die fruchtbaren Marschböden der neuen Köge Nordfrieslands bringen Erträge hervor, die z. T. erheblich über den für die Bundesrepublik üblichen Durchschnitten liegen. Moderne Geräte und Maschinen ermöglichen eine wirtschaftliche Führung der bäuerlichen Betriebe.

lässigen Aussagen vor. So blieb denn Johannsen keine andere Wahl, als zu einer List zu greifen. In der Küche beauftragte er die Magd Sophie Bahnsen, dem Kaffee von jetzt an etwas Zucker und einen gehörigen Schuß Rum beizugeben – ausgenommen natürlich bei den für den Herrn Pastor bestimmten Tassen – und das ganze mit einer Schicht Sahne abzudecken, um verräterischen Alkoholduft zu verhindern. Die Täuschung gelang über einige Runden vortrefflich. Die Stimmung stieg, und dann geschah, was zu erwarten war. Durch einen Fehler in der Bedienung (vielleicht hatte man in der Küche dem neuen Getränk zu sehr zugesprochen) erhielt der Pfarrer eine falsche bzw. eine „richtige" Tasse und merkte den Betrug. „Ihr Pharisäer!!" Damit war auch die Taufe jenes Getränks vollzogen, das sich in der Folge zu einer Art Nationalgetränk der Nordfriesen entwickelte: eine Kaffeetasse gut halb voll mit Kaffee, zwei bis drei Stück Zucker, Rum (ein Eierbecher gilt als passendes Maß), obendrauf eine gute Schicht Rahm bzw. geschlagene Sahne.

Das neue Getränk fand allgemein Zustimmung und wurde privat wie in der Wirtschaft des Butter-Kooges (so nennen die Nordstrander den Elisabeth-Sophien-Koog, ein Desmerciereskoog, der ihnen mit seinen Sonderrechten verschiedentlich zu schaffen machte) „öfters" probiert. Annkathrin Nommensen, welche die Koogschenke von 1893 bis 1917 als Wirtin führte, verstand die Zubereitung des Pharisäers derart gut, daß die Wirtschaft bald nur noch „Pharisäer-Krug" genannt wurde (1945 durch Blitzschlag abgebrannt und nicht wieder aufgebaut), so wie der Hof des damaligen Peter Georg Johannsen noch heute Pharisäerhof heißt. Der Pharisäer hat Einzug nicht nur in Nordstand, sondern in ganz Nordfriesland gehalten, und wer sieben getrunken hat, dem wird in der Regel der achte vom Wirt gespendet.

Sachregister

* = Erklärung im Fachwortverzeichnis

Fachwortverzeichnis

Abbruchkante	steiler Abbruch an ungeschützter Uferstrecke infolge Seegang, Strömung oder Eis – Marschenküste: Abbruchkante 0,5 bis 2 m hoch, verursacht vor allem vom Wellenschlag bei mittleren Tidehochwasserständen – Insel- und Festlandküste: Abbruchkante an Dünen oder Moränenhöhen bis 20 m hoch, verursacht vor allem durch Sturmfluten
ablandig	von der Küste seewärts gerichtet
Ableiter	quer zur Hauptentwässerung liegender Entwässerungsgraben in einem Landgewinnungsfeld, Quergraben
Abweiser	kurzes Lahnungsstück an der Querlahnung zur Abweisung von Längsströmungen, die der Lahnung gefährlich werden könnten
Ack	→ Deichrampe, Bezeichnung in Schleswig-Holstein
Acker	→ Beet
aktiver Küstenschutz	→ Küstenschutz
allerhöchster Tidehochwasserstand	→ Tidehochwasser
allerniedrigster Tideniedrigwasserstand	→ Tideniedrigwasser
$A_{maßg.}$	→ maßgebender Wellenauflauf
Andel	Puccinellia maritima Parl., Hauptgrasbildner in der Übergangszone von Watt zu Vorland, ab MThw bis etwa MThw +50 cm, widerstandsfähig gegen gelegentliche Überflutung durch Salzwasser
Andelzone	→ Auflandungszonen
Anlandung	→ Auflandung
Anwachs	neu entstehende, mit Landpflanzen bewachsene Landfläche unmittelbar seewärts (Queller-/Schlickgraszone) und landwärts (Andelzone) der Uferlinie bzw. der MThw-Linie
Anwurf	Bodenmaterial, das an die Lahnung geworfen wird zur Verstärkung der Lahnung und als Schutz vor Unterspülung, muß etwa alle drei Jahre erneuert werden
Anwurfgrüppe	Graben entlang der Lahnung zur Entnahme des Anwurfmaterials
Asphaltdeich	Deich mit Sandkern und Asphaltdecke, „schwarzer Deich“
Asphaltmastix	Mischung aus Steinmehl und Bitumen, für Beläge und Abdichtungen
auflandig	von der See her zur Küste hin gerichtet

Auflandung	allmähliches Höherwerden des Watts und des Vorlandes durch Ablagerung von Sinkstoffen (Sedimentation) das Höherwerden der Wattfläche seewärts der Uferlinie wird gelegentlich spezifisch als Anlandung bezeichnet → Auflandungszonen
Auflandungszonen	bei der Bildung von Land aus dem Watt lassen sich bezüglich der Entwicklung der Pflanzengesellschaften, die mit der allmählichen Aufhöhung und der damit zusammenhängenden physikalisch-chemischen Umstrukturierung des Bodens und der Abnahme des Salzgehaltes parallel verläuft, vier Zonen unterscheiden, je durch eine Leitpflanze gekennzeichnet: 1. Queller-(Schlickgras-)Zone, ab etwa MThw −50 cm bis MThw (Uferlinie); hier gedeihen als Landpflanzen nur Queller und Schlickgras 2. Andelzone, erste eigentliche Landpflanzenzone, noch im vollmarinen Bereich liegend, Salzpflanzengesellschaft, ab Uferlinie bis etwa MThw +50 cm 3. Rotschwingelzone 4. Weißkleezone, ausgesüßter (glykischer) Bereich; nach traditioneller Auffassung war Vorland erst deichreif, wenn es „weißkleefähig“ war
Aufspülung	Aufhöhung von Flächen (z. B. Deichvorland) durch Einbringen von Sand oder Schlick im Spülbetrieb (Spülbagger)
Ausschlag	durch Brandung und Wellenschlag bei Sturmfluten entstandenes muldenförmiges Loch in der Deichaußenböschung
Außenberme	→ Deichberme
Außenböschung	→ Deichaußenböschung
Außendeich	vor der Hauptdeichlinie liegender Deich, z. B. Sommerdeich
Außendeichgraben	→ Deichgraben
Außendeichsland	→ Vorland
Außengroden	→ Groden, Vorland
Außentief	außendeichs, im Vorland und im Watt liegende Fortsetzung des Binnentiefs, vom Deichsiel bzw. Schöpfwerk zum nächsten Priel oder Wattstrom führend, Teil des Hauptvorfluters, der das Binnenwasser durch die Hauptdeichlinie ins Watt bzw. Meer führt
Backbord	links, linke Schiffsseite
Bake	landfestes Seezeichen, vielfach als hohes Gerüst, vereinzelt mit Schutzhütte für Schiffbrüchige versehen
Balge	→ Wattstrom
Balje	→ Wattstrom

Bank — über den Wattboden (Meeresboden) aufragende Erhebung (Sandbank, Muschelbank); bei genügender Aufhöhung einer Sandbank kann es zur Dünenbildung kommen.

Barre — Sand- oder Schlickbank in strömungsschwachen Prielen und Wattströmen oder vor der Mündung von Wattströmen

Beaufort-Skala — international vereinheitlichte Windstärken-Skala, 1806 mit 13 Stärkegraden eingeführt (0 bis 12), 1949 um fünf Stärkegrade erweitert (13 bis 17)

Bedeichung
- Eindeichung von Vorland-, ev. auch von Wattgebiet
- Bau eines Binnendeiches um tiefer gelegene Marsch als Schutz gegen zuströmendes Oberwasser aus benachbarten höher gelegenen Gebieten

→ Vordeichung
Polderung, Umdeichung, Neueindeichung

Beet — Fläche zwischen den Entwässerungsgräben (Grüppen) im Watt, im Vorland oder in den Kögen bzw. in der Marsch, Acker

Begrüppelung — → Begrüppung

Begrüppung — Ausheben eines Grabensystems für die Entwässerung von Landgewinnungsfeldern oder Grünlandflächen (z. B. Vorland)

Bemessungswasserstand — → maßgebender Sturmflutwasserstand

Berme — → Deichberme

Besteck — → Deichbestick

Bestick — → Deichbestick

Bestickung — Schutzdecke aus Stroh, gelegentlich auch aus Schilf, um noch kahle Bodenflächen der Deichaußenböschung gegen die Einwirkungen des Tidewassers zu schützen. Die Bestickung wird mehr und mehr durch feste Decken verdrängt.

Betonnung — nach internationalen Richtlinien festgelegte Kennzeichnung eines Fahrwassers durch Tonnen

Bft — Beaufort, Stärkegrad auf der Windstärkenskala
→ Beaufort-Skala

binnen — innerhalb gelegen, „bi innen"

Binnenberme — → Deichberme

Binnenböschung — → Deichinnenböschung

Binnendeich — zusammenfassende Bezeichnung für Deiche hinter der Hauptdeichlinie, z. B. Mitteldeiche, Deiche, die ein Gebiet vor Überschwemmungen durch abfließendes Quell- und Niederschlagswasser schützen u. a. m.

Binnendeichgraben — → Deichgraben

Binnendeichsland — → Koog

Binnendüne — → Düne

Binnengroden — → Groden, Koog

Binnentief — Hauptvorfluter in der bedeichten Marsch, der das Binnenwasser zum Siel oder Schöpfwerk führt
→ Außentief

blanker Hans
- Sagengestalt, die in Form von Sturmfluten die Deiche angreift, um sie zu zerstören, in Nordfriesland auch Rasmus genannt
- Räuber, der im Sommer Heu (Heuflut) und Vieh vom Vorland „raubt"
- ganz allgemein „die Nordsee"

„blank" (niederl.) bedeutet „unter Wasser stehend"

Boje
- kleiner Schwimmkörper an einer Leine, um im Wasser liegende Gegenstände (z. B. Anker) zu kennzeichnen
- Tonne zur Kennzeichnung eines Fahrwassers

Böschungsrutschung — Abgleiten von Bodenmaterial auf der Deichinnenböschung infolge Durchnässung durch überließendes Wasser bei einer Sturmflut oder durch → Drängewasser bei längerdauernden hohen Außenwasserständen; die Böschungsrutschung kann sich zu einem → Kammsturz ausweiten und schließlich zum Deichbruch führen.

Brackwasser — Mischung von Süß- und Salzwasser

Brisenflut — → Sturmflut

Buhne — senkrecht zum Ufer gebautes Schutzwerk aus Busch, Holz, Stein, Stahlbeton oder Asphalt, um
- die Strömung vom Ufer abzuweisen,
- die Anlandung zu fördern (Schaffung einer Stillwasserzone)

Buhnenkopf — wasserseitiger vorderer Teil einer Buhne

Buhnenwurzel — landseitiges, mit dem Ufer verbundenes Ende einer Buhne

Buschdamm — → Lahnung

Buschlahnung — → Lahnung

Dalben — eingerammtes Pfahlbündel zum Festmachen von Schiffen, auch als Fahrwasserabgrenzung

Dammbalken — hölzerne oder eiserne Balken zum Verschließen von Durchlässen in Deichen (→ Deichscharten, Stöpen), bei Sielen und bei Schöpfwerken; die Dammbalken werden in besondere Schlitze in der Seitenwand eingesetzt.

Darg — mit Schlick durchsetzter Brackwassertorf, auch „Stinktorf" genannt (wegen seines üblen Geruchs)

Deckwerk	Decke aus Steinen, Platten, Asphalt usw. zum Schutz der Außenböschung scharliegender Deiche, der Vorlandkante oder des Dünenfußes gegen die Wirkung der Brandung
Deich	Damm aus Erdbaustoffen zum Schutz gegen Hochwasser
Deichacht	→ Deichverband
Deichaußenböschung	wasserseitige Böschung eines Deiches
Deichberme	flachgeneigte, meist mehrere Meter breite Aufschüttung am Fuß der Deichböschung zur Verstärkung der Deichbasis – Außenberme: bei modernen Deichen in die Deichaußenböschung integriert – Innenberme, Binnenberme: in der Regel ist auf ihr der Deichverteidigungsweg angelegt
Deichbestick	Rahmenvorschrift für den Bau und die Unterhaltung von Deichen und Deichanlagen (Deichprofil, Abmessungen usw.)
Deichboden	zum Bau und zur Instandhaltung von Deichen verwendetes Bodenmaterial, z. B. Klei
Deichbruch	Zerstörung eines Deiches durch Hochwasser in solchem Ausmaß, daß sich das Außenwasser in das deichgeschützte Gebiet ergießen kann
Deichfuß	Grenzlinie bzw. Grenzbereich zwischen Deichböschung und Gelände, außenseitiger und binnenseitiger Deichfuß
Deichgänger	Deichwachen, die den Deich während Sturmfluten kontrollieren, heute meist Zweierpatrouille, mit Sprechfunkanlage ausgerüstet
Deichgraben	an der Binnen- und vielfach auch an der Außenseite von Hauptdeichen angelegter Graben, der das vom Deich abfließende Niederschlagswasser und – gilt nur für Innendeichgraben – das bei hohen Außenwasserständen möglicherweise durch den Deichkörper sickernde Drängewasser sowie das bei sehr schweren Sturmfluten überschießende Wasser auffängt und ableitet, dient zugleich als Abgrenzung des Deiches gegen das Binnenland bzw. gegen das Vorland, gilt rechtlich als Bestandteil des Deiches – Außendeichgraben – Innendeichgraben, Rhynschloot, Ringschlot
Deichgraf	Vorsteher eines Deich- bzw. eines Deich- und Sielverbandes
Deichhöhe	Höhe der Deichkrone über NN
Deichgrundbruch	seitliches Ausweichen eines nicht tragfähigen Untergrundes infolge Überbelastung durch den Deichkörper
Deichinnenböschung	landseitige Böschung eines Deiches
Deichkappe	→ Deichkrone
Deichkrone	oberer, meist flacher Abschluß des Deiches, in der Regel 2 bis 3 m breit
Deichlängsweg	→ Deichverteidigungsweg
Deichlinie	durchlaufende Deichstrecke mit allen Bauwerken und Anlagen; im Küstengebiet liegen vielfach mehrere Deichlinien hintereinander
Deichpflege	Erhaltung der Abwehrfähigkeit eines Deiches inkl. seiner Sicherungswerke
Deichrampe	seitliche Anschüttung an den Deich zur Überführung eines Verkehrsweges
Deichschart, das Deichscharte, die	verschließbarer Durchlaß, Einschnitt zum Durchführen eines Verkehrsweges; bei Sturmtiden (1. Deichlinie) bzw. bei einem Bruch des Hauptdeiches (2. Deichlinie) kann das Deichschart mit Stemmtoren oder Dammbalken geschlossen werden, Stöpe
Deichschau	Kontrolle des Deiches durch staatliche Organe zur Aufnahme der Schadenliste und zur Kontrolle der ausgeführten Arbeiten
Deichschleuse	→ Siel
Deichschutzwerk	Anlage im Deichvorland (wie auch das Vorland selbst) oder im Watt, um Angriffe des Wassers (Wellen, Strömung, Eis) vom Deich fernzuhalten (z. B. Deckwerke an der Vorlandkante)
Deichsicherungswerk	zum Deich gehörende Anlage, die unmittelbar der Standfestigkeit des Deiches dient (z. B. Bermen, Deckwerk der Außenböschung, Buhnen)
Deichverband	Selbstverwaltungskörperschaft mit der Aufgabe, ihr Verbandsgebiet durch Bau und Instandhaltung von Deichen vor Hochwasser und Sturmtiden zu schützen (soweit der Staat diese Aufgaben nicht übernommen hat)
Deichverteidigung	technische und organisatorische Vorkehrungen für die Verteidigung der Hauptdeichlinie bei Sturmflut und Hochwasser
Deichverteidigungsweg	befestigter Weg auf der Binnenseite des Deiches, der im Katastrophenfall den zeitgerechten Transport von Menschen und Material ermöglicht – Deichlängsweg: entlang der Innenseite des Deiches, meist auf der Innenberme angelegt, Bermeweg – Deichzuweg: Verbindung des Straßennetzes mit den Deichlängswegen
Deichvogt	→ Deichgraf
Deichvorland	→ Vorland
Deichzubehör	Sicherungswerke wie auch die zum Siel gehörenden Anlagen, Deichscharte, Deichrampen usw.

Demat(h), das	altes Flächenmaß mit unterschiedlicher Größe je nach Landschaft, z. B. 1 Eiderstedter Demat = 4924,93 m²
Deutsche Gesellschaft zur Rettung Schiffbrüchiger	die 1865 gegründete Gesellschaft unterhält eine Flotte von annähernd 40 Einheiten an Seenotkreuzern und Seenotrettungsbooten, mit der sie in Seenot geratenen Menschen und Schiffen hilft, darunter auch jenen, die im Watt in Not geraten, Anschrift: DGzRS, Werderstr. 2, D-2800 Bremen
Deutsches Hydrographisches Institut	Institut in Hamburg mit der Aufgabe, Vermessungsarbeiten auf See auszuführen und Seekarten herzustellen, die Küsten, Fahrwasser, Häfen, Navigationshilfen und Nachrichtenmittel in Handbüchern zu beschreiben, nautisch wichtige Nachrichten gedruckt oder drahtlos zu verbreiten, die für die Schiffahrt und Fischerei bedeutsamen Naturverhältnisse darzustellen usw.; das DHI unterhält u. a. einen „Windstau- und Sturmflutwarndienst", der über die zu erwartenden Wasserstände informiert und gegebenenfalls vor Sturmflut warnt, Anschrift: DHI Bernhard-Nocht-Str. 78, D-2000 Hamburg
DGzRS	→ Deutsche Gesellschaft zur Rettung Schiffbrüchiger
DHI	→ Deutsches Hydrographisches Institut
DIN	Deutsche Industrie-Norm(en) des Deutschen Instituts für Normung
Drängewasser	durch einen Deich oder Damm sickerndes Wasser infolge längerandauernder hoher Außenwasserstände
Drempel	Anschlagschwelle auf der Sohle eines Siels oder eines Deichscharts, gegen die sich die geschlossenen Tore lehnen
Düne	Bodenerhebung, Hügel aus Sand, vorwiegend vom Wind gebildet – Graudüne, Tertiärdüne, Binnendüne: ältere Düne ohne nennenswerte Sandzufuhr, meist mit einer dichten Pflanzendecke – Kleindüne, Primärdüne: erstes Stadium der natürlichen Dünenbildung, eingeleitet in der Regel durch die Ansiedlung von Strandweizen (Strandquecke) – Randdüne: unmittelbar am Strand stehende ältere, hohe Düne (Höhen bis über 20 m) – Vordüne: – Primärdüne – vor der Randdüne stehende Düne, deren Entstehen künstlich gefördert wird – Wanderdüne: in Umlagerung begriffene, in der Regel vegetationslose Düne, in Hauptwindrichtung fortschreitend – Weißdüne, Sekundärdüne: Düne mit Sandnachschub und natürlichem (oder künstlichem) Bestand an Helm (Sand- und Dünengräser)
Dünenabbruch	durch Sturmfluten bewirkte Zerstörung der seeseitigen Böschung von Dünen
Dünenbau	Maßnahmen zur Sicherung oder Gewinnung neuer Dünen
Dünenschutzwerk	Anlage zum Schutz, zur Erhaltung oder zur Neugewinnung von Dünen
Ebbe	das Fallen des Wassers vom Tidehochwasser zum folgenden Tideniedrigwasser
Ebbstrom	→ Tideströmung
Eindeichung	→ Bedeichung
Entlastungskoog (-polder)	Koog, der durch Speicherung von Wasser Schöpfwerke, Siele und Sperrwerksanlagen entlastet
Erddeich	der Deichkörper besteht ganz oder vorwiegend aus Klei
Fahrwasser	Schiffahrtsstraße, durch landfeste und schwimmende Seezeichen gekennzeichneter Verkehrsweg in flachen Gewässern (z. B. im Watt)
Faschine	durch Bindedraht zusammengehaltene Bündel aus Busch, zum Bau von Lahnungen, Windfangzäunen usw.
Feststoffe	feste organische oder anorganische Stoffe, die vom Wasser transportiert bzw. abgelagert werden – Schwimmstoffe: leichter als Wasser, schwimmen an der Oberfläche – Schwebstoffe: stehen mit dem Wasser im Gleichgewicht oder werden durch Turbulenz in Schwebe gehalten – Sinkstoffe: Schwebestoffe, die sich bei ruhigem Wasser auf dem Boden absetzen (Sedimentation)
Fething, Feting	Erdgrube zur Aufnahme von Regenwasser, vorwiegend als Tränkewasser für das Vieh, z. B. auf den Halligen
Fluchtraum	speziell betonierter Raum in Halligäusern, mit Betonpfeilern bis in den Boden verankert, bleibt bestehen, auch wenn das Haus durch eine Sturmflut zerstört werden sollte
Flußdeich	Deich an einem Fluß, der gegen Hochwasser und im Tidegebiet auch gegen Sturmfluten schützt
Flut	das Steigen des Wassers vom Tideniedrigwasser zum folgenden Tidehochwasser

Flutkante	→ Treibselkante
Flutmarke	→ Treibselkante
Flutstrom	→ Tideströmung
Förderstrom	die von einem Schöpfwerk geförderte Wassermenge je Zeiteinheit
Füllungsgrad	Angabe in Prozenten, wie weit eine Sturmflut in den Sturmflutbereich einer Pegelstation eingedrungen ist. Sturmflutbereich: Bereich zwischen MHThw (=0 %) u. HHThw (=100 %). Steigt die Flut über das bisherige HHThw, ergeben sich Prozentzahlen über 100. Der Sturmflutbereich wird neu festgesetzt.
Gat, Gatt	→ Wattstrom
Geest	höher gelegene eiszeitliche Ablagerungen, Kies-, Sand-, Tonboden. Die Geest folgt in Norddeutschland binnenseits eines Küstensaums aus Marsch- und Moorböden.
geodätische Förderhöhe	Höhenunterschied zwischen saugseitigem und druckseitigem Wasserspiegel bei einem Schöpfwerk
Gezeit	→ Tide
Gezeitenströmung	→ Tideströmung
Graudüne	→ Düne
Grenzwert	H.. oberer Grenzwert, z. B. höchster Tidehochwasserstand, HThw, → Tidehochwasser HH.. oberster Grenzwert, z. B. allerhöchster Tidehochwasserstand, HHThw, → Tidehochwasser N.. unterer Grenzwert, z. B. niedrigster Tideniedrigwasserstand, NTnw, → Tideniedrigwasser NN.. unterster Grenzwert, z. B. allerniedrigster Tideniedrigwasserstand, NNTnw, → Tideniedrigwasser
Groden	landwirtschaftlich nutzbares deichreifes oder eingedeichtes Land, aus Sinkstoffen entstanden – Außengroden: → Vorland – Binnengroden: → Koog
Grodendeich	→ Vorlanddeich
Grundbruch	→ Deichgrundbruch
Gründeich	mit Grasnarbe bedeckter Deich
Grüppe	flacher Graben im Landgewinnungsfeld und im Vorland (zur Regelung des Wasserhaushalts und zur Beschleunigung der Auflandung) wie auch im bedeichten Marschgebiet (zur Entwässerung) Begrüppung (Begrüppelung) durch Spatenarbeit oder mit Hilfe von Maschinen: – Grüppenbagger mit Tieflöffel – Grüppenfräse mit rotierendem Fräsrad
Grüppenbagger	auf einem Schwimmponton montierter Hydraulikbagger mit einem Profiltieflöffel zum maschinellen Ausheben von Grüppen. Der Bagger zieht sich mittels eines Seilzuges über den Schlick oder bewegt sich durch Einstemmen des Löffels.
Grüppenfeld	Grüppensystem innerhalb eines Landgewinnungsfeldes
Grüppenfräse	rotierendes Fräsrad mit einem Durchmesser in der Größenordnung von 2 m, auf einem Raupenfahrzeug montiert, zum Ausfräsen von Grüppen im Vorland
H..	→ Grenzwert
Hallig	– unbedeichtes Marschland, Anwachs – unbedeichte Marschinsel im Wattenmeer
Halligdeich	Überlaufdeich auf einer Hallig
Halligen	Sammelbezeichnung für die zehn kleinen Marschinseln im nordfriesischen Wattenmeer
Hauptdeich	See-, Strom- oder Flußdeich der 1. Deichlinie, in Schleswig-Holstein Landesschutzdeich genannt
Hauptlahnung	vom Deich oder vom Vorland ins Watt führende Lahnung
Heller	→ Vorland, Bezeichnung in Ostfriesland
Helm	verschiedene Arten von Sandgräsern, die im Dünenbau verwendet werden
Heuflut	→ Sturmflut
HH..	→ Grenzwert
HHThw	→ Tidehochwasser
HHTnw	→ Tideniedrigwasser
$HHW_{maßg.}$	→ maßgebender Sturmflutwasserstand
höchster Tidehochwasserstand	oberer Grenzwert des Tidehochwassers innerhalb eines Beobachtungszeitraumes, HThw
höchstmögliche Sturmflut	→ maßgebende Sturmfluthöhe
höchstmöglicher Sturmflutwasserstand	→ maßgebender Sturmflutwasserstand
höchstmöglicher Wellenauflauf	→ maßgebender Wellenauflauf
Hochwasser	→ Tidehochwasser
Höchstwasser	→ Tidehochwasser
HThw	→ höchster Tidehochwasserstand
Innenberme	→ Deichberme
Innenböschung	→ Deichinnenböschung
Innendeichgraben	→ Deichgraben

Kade	behelfsmäßige Erhöhung des Deiches
Kammsturz	Abrutschen der Deichkrone nach der Binnenseite → Böschungsrutschung
Kappensturz	→ Kammsturz
kentern	Wechsel des Tidestromes von der einen zur entgegengesetzten Hauptrichtung
Kenterpunkt	Zeitpunkt des Kenterns, des Wechsels des Tidestroms von der einen Hauptrichtung in die entgegengesetzte mit der Strömungsgeschwindigkeit Null; der Kenterpunkt fällt an der Nordseeküste in der Regel nicht mit der Eintrittszeit des Hochwassers bzw. des Niedrigwassers zusammen
Kenterpunktabstand	Zeitspanne zwischen dem Kenterpunkt und der dazugehörigen Tidehochwasserzeit bzw. Tideniedrigwasserzeit
Klei	Marschboden, aus Sinkstoffen des Meeres oder der Tideflüsse entstanden (chemisch umgesetzter Schlick)
Kleideich	Deichkörper besteht aus Klei
Kleindüne	→ Düne
Kolk	durch strömendes Wasser verursachtes Wasserloch, Wehl(e)
Koog	in Nordfriesland gebräuchliche Bezeichnung für eingedeichtes Marschland, Binnendeichsland, Binnengroden, Polder
Kronenbruch	Zerstörung der Deichkrone
Küste	– Übergangsgebiet vom Festland zum Meer – streng genommen die Grenzlinie, bei der das Land endet und das Meer beginnt (= → Uferlinie)
Küstenlinie	durch Deich-, Dünen- oder Kliffuß gebildete Linie an der Küste des Festlandes oder von Inseln, im flachen Vorland der Marschküste durch den Wasserstand der unteren Windflutgrenze bestimmte Linie (rund MThw +1 m)
Küstenschutz	Maßnahmen, um Deiche, Vorländer, Strände oder Dünen vor der zerstörenden Einwirkung des Meeres zu schützen – aktiver Küstenschutz: der Wirkungsbereich der zerstörenden Kräfte wird seewärts verlagert (z. B. bei Vorlandgewinnung) – passiver Küstenschutz: die zerstörenden Kräfte werden unmittelbar am zu schützenden Objekt bzw. Küstenabschnitt aufgefangen und abgewehrt (z. B. bei Sicherung des Deichfußes durch eine massive Decke)
Lahnung	dammartiges Bauwerk zur Herstellung von Landgewinnungsfeldern, Buschdamm, Schlenge
Lahnungsfeld	→ Landgewinnungsfeld
Landesschutzdeich	→ Hauptdeich
Landgewinnung	Förderung der Entstehung von Vorland als Maßnahme im Rahmen des aktiven Küstenschutzes oder zur Neulandgewinnung
Landgewinnungsfeld	eine von Lahnungen umfaßte Watt- oder Anwachsfläche
Landgewinnungswerke	System von Lahnungen, Buhnen und Grüppen im Watt, seeseits der Uferlinie, zum Zweck der Vorlandgewinnung
Landgesellschaft mbH, Schleswig-Holsteinische	gemeinnütziges Siedlungsunternehmen des Landes Schleswig-Holstein nach dem Reichssiedlungsgesetz von 1919 (auf der Rechtsgrundlage dieses Gesetzes gibt es in jedem Bundesland eine Siedlungsgesellschaft). Gesellschafter sind u. a. das Land Schleswig-Holstein und die Bundesrepublik Deutschland. Die Landgesellschaft führt satzungsgemäß Maßnahmen der Siedlung, der Agrarstrukturverbesserung, der Landentwicklung und des Naturschutzes durch.
Landunter	Überflutung des Vorlandes oder der Halligen bei erhöhten Tidehochwasserständen
Lee	vom Wind abgekehrte, im Windschatten liegende Seite
leichte Sturmflut	→ Sturmflut
Ley	→ Wattstrom
Loch	→ Wattstrom
Luv	dem Wind zugekehrte Seite
Mahlbusen	Erweiterung des Vorfluters binnenseits eines Schöpfwerks oder eines Siels zur Speicherung des anfallenden Binnenwassers
M..	→ Mittelwert
Marsch	Schwemmlandboden aus Ablagerungen des Tidemeeres (Seemarsch) oder der Tideflüsse (Brackmarsch, Flußmarsch)
maßgebende Sturmfluthöhe	$SFH_{maßg.}$, auch „höchstmögliche Sturmflut", Bemessungswert für die Bestimmung der Höhe von Deichen, Schleusen usw., Summe der Teilwerte „maßgebender Sturmflutwasserstand" und „maßgebender Wellenauflauf"
maßgebender Sturmflutwasserstand	$HHW_{maßg.}$, auch „höchstmöglicher Sturmflutwasserstand", „Bemessungswasserstand", der höchste Sturmflutwasserstand (wellenfreier Ruhewasserstand), mit dem im laufenden Jahrhundert gerechnet werden muß

maßgebender Wellenauflauf	$A_{maß.}$, auch „höchstmöglicher Wellenauflauf“, maximaler Wellenauflauf, mit dem bei extremster Sturmflut gerechnet werden muß
MHTw	→ Tidehochwasser
MHTnw	→ Tidenidrigwasser
Mitteldeich	Deich der 2. Deichlinie
Mittelwert	arithmetischer bzw. gewogener arithmetischer Mittelwert der Tidewasserstände für eine angegebene Zeitspanne, z. B. MThw 1966/75 (mittleres Tidehochwasser in den 10 Jahren von 1966 bis 1975)
MNpThw, MNpTnw	→ Nipptide
MNThw	→ Tidehochwasser
MNTnw	→ Tideniedrigwasser
MSpThw, MSpTnw	→ Springtide
MT½w	→ Tidehalbwasserstand
MThb	→ Tidehub
MThw	→ Tidehochwasser
MTmw	→ Tidemittelwasserstand
MTnw	→ Tideniedrigwasser
N..	→ Grenzwert
NAP	Amsterdamer Pegel-Null, Bezugsfläche der niederländischen Landesvermessung
nasser Strand	→ Strand
niedrigster Tideniedrigwasserstand	→ Tideniedrigwasser
Niedrigwasser	→ Tideniedrigwasser
Nipptide	Tide mit einem für den Betrachtungsort astronomisch bedingten minimalen Tidehub (solarer und lunarer Gezeiteneffekt heben sich teilweise auf) Nipptidewasserstände (relativ geringe Abweichung vom Tidemittelwasser, geringer Tidehub): – NpThw: Nipptidehochwasser – NpTnw: Nipptideniedrigwasser – MNpThw, MNpTnw: mittleres . . .
Nippzeit	Eintrittszeit der Nipptide, zweimal während eines Mondumlaufs, in der Nähe des ersten und letzten Viertels, verzögerter Eintritt u. a. infolge von Reibungseinflüssen
NN	→ Normalnull → Grenzwert
NNThw	→ Tidehochwasser
NNTnw	→ Tideniedrigwasser
Normal-Null	1879 festgelegter Bezugspunkt für alle Höhenmessungen in Deutschland, entspricht etwa dem Tidemittelwasser
NpThw, NpTnw	→ Nipptide
NThw	→ Tidehochwasser
NTnw	→ Tideniedrigwasser
Oberdeichgraf	Vorsteher eines Deich- und Hauptsielverbandes
Orkanflut	sehr schwere Sturmflut
passiver Küstenschutz	→ Küstenschutz
Pegel	Anlage zum Messen des Wasserstandes – nichtschreibende Pegel: Skalenpegel: z. B. Lattenpegel Grenzwertpegel: z. B. Tassenpegel Wasserstandsanzeiger: z. B. Zeigerpegel – Schreibpegel
Pegelnull	PN, Einheits-Pegelhorizont für ein Küstengebiet. Pegelnull für die deutsche Nordseeküste: PN = NN −5 m
Plate	ausgedehnte, überwiegend sandige Wattfläche
PN	→ Pegelnull
Polder	in Ostfriesland gebräuchliche Bezeichnung für Koog → Koog
Polderdeich	→ Außendeich
Pricke	in den Wattboden gesteckte Stange mit einem Reisigbündel an der Spitze oder Birken- bzw. Eichenbäumchen zur Markierung des Fahrwassers oder eines Pfades
Priel	Wasserrinne, Nebenwasserlauf im Watt, mündet in einen Wattstrom
Primärdüne	→ Düne
Püttloch	Entnahmestelle für Kleiboden zum Deichbau
Queller	Salicornia herbacea L., Salzwasserpflanze, Pionierpflanze im Schlickwatt. Die Pflanzen fördern die Sedimentation und festigen durch die Wurzeln den Wattboden.
Quellerzone	→ Auflandungszonen
Querdeich	Mitteldeich, der mehr oder weniger quer zur Hauptdeichlinie steht
Quergraben	→ Ableiter
Querlahnung	quer zur Hauptlahnung verlaufende Lahnung
Randdüne	→ Düne
Rhynschloot	→ Deichgraben
Ringgraben	→ Deichgraben
Rippel	wellenförmige Oberfläche des Sand- oder Wattbodens, entstanden durch strömendes Wasser, Wellen oder Wind
Rollsode	mit Maschine geschnittene Sodenbahn, 25—30 cm breit, ca. 3 cm dick, 1 bis 2 m lang, wird zum Transport gerollt

Rotschwingelzone	→ Auflandungszonen
rückwärtiger Deich	Deich der 2., 3. Deichlinie
Ruhewasserstand	Wasserstand, der sich beim Ausgleich von Wellenberg und Wellental (theoretisch) ergibt
Rut(h)e	altes Längenmaß, regional unterschiedlich festgelegt, nach dem Allgemeinen Deichreglement für die Herzogtümer Schleswig und Holstein von 1803: 1 Rute = 16 Fuß = 5,0224 m
säkularer Meeresanstieg	langsamer Anstieg des Meeresspiegels gegenüber dem Land in cm je etwa 100 Jahre
Salzweide	Vorländer, die durch ständiges Beweiden eine auf wenige Arten beschränkte Flora aufweisen, vorherrschend Andel und Salzrotschwingel
Salzwiese	Vorländer, die nicht oder nicht regelmäßig beweidet werden und deshalb eine artenreichere Pflanzengesellschaft aufweisen
Sanddeich	Deichkörper besteht aus Sand, in der Regel mit einer festen Decke (z. B. Asphaltbeton) abgedeckt
Sandfangzaun	Zaun aus Reisig, Kunststoffplatten usw. zur Förderung der Aufhöhung oder zur Stabilisierung von Dünen
Sammler	Dränrohre, in welche die Sauger führen
Sauger	Dränrohre mit Durchmessern von etwa 5 bis 7 cm, in Abständen von 10 m und Stranglängen von 100 bis 200 m rund 70 cm bis 1 m tief verlegt, die der Entwässerung und Durchlüftung des Bodens dienen
Schacht	Grube, Püttloch
Schardeich	unmittelbar am Wasser stehender Deich, ohne Vorland
Schaudeich	der staatlichen Aufsicht unterstellter Deich (1. und 2. Deichlinie) → Deichschau
Schlafdeich	Binnendeich der 3. Deichlinie
Schlenge	→ Lahnung
Schlick	im Tidebereich sich bildende breiige Ablagerung aus feinsten Mineralteilchen, vermischt mit organischen Stoffen. Durch Absetzung und chemische Umstrukturierung entsteht Klei.
Schlickbagger	→ Grüppenbagger
Schlickfänger	Sammelbezeichnung für Lahnungen und Buhnen, die der Förderung der Aufschlickung dienen
Schlickgras	Spartina Townsendii Groves, Pionierpflanze im Schlickwatt (wie Queller), festigt den Boden, schafft Ruhewasserzone und beschleunigt dadurch die Aufschlickung
Schlicktorf	→ Darg
Schluff	Sand mit Körnung von 0,002 bis 0,02 mm
Schöpfwerk	Pumpwerksanlage, Deichschöpfwerk dient der Entwässerung der Marsch bei hohen Außenwasserständen, so auch bei Sturmtiden
Schute	Schleppkahn mit großem Laderaum und geringem Tiefgang
Schütz, das	bewegliche Eisen- oder Holzwand zur Regulierung des Wasserdurchlaufs an einer Schleuse, einem Siel, bewegliches Wehr
Schutzwerk	→ Deichschutzwerk
Schwebstoff	→ Feststoffe
schwere Sturmflut	→ Sturmflut
Schwimmstoff	→ Feststoffe
Sedimentationsfeld	→ Landgewinnungsfeld
Seedeich	Hauptdeich, 1. Deichlinie an der Meeresküste
Seegat	enger Durchgang zwischen zwei benachbarten Inseln der ostfriesischen Inselkette, verbindet die offene See mit dem hinter den Inseln liegenden Wattenmeer
Seekartennull	Bezugsfläche für Wassertiefenangaben auf Seekarten, entspricht im Raume der Deutschen Bucht dem örtlichen MSpTnw
sehr schwere Sturmflut	→ Sturmflut
Sekundärdüne	→ Düne
$SFH_{maßg.}$	→ maßgebende Sturmfluthöhe
Sicherungswerk	→ Deichsicherungswerk
Siel, der oder das	Bauwerk mit Verschlußvorrichtung zum Durchleiten eines Gewässers durch einen Deich
Sielentwässerung	Abführen des Binnenwassers durch ein Siel
Sielschlußzeit	Zeit, während welcher ein Siel wegen des höheren Außenwasserspiegels geschlossen ist
Sielstau	Ansammeln des Binnenwassers am geschlossenen Siel
Sielzug	Strömen des Binnenwassers durch ein Siel, Entwässerungsvorgang vom Öffnen bis zum Schließen eines Siels
Sielzugzeit	Zeit, während welcher ein Siel infolge des niedrigeren Außenwasserspiegels geöffnet ist
Sinkstoffe	→ Feststoffe
SKN	→ Seekartennull
Soden	gestochene oder maschinell geschnittene Rasenstücke
Sommerdeich	Außendeich, der nicht gegen die höchsten Hochwasser schützt, ermöglicht eine bessere landwirtschaftliche Nutzung des Vorlandes und schützt den Hauptdeich, Überlaufdeich

Sommergroden	→ Sommerkoog
Sommerkoog	durch einen Sommerdeich geschützte Vorlandfläche, Überlaufkoog
Sommerpolder	→ Sommerkoog
Speicherkoog (-polder)	→ Entlastungskoog
Sperrwerk	→ Sturmflutsperrwerk
Springtide	Tide mit einem für den Betrachtungsort astronomisch bedingten maximalen Tidehub (solarer und lunarer Gezeiteneffekt summieren sich) Springtidewasserstände (relativ starke Abweichungen vom Tidemittelwasser, größerer Tidehub). – SpThw: Springtidehochwasser – SpTnw: Springtideniedrigwasser – MSpThw, MSpTnw: mittleres . . .
Springzeit	Eintrittszeit der Springtide, zweimal während eines Mondumlaufs, in der Nähe von Voll- und Neumond, verzögerter Eintritt u. a. infolge von Reibungseinflüssen
Spülbagger	Schwimmbagger, der ein Spülgemisch von Sand und Wasser ansaugt und auf ein Spülfeld (z. B. Deichbau) pumpt
Spülrohrleitung	flexible Rohrleitung zum Transport des Spülgemischs vom Bagger zum Spülfeld
Spülsaum	→ Treibselkante
SpThw, SpTnw	→ Springtide
Stackdeich	scharliegender Deich, dessen seeseitiger Fuß durch Pfähle, Buschwerk oder Holzwände geschützt ist
Stackpfähle	Holzpfähle zur Herstellung von Buschbauwerken, z. B. Lahnungen
Stau	Höhenunterschied (positiv oder negativ) zwischen dem berechneten, astronomisch bedingten und dem eingetretenen Tidewasserstand. Wird vielfach vereinfachend als Windstau bezeichnet, da der Wind in der Regel das wesentlichste staubildende Element ist.
Stauwasser	Zustand eines Tidegewässers während des Kenterns, Stillwasser
Steuerbord	rechts, rechte Schiffsseite
Stillwasser	→ Stauwasser
Stöpe	→ Deichschart, in Nordfriesland gebräuchliche Bezeichnung
Strand	flacher Küstenstreifen aus Sand, Kies oder Geröll, der im Wirkungsbereich der Wellen liegt – nasser Strand: seeseitiger Teil des Strandes zwischen Uferlinie und Strandlinie (MTnw) – trockener Strand: landseitiger Teil des Strandes zwischen Uferlinie und Küstenlinie
Strandlinie	untere Begrenzung des Strandes, bestimmt durch die MTnw-Linie (gelegentlich mit NN −2 m angegeben, was ungefähr dem MSpTnw entspricht)
Stromdeich	Deich an einem Strom, der gegen Hochwasser und im Tidegebiet auch gegen Sturmfluten schützt
Sturmflut	allgemein: durch verschiedene Einflüsse, in der Regel vor allem Windeinfluß, erzeugter hoher Wasserstand, dessen Höchstwert den unteren Grenzwasserstand der leichten Sturmflut überschreitet Sturmflutunterscheidung durch das DHI: Wasserstand über MThw: leichte Sturmflut 1,0 bis 1,5 m Sturmflut 1,5 bis 2,0 m schwere Sturmflut 2,0 bis 3,0 m sehr schwere Sturmflut ab 3,0 m Brisenflut: leicht erhöhtes Tidehochwasser ab MSpThw bis etwa MThw +1 m Heuflut: volkstümliche Bezeichnung für im Sommer auftretende geringe Erhöhungen des normalen Tidehochwassers und leichte Sturmfluten Windflut: leichte Sturmflut
Sturmflutbereich	→ Füllungsgrad
$\text{Sturmfluthöhe}_{\text{maßg.}}$	→ maßgebende Sturmfluthöhe
Sturmflutsperrwerk	Bauwerk in einem Tidefluß mit Verschlußvorrichtungen zum Absperren bestimmter Tiden (vor allem bei Sturmflut)
Sturmflutwasserstand	wellenfreier Ruhewasserstand eines Sturmflutscheitels, aufgezeichnet von einem Schreibpegel → maßgebender Sturmflutwasserstand
Sturmtide	vorwiegend durch Wind veränderte Tide mit Sturmflutwasserständen
T½w	→ Tidehalbwasserstand
Teek	→ Treibsel
Tertiärdüne	→ Düne
Thb	→ Tidehub
Thw	→ Tidehochwasser
Tide	Wasserstandsänderungen und Strömungen des Meeres, die unmittelbar oder mittelbar durch die Massenanziehung des Mondes und der Sonne in Verbindung mit der Erddrehung entstehen
Tidefall	Höhenunterschied zwischen einem Thw und dem folgenden Tnw

Tidehalbwasserstand	T½w, Wasserstand bei halbem Tidehub, das Mittel über eine längere Zeitspanne stimmt annähernd mit dem entsprechenden mittleren Tidemittelwasserstand überein MT½w: mittlerer Tidehalbwasserstand
Tidehochwasser	Thw, oberer Grenzwert der Tidekurve, höchster Wasserstand einer Tide HHThw: allerhöchster Tidehochwasserstand, oberster Grenzwert der Tidehochwasserstände, bekannter Höchststand des Tidehochwassers (mit Angabe des Eintrittsdatums) HThw: höchster Tidehochwasserstand, oberer Grenzwert der Tidehochwasserstände innerhalb eines Beobachtungszeitraumes MHThw: mittlerer höchster Tidehochwasserstand, mittlerer oberer Grenzwert der Tidehochwasserstände innerhalb eines Beobachtungszeitraumes MThw: mittlerer Tidehochwasserstand, arithmetischer Mittelwert der Tidehochwasserstände innerhalb eines Beobachtungszeitraumes MNThw: mittlerer niedrigster Tidehochwasserstand, mittlerer unterer Grenzwert der Tidehochwasserstände innerhalb eines Beobachtungszeitraumes NNThw: allerniedrigster Tidehochwasserstand, unterster Grenzwert der Tidehochwasserstände, niedrigster bekannter Höchststand
Tidehub	Thb, mittlerer Höhenunterschied zwischen Thw und den beiden benachbarten Tnw MThb: mittlerer Tidehub
Tidekurve	Ganglinie der Wasserstände im Tidegebiet an einem bestimmten Ort
Tidemittelwasserstand	Tmw, Wasserstand der waagrechten Schwerelinie, das Mittel über eine längere Zeitspanne fällt praktisch mit Normalnull zusammen MTmw: mittlerer Tidemittelwasserstand
Tideniedrigwasser	Tnw, unterer Grenzwert der Tidekurve, niedrigster Wasserstand einer Tide Definitionen für die folgenden Begriffe analog → Tidehochwasser NNTnw: allerniedrigster Tideniedrigwasserstand (mit Angabe des Eintrittsdatums) NTnw: niedrigster Tideniedrigwasserstand MNTnw: mittlerer niedrigster Tideniedrigwasserstand MTnw: mittlerer Tideniedrigwasserstand MHTnw: mittlerer höchster Tideniedrigwasserstand HTnw: höchster Tideniedrigwasserstand HHTnw: allerhöchster Tideniedrigwasserstand
Tidestieg	Höhenunterschied zwischen einem Tnw und dem folgenden Thw
Tideströmung	überwiegend durch Tideeinfluß erzeugte Strömung – Flutstrom – Ebbstrom – Stromkenterung: Übergang vom einen zum anderen Strom
Tief	→ Wattstrom
Tmw	→ Tidemittelwasserstand
Tnw	→ Tideniedrigwasser
Tonne	schwimmendes, auf dem Meeresboden verankertes Seezeichen zur Kennzeichnung eines Fahrwassers
Treibsel	auf der Meeresoberfläche schwimmendes Treibzeug (z. B. Holz, Busch, Tang, Stroh usw.)
Treibselkante	durch Sturmtiden verursachter Treibselwall auf der Deichaußenböschung, Markierung durch Treibsel, welche die Höhe eines Wasserstandes oder Wellenauflaufs angibt, Spülsaum
trockener Strand	→ Strand
Überlaufdeich	→ Sommerdeich
Überlaufkoog	→ Sommerkoog
Überschlickung	natürliche Ablagerung von Schlick im Watt oder künstliches Aufbringen von Schlick auf landwirtschaftlich genutzte Flächen zur Bodenverbesserung
Uferlinie	Grenzlinie zwischen Watt und begrüntem Vorland, durch die MThw-Linie bestimmt, scharfe Grenze für Landpflanzenbewuchs (ausgenommen Queller und Schlickgras)
Untiefe	flache Bodenerhebung im Watt
Vordeichung	Bau einer neuen Deichlinie seewärts der bestehenden Hauptdeichlinie
Vordüne	→ Düne
Vorflut	Möglichkeit des Wassers, mit natürlichem Gefälle oder durch künstliche Hebung abzufließen
Vorfluter	der Vorflut dienendes Gewässer (z. B. Entwässerungsgraben)
Vorland	Grünlandfläche zwischen Küstenlinie und Uferlinie, über MThw gelegen, als Weideland geeignet, Heller, Außengroden, Außendeichsland

Vorlanddeich	durch Vorland geschützter Deich (im Unterschied zum Schardeich)
Vorspülung	→ Aufspülung
Wanderdüne	→ Düne
Warf	aufgeschütteter Erdhügel als Schutzort bei Überflutung, Platz für einzelne Häuser, Häusergruppen oder ganze Dörfer, Warft, Wurt
Warft	→ Warf
Wasserdeich	→ Schardeich
Watt	ausgedehntes, flaches, von Rinnen und Prielen durchzogenes, mit Sand oder Schlick bedecktes Gebiet, das im Wechsel der Gezeiten von Wasser bedeckt wird und wieder trockenfällt, begrenzt durch den Wasserstand bei MThw und MTnw
Wattbagger	→ Grüppenbagger
Wattenmeer	→ Wattgebiet
Wattgebiet	flaches Küstengebiet zwischen Festland und Meer, das die Watten sowie Inseln, Halligen, Außensände, Wattströme und Seegaten umfaßt
Wattgrüppe	→ Grüppe
Wattlinie	untere Begrenzung des Watts, bestimmt durch die Linie des MTnw (gelegentlich mit NN −2 m angegeben, was ungefähr dem MSpTnw entspricht)
Wattrinne	flache Rinne im höher gelegenen Watt, bildet in der Regel den Oberlauf eines Priels, fällt bei Tnw im allgemeinen trocken
Wattstrom	Hauptwasserlauf im Watt, der auch zur Niedrigwasserzeit nicht trockenfällt (Bedeutung als Wasserstraße), Balge, Balje, Gat, Gatt, Tief
Wattwasserscheide	Grenzlinie benachbarter Prielsysteme, fällt bei ablaufendem Wasser zuerst trocken
Wehl, das Wehle, die	bei einem Deichbruch durch das einströmende Wasser binnenseits des Deiches verursachtes Loch (Kolk)
Weißdüne	→ Düne
Weißkleezone	→ Auflandungszonen
Wellenauflauf	durch das Brechen von Wellen hervorgerufener Schwall auf einer Böschung
Wellenauflaufhöhe	senkrechter Abstand des höchsten Punktes (Umkehrpunkt) des Wellenauflaufs zum Ruhewasserstand
Windflut	→ Sturmflut
Windmulde	→ Windriß
Windriß	durch Wind hervorgerufene fortschreitende Einkerbung in einer Düne; durch Ausblasen kann sich der Windriß zur Windmulde und weiter zu einem eigentlichen Quertal ausweiten
Windstau	durch Wind verursachte Abweichung des eingetretenen vom vorausberechneten, astronomisch bedingten Tidewassers, positiver oder negativer Stau → Stau
Winterdeich	→ Hauptdeich
WOBS	Sturmflutwarntelegramm des DHI OBS, abgeleitet aus **OBS**ERVATION, international vereinbartes Code-Wort (ursprünglich für verschlüsselte Meldungen) im Telegrammverkehr; mit OBS werden meteorologische Beobachtungen bezeichnet, zur Unterscheidung dazu **W**asserstandsbeobachtungen mit WOBS
Wurt	→ Warf

Quellenverzeichnis

Abrahamse, Jan, u. a.	Wattenmeer, Wachholtz, Neumünster 1977
Andresen, Friedrich Heddies	Die Sturmflut vom 3. Januar 1976 an der nordfriesischen Küste, Nordfriesland, Band 9/3–4, Nr. 35/36, 1976
Annutsch, R.	Wasserstandsvorhersage und Sturmflutwarnung, Seewart 38, Heft 5, 1977
Bantelmann, Albert	Forschungsergebnisse der Marschenarchäologie zur Frage der Niveauveränderungen an der schleswig-holsteinischen Westküste, Die Küste, Jg. 8, 1960
Bantelmann, Albert	Die Landschaftsentwicklung im nordfriesischen Künstengebiet, eine Funktionschronik durch fünf Jahrtausende, Die Küste, Jg. 14, H. 2, 1966
Baubehörde Hamburg, Amt für Ingenieurwesen I, Hamburg	Hochwasserschutz in Hamburg, Hammonia-Verlag, Hamburg 1964
Baumann, Hans, Mann, Georg	Vereinfachte Dränversuche in Schleswig-Holstein, Die Küste, Jg. 16, 1968
Behörde für Wirtschaft, Verkehr und Landwirtschaft, Amt Strom- und Hafenbau, Hamburg	Sturmflutschutz in den Außendeichsgebieten des Hamburger Hafens 1979/80, Hamburg 1979
Brodersen, Richard	Der Marschenverband Schleswig-Holstein e. V. und sein Wirken für die Besiedlung und Baugestaltung in den neuen Kögen, Die Küste, Jg. 9, 1961
Brösskamp, K. H., u. a.	Seedeichbau, Theorie und Praxis, Vereinigung der Naßbaggerunternehmungen, Hamburg 1976
Busch, Andreas	Die heutige Hallig Südfall und die letzten Spuren Rungholts, Sonderdruck aus Die Heimat, 1952 und 1957, Wachholtz, Neumünster 1957
Busch, Andreas	Eine alte Landoberfläche und Kulturspuren im Nordstrander Watt, Die Küste, Jg. 8, 1960
Busch, Andreas	Deicherhöhungen durch sechs Jahrhunderte, Rungholtforschung und Meeresspiegelanstieg, Sonderdruck aus Die Heimat, Heft 6, 1963
Carsten, Goslar	Die Entwicklung des Deichwesens und Deichrechts in Nordfriesland, Sonderdruck aus „Nordfriesland", ?
Christiansen, Willi, Steinberg, Kurt	Binnenland-Salzwiesen der nordfriesischen Marsch, Die Küste, Jg. 5, 1956
Christiansen, Willi	Landgewinnung durch Schlickgras, Kosmos, Stuttgart 1967
Czock, Hermann, Wieland, Peter	Naturnaher Küstenschutz am Beispiel der Hörnum-Düne auf der Insel Sylt nach der Sturmflut vom 16./17. Februar 1962, Die Küste, Jg. 13, 1965
Degn, Christian, Muuß, Uwe	Luftbildatlas Schleswig-Holstein, Teil I: 1977, Teil II: 1975, Wachholtz, Neumünster
Deutsche Gesellschaft zur Rettung Schiffbrüchiger	Verschiedene Jahresberichte und Schriften, Bremen
Deutsches Hydrographisches Institut	Sicherheit in der Sportschiffahrt, DHI, Hamburg 1979
Dittmer, Ernst	Zur Geologie und Bedeichungsgeschichte der Finkhaushallig, Die Küste, Jg. 2, H. 1, 1953
Dittmer, Ernst	Deichverstärkung und Baugrund, Die Küste, Jg. 3, 1955
Dittmer, Ernst	Die Versalzung des Grundwassers an der schleswig-holsteinischen Westküste, Die Küste, Jg. 5, 1956
Dittmer, Ernst	Neue Beobachtungen und kritische Bemerkungen zur Frage der „Küstensenkung", Die Küste, Jg. 8, 1960
DIN	DIN 4047, Blatt 2, Landwirtschaftlicher Wasserbau, Begriffe, 1973. – DIN 4049, Teil 1, Hydrologie, Begriffe, quantitativ, 1979. – Beuth Verlag, Berlin/Köln
Dolezal, Rudolf	Photogrammetrie der Westküste Schleswig-Holsteins, Die Küste, H. 22, 1972
Duensing, Georg, Steinborn, Ernst	Meteorologische Messungen während der Sturmflutlagen im Januar 1976 an der deutschen Küste, Die Küste, H. 30, 1977
Erchinger, Heie Focken	Küstenschutz durch Vorlandgewinnung, Wasser und Boden, H. 10. 1967
Erchinger, Heie Focken	Küstenschutz durch Vorlandgewinnung, Deichbau und Deicherhaltung in Ostfriesland, Die Küste, H. 19, 1970
Erchinger, Heie Focken	Landgewinnung und Lahnungsbau im Wattgebiet, Die Küste, H. 21, 1971
Erchinger, Heie Focken	Naturmessungen des Wellenauflaufs mit neuentwickelten Geräten, Die Küste, H. 31, 1977
Fink, Heinz	Schleswig-Holsteins Generalplan für Deichverstärkung, Deichverkürzung und Küstenschutz, Vortrag, Husum 1965
Fischer, Otto, Müller, Friedrich	Das Wasserwesen an der schleswig-holsteinischen Nordseeküste, u. a. – Sonderprobleme und Einzelfragen des Küstenraumes, Dietrich Reimer, Berlin 1955; – Nordfriesland, Dietrich Reimer, Berlin 1955
Franke, Eberhard	Die Standsicherheit der Böschungsabdeckung von Seedeichen, Die Küste, H. 29, 1976
Freistadt, Heinrich	Die Sturmflut vom 16./17. Februar 1962 in Hamburg, Die Küste, Jg. 10, H. 1, 1962
Freistadt, Heinrich	Hochwasserschutzmaßnahmen im

Hamburger Raum nach der Sturmflut 1962, Die Küste, Jg. 14, H. 1, 1966

Führböter, Alfred, u. a. — Beurteilung der Sandvorspülung 1972 und Empfehlungen für die künftige Stranderhaltung am Westrand der Insel Sylt, Die Küste, H. 29, 1976

Geerkens, August Wilhelm — Graf Desmercieres, Christian Wolff, Flensburg 1960

Gierloff-Emden — Luftbild und Küstengeographie am Beispiel der deutschen Nordseeküste, Institut für Landeskunde, Bad Godesberg 1961

Goerke, Hellmut, Winkelmann, Paul — Gestaltung von Schöpfwerken, KSB Technische Berichte, Frankenthal 1966

Gripp, Karl — Ursachen und Verhinderung des Abbruchs der Insel Sylt, Die Küste, Jg. 14, H. 2, 1966

Gripp, Karl — Zur jüngsten Erdgeschichte von Hörnum/Sylt und Amrum mit einer Übersicht über die Entstehung der Dünen in Nordfriesland, Die Küste, H. 16, 1968

Gronwald Walther — Welche Erkenntnisse zur Frage der vermuteten neuzeitlichen Nordseeküstensenkung hat die Wiederholung des Deutschen Nordseeküstennivellements gebracht?, Die Küste, Jg. 8, 1960

Hagel, Jürgen — Sturmfluten, Kosmos, Stuttgart 1962

Harten, Hermann, Vollmers, Hans — Die Aestuarien der deutschen Nordseeküste, Die Küste, H. 32, 1978

Heitmann, Hans — Der Deich von Horsbüll, Baken-Verlag, Hamburg 1956

Hensen, Walter — Bericht der Arbeitsgruppe „Sturmfluten" im Küstenausschuß Nord- und Ostsee, Die Küste, Jg. 14, H. 1, 1966

Herrmann, Franz — Über den physikalischen und chemischen Aufbau von Marschböden und Watten verschiedenen Alters, Westküste, 1943

Heydemann, Berndt, Müller, Jutta — Biologischer Atlas Schleswig-Holstein, Wachholtz, Neumünster 1980

Hingst, Klaus, Muuß, Uwe — Landschaftswandel in Schleswig-Holstein, Wachholtz, Neumünster 1978

Horn, Walter — Zur säkularen Änderung des mittleren Wasserstandes, Die Küste, Jg. 8, 1960

Hundt, Claus — Maßgebende Sturmfluthöhen für das Deichbestick der schleswig-holsteinischen Westküste, Die Küste, Jg. 3, 1955

Hundt, Claus — Beitrag zur Frage des maßgebenden Sturmflutseegangs vor einem Deich am Watt. Beispiel Büsum, Die Küste, Jg. 10, H. 2, 1962

Hundt, Claus — Der maßgebende Sturmflutseegang und Wellenauflauf für das Deichbestick der deutschen Nordseeküste auf Grund der Sturmflut vom 16. Februar 1962, Die Küste, Jg. 10, H. 2, 1962

Hundt, Claus, u. a. — Die voraussichtlichen sedimentologischen Veränderungen im Neuwerker Watt infolge der geplanten Dammbauten für das Hafenprojekt Scharhörn, Die Küste, H. 30, 1977

Husum Druck- und Verlagsgesellschaft — Die großen Sturmfluten 1962 und 1976, Husum Druck- und Verlagsgesellschaft, Husum 1976

Iwersen, Jens — Zur bodenkundlichen Kartierung des nordfriesischen Wattengebietes, Westküste, 1943

Iwersen, Jens — Das Problem der Kultivierung eingedeichter Watten, Die Küste, Jg. 2, H. 1, 1953

Iwersen, Jens — Verwertung von Schlick in der Landwirtschaft, Die Küste, Jg. 3, 1955

Janus, Horst — Das Watt, Kosmos, Franckh'sche Verlagshandlung, Stuttgart 1974

Karff, Fritz — Aus der Chronik der Hallig Nordstrandischmoor, Heinrich Möller, Rendsburg 1960

Koopmann, Georg — Die Sturmflut vom 16./17. Februar 1962 in ozeanographischer Sicht, Die Küste, Jg. 14, H. 2, 1966

König, Dietrich — Deutung von Luftbildern des schleswig-holsteinischen Wattenmeeres, Beispiele und Probleme, Die Küste, H. 22, 1972

Kramer, Johann — Deichbau in Abhängigkeit von Sturmfluten und Wellenwirkung an der Nordsee, Die Küste, H. 21, 1971

Kramer, Johann — Sicherheit von Seedeichen gegen Sturmfluten, Die Küste, H. 31, 1977

Kramer, Johann — Küstenschutzwerke an der deutschen Nord- und Ostsee, Die Küste, H. 32, 1978

Krause, Gustav, Wolter, Rudolf — Neuregelung der Wasserwirtschaft in Ostfriesland, Die Küste, H. 19, 1970

Kruhl, Heinrich — Die Sturmflut-Wetterlagen im Januar 1976, Die Küste, H. 30, 1977

Kübler, Hugbert — Erfahrungen mit den Hochwasserschutzanlagen in Hamburg bei den Sturmfluten im Januar 1976 und Folgerungen, Die Küste, H. 33, 1979

Kuckuck, Paul — Der Strandwanderer, J. F. Lehmanns, München 1962

Küstenausschuß Nord- und Ostsee — Empfehlungen für den Deichschutz nach der Februarsturmflut 1962, Die Küste, Jg. 10, H. 1, 1962

Küstenausschuß Nord- und Ostsee — Der maßgebende Sturmflutseegang und Wellenauflauf an den Deichen,

	Ergebnisbericht 1, Die Küste, Jg. 10, H. 2, 1962
Küstenausschuß Nord- und Ostsee	Gutachten über die Vorschläge zur Behebung der Schwierigkeiten in der Eider, Die Küste, Jg. 12, 1964
Küstenausschuß Nord- und Ostsee	Zusammenfassung der Untersuchungsergebnisse der ehemaligen Arbeitsgruppe „Sturmfluten" und Empfehlungen für ihre Nutzanwendung beim Seedeichbau, Die Küste, H. 17, 1969
Küstenausschuß Nord- und Ostsee	Deichsicherung durch Verhüttungsrückstände, Die Küste, H. 18, 1969
Küstenausschuß Nord- und Ostsee	Nachtrag zu den „Empfehlungen für den Deichschutz nach der Februar-Sturmflut 1962", Die Küste, H. 20, 1970
Landesvermessungsamt Schl.-Holstein	Topographischer Atlas Schleswig-Holstein und Hamburg, Wachholtz, Neumünster 1979
Niedersächsisches Landesverwaltungsamt — Landesvermessung	Topographischer Atlas Niedersachsen und Bremen, Wachholtz, Neumünster, 1977
Laucht, Hans	Hochwasserschutzmaßnahmen im Gebiet des Hamburger Hafens, Die Küste, Jg. 14, H. 1, 1966
Laucht, Hans	Über den Wert statistischer Sturmflutanalysen und -prognosen, Die Küste, H. 30. 1977
Longrée, Wolf-Dieter, Richter, Karl	Auf der Forschungsplattform NORDSEE gemessene Umweltdaten während der ersten Januar-Sturmflut 1976, Die Küste, H. 30, 1977
Lorenzen, Johann	Hundert Jahre Küstenschutz an der Nordsee, Die Küste, Jg. 3, 1955
Lorenzen, Johann	Gedanken zur Generalplanung im nordfriesischen Wattenmeer, Die Küste, Jg. 5, 1956
Lorenzen, Johann	25 Jahre Forschung im Dienst des Küstenschutzes, Die Küste, Jg. 8, 1960
Lorenzen, Johann	Zur Lösung der Eiderprobleme, Die Küste, Jg. 14, H. 1, 1966
Lorenzen, Johann	Über Aufgaben und Organisation des Küstenausschusses Nord- und Ostsee, Die Küste, Jg. 14, H. 2, 1966
Luck, Günter	Die Forschungsstelle für Insel- und Küstenschutz auf Norderney, Die Küste, H. 19, 1970
Lüders, Karl	Allgemeine Bemerkungen zum Bilanzbericht „Wasserbauliche Hydrometrie", Die Küste, Jg. 3, 1955
Lüders, Karl	Bericht der Arbeitsgruppe „Küstenschutzwerke", Die Küste, Jg. 14, H. 1, 1966
Lüders, Karl	Veröffentlichungen über die Februar-Sturmflut 1962, Stand 1966, Die Küste, Jg. 14, H. 1, 1966
Lüders, Karl, Luck, Günter	Kleines Küstenlexikon, August Lax, Hildesheim 1976
MELF* Niedersachsen	Die Sturmflut vom 16./17. Februar 1962 im niedersächsischen Küstengebiet, Die Küste, Jg. 10, H. 1, 1962

*MELF = Minister für Ernährung, Landwirtschaft und Forsten

MELF Niedersachsen	Wasserwirtschaftliches Porträt des Landes Niedersachsen, Wasser und Boden, H. 10, 1967
MELF Niedersachsen	Erfahrungen aus den Sturmfluten vom November/Dezember 1973 und Folgerungen für die niedersächsischen Küstenschutzwerke, Die Küste, H. 29, 1976
MELF Niedersachsen	Erfahrungen und Folgerungen aus den Januar-Sturmfluten 1976 für den Küstenschutz in Niedersachsen, Die Küste, H. 33, 1979
MELF Niedersachsen, Senator für das Bauwesen Bremen	Sturmflutschutz durch Sperrwerke, Hunte, Lesum, Ochtum, 1979
MELF Niedersachsen	Generalplan Küstenschutz Niedersachsen, Hannover 1973
MELF Schleswig-Holstein	Die Sturmflut vom 16./17. Februar 1962 an der Schleswig-Holsteinischen Westküste, Die Küste, Jg. 10, H. 1, 1962
MELF Schleswig-Holstein	Wasserwirtschaft zwischen Nord- und Ostsee, Kiel 1976
MELF Schleswig-Holstein	Deichverstärkung, Deichverkürzung und Küstenschutz in Schleswig-Holstein, Generalplan, Fortschreibung 1977
Metzkes, Ernst	Bericht über den Deichbau und den Küstenschutz in Niedersachsen nach der Sturmflut vom 16./17. Februar 1962, Die Küste, Jg. 14, H. 1, 1966
Müller, Ernst, Müller, Walter	Beitrag zur Entwässerung der Marsch, Die Küste, Jg. 13, 1965
Muuß, Uwe, Degn, Christian	Luftbildatlas Schleswig-Holstein, Teil 1: 1977, Teil 2: 1975, Wachholtz, Neumünster
Muuß, Uwe, Petersen, Marcus	Die Küsten Schleswig-Holsteins, Wachholtz, Neumünster 1978
Nasner, Horst, Partenscky, H. W.	Sturmfluten in der Elbe und an der deutschen Nordseeküste in diesem Jahrhundert, Die Küste, H. 28, 1975
Naudiet, Rainer	Sturmflut 1976, Hansen und Hansen, Münsterdorf 1976
Niemeyer, Hans-Dieter	Zur Abschätzung des maximalen Wellenauflaufs an Seedeichen aus der Einmessung von Teekgrenzen, Die Küste, H. 29, 1976

Ostendorff, E. Die Grund- und Bodenverhältnisse der Watten zwischen Sylt und Eiderstedt, Westküste, 1943

Paulsen, Nis Sönke-Nissen-Koog, Breklumer Verlag, Breklum 1974

Petersen, Marcus Über die Grundlagen zur Bemessung der schleswig-holsteinischen Landesschutzdeiche, Die Küste, Jg. 3, 1955

Petersen, Marcus Die Versalzung der schleswig-holsteinischen Marschen in wasserwirtschaftlicher Sicht, Die Küste, Jg. 5, 1956

Petersen, Marcus Das deutsche Schrifttum über Seebuhnen an sandigen Küsten, Die Küste, Jg. 9, 1961

Petersen, Marcus 25 Jahre Bupheverkoog, Landschriftenverlag, Berlin 1964

Petersen, Marcus Die zweite Deichlinie im Schutzsystem der deutschen Nordseeküste, Die Küste, Jg. 14, H. 2, 1966

Petersen, Marcus Sturmflut 1962, Wasserstände an den Küsten der Nordsee, Die Küste, H. 15, 1967

Petersen, Marcus Inseln vor der östlichen Nordseeküste, Die Küste, H. 32, 1978

Petersen, Marcus, Rohde, Hans Sturmflut, Wachholtz, Neumünster 1977

Pfeifer, Wolfgang Bremen im Schutz seiner Deiche, Schünemann, Bremen 1963

Plath, Martin Die biologische Bestandsaufnahme als Verfahren zur Kennzeichnung der Wattsedimente und die Kartierung der nordfriesischen Watten, Westküste, 1943

Plath, Martin, Wohlenberg, E. Produktionsbiologische Untersuchungen auf eingedeichten Wattflächen, Die Küste, Jg. 2, H. 1, 1953

Reineck, Hans-Erich Die Watten der deutschen Nordseeküste, Die Küste, H. 32, 1978

Rodewald, Martin Zur Entstehungsgeschichte der Sturmflut-Wetterlagen in der Nordsee im Februar 1962, Die Küste, Jg. 10, H. 2, 1962

Rodewald, Martin Zur Frage der Böigkeit des Windes bei Sturmflut-Wetterlagen, Die Küste, H. 16, 1968

Rödenbeek, Gerhard Über Deichbau und Überflutungen in den Hamburger Elbmarschen (vor der Flut von 1962), Die Küste, H. 29, 1976

Rodloff, Walter Über die Morphologie einiger Wattgebiete an der schleswig-holsteinischen Westküste, Die Küste, H. 20, 1970

Roediger, Geert Entwicklung und Verlauf der Wetterlage vom 16./17. Februar 1962, Die Küste, Jg. 10, H. 1, 1962

Rohde, Hans Die Häufigkeit hoher Wasserstände an der Westküste von Schleswig-Holstein, Die Küste, Jg. 12, 1964

Rohde, Hans Nachrichten über Sturmfluten früherer Jahrhunderte nach Aufzeichnungen Tönninger Organisten, Die Küste, Jg. 12, 1964

Rohde, Hans Wasserstandsänderung und Sturmfluthäufigkeit an der Elbmündung, Die Küste, H. 16, 1968

Rohde, Hans Wasserstandsbeobachtungen im Bereich der deutschen Nordseeküste vor der Mitte des 19. Jahrhunderts, Die Küste, H. 28, 1975

Rohde, Hans Sturmfluthöhen und säkularer Wasserstandsanstieg an der deutschen Nordseeküste, Die Küste, H. 30, 1977

Rohde, Hans Die Geschichte des deutschen Küstengebietes, Die Küste, H. 32, 1978

Rose, Dieter Bitumen im Wasserbau, BP Benzin und Petroleum AG, Hamburg 1964

Sager, Günther Ebbe und Flut, Hermann Haack, Gotha 1959

Schulz, Heinz Verlauf der Sturmfluten vom Februar 1962 im deutschen Küsten- und Tidegebiet der Nordsee, Die Küste, Jg. 10, H. 2, 1962

Schwarthoff, Heribert Hallig Südfall, Jordsand-Mitteilungen 2, Heft 3/4 (1966), Hamburg 1968

Schwarz, Joachim Treibeisdruck auf Pfähle, Die Küste, H. 21, 1971

Sindern, Josef Küsteningenieurwesen und Verwaltung, Die Küste, H. 32, 1978

Sindern, Josef, Göhren, Harald Die Sturmfluten im Januar 1976, Wasserstände und Tidekurven, Die Küste, H. 33, 1979

Sönnichsen, Uwe, Staritz Hans Werner Trutz, blanke Hans, Husum Druck- und Verlagsgesellschaft, Husum 1978

Storm, Theodor Der Schimmelreiter, Christian Wolff, Flensburg

Streif, Hansjörg, Köster, Rolf Zur Geologie der deutschen Nordseeküste, Die Küste, H. 32, 1978

Suhr, Hans Über die Verwirklichung des Generalplans Deichverstärkung, Deichverkürzung und Küstenschutz in Schleswig-Holstein vom 20. Dezember 1963, Die Küste, Jg. 14, H. 1, 1966

Thiem, Hans Wasserrecht Schleswig-Holstein, Deutscher Gemeindeverlag, Kiel 1972

Traeger, Günther Planung und Ausführung von Deicherhöhungen und Flußabdämmungen im Lande Bremen, Die Küste, Jg. 8, 1960

Traeger, Günther Die Sturmflut vom 16./17. Februar 1962 im Lande Bremen, Die Küste, Jg. 10, H. 1, 1962

Traeger, Günther Die im Lande Bremen nach der Sturmflut vom 16./17. Februar 1962 ausgeführten und geplanten Sicherungsarbeiten, Die Küste, Jg. 14, H. 1, 1966

Walther, Friedrich — Die Grundwasserverhältnisse in den Marschgebieten an der Unterweser zwischen Ochtum und Hunte, Die Küste, Jg. 12, 1964

Weigand, Karl, u. a. — Friedrich-Wilhelm-Lübke-Koog, Schleswiger Druck- und Verlagshaus, Schleswig, 1979

Wemelsfelder, Pieter — Meereshöhe, Nivellementshöhe, Pegelnull, Die Küste, Jg. 8, 1960

Wieland, Peter — Sturmfluten an der Westküste Schleswig-Holsteins, Nordfriesland, Band 8/3, Nr. 31, 1974

Wieland, Peter — Deiche auf Föhr, Breklumer Druckerei 1963

Wieland, Peter — Praxisbezogene Küstenforschung, 1979

Wieland, Peter — Wind und Wasser – Sturm und Flut. Eine Analyse von Naturgewalten, Dithmarschen, Heft 1/1976

Witte, Hans-Heinrich — Die Schutzarbeiten auf den Ostfriesischen Inseln, Die Küste, H. 19, 1970

Wohlenberg, Erich — Die Trinkwasserversorgung der Halligen nach der Sturmflut im Februar 1962, Die Küste, Jg. 10, H. 2, 1962

Wohlenberg, Erich — Der Deichbruch des Ülvesbüller Kooges in der Februar-Sturmflut 1962, Die Küste, Jg. 11, 1963

Wohlenberg, Erich — Deichbau und Deichpflege auf biologischer Grundlage, Die Küste, Jg. 13, 1965

Woldstedt, Paul — Norddeutschland und die angrenzenden Gebiete im Eiszeitalter, Koehler, Stuttgart 1955

Zitscher, Fritz-Ferdinand — Erfahrungen mit Deichschlußverfahren beim Seedeichbau, Die Küste, H. 25, 1974

Zitscher, Fritz-Ferdinand, u. a. — Die Sturmflut vom 3. und 21. Januar 1976 an den Küsten Schleswig-Holsteins, Die Küste, H. 33, 1979